민주주의 손자병법

일러두기

1. 이 책의 추천사를 쓴 이재명 대통령의 표기에 관하여는 추천사에 한해서는 작성 당시의 직함인 '더불어민주당 대통령 후보 이재명'을 사용하였으며, 본문에 나오는 경우는 문맥에 따라 이재명 대표와 이재명 전 대표 등을 혼용하였다.
2. 본문 중 가장 많이 등장하는 이름인 윤석열 전 대통령의 경우 문맥에 따라 윤석열 대통령, 대통령 윤석열, 윤석열 전 대통령, 윤석열 등을 혼용하였다.
3. 한자어의 표시에 관하여는 처음 등장할 때만 괄호 안에 한자어를 표시하는 방법 등도 있으나, 이 책에서는 오해를 방지하고 의미를 강조하기 위해 적절하게 한자어를 중복해 표시하였다.

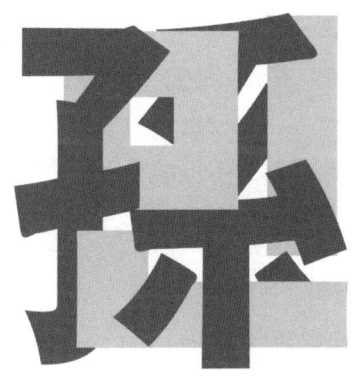
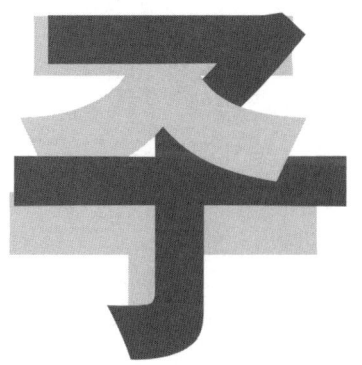

민주주의 손자병법

손자와 함께 읽는 현대 민주주의 생존전략

김병주 안태훈 최보윤 지음

메디치

추천의 말 손자병법의 지혜를 바탕으로 진짜 대한민국으로   6
프롤로그 손자, 대한민국을 구하다: 민주주의 전쟁의 기록   8

제1부
위기의 시대
손자병법으로 민주주의를 구하다

1장 장수는 어떻게 성공하는가 윤석열 VS 이재명   18
2장 위기에는 반드시 징후가 있다 적의 기미를 살피는 일   43
3장 기만, 먼저 판을 흔드는 책략 '서울의 봄' 팀의 선공   60
4장 민주주의를 되찾은 밤 가장 완벽한 형세절(形勢節)의 승리   80
5장 명령은 따르는 자에 의해 완성된다 계엄 핵심 부대들의 도미노 항복   100
6장 정보 우위로 막아선 내란 민주주의를 지킨 용간(用間)의 지혜   120
7장 음모론인가 첩보인가 정보를 검증하는 과정의 중요함   144
8장 나쁜 명령을 따라야 하는가 군인의 딜레마, '항명'과 민주주의   149
9장 빛은 어둠을 이긴다 함께 든 응원봉으로 어둠의 세력을 몰아내다   165

제2부
끝나지 않은 투쟁
굳건한 민주주의를 향하여

10장   프레임 전쟁에서 이겨야 한다 '탄핵'이 '공작'이라는 허황된 주장   174

11장   서툴더라도 신속하게! 전쟁을 오래 끄는 것은 재앙이다   182

12장   적의 변화에 따라 유연하게 대처하라 극우, 민주주의의 독버섯   193

13장   방비 없는 곳을 치는 전략의 부재 공수처의 대통령 체포 실패   204

14장   자만과 방심, 스스로 부른 위기 '탄핵 지연'과 '국정 공백'의
       위기 탈출 전략   215

15장   여론을 어떻게 움직일 것인가 바람부터 우레까지! 여론전의
       여섯 가지 지략   236

16장   민주주의에 이로운 길을 찾아야 한다 윤석열 대통령 파면 이후
       내란 잔불 소탕은 왜 중요한가   250

17장   걱정과 불안을 이기는 기회로 삼는다 민주주의 교과서가 된
       123일의 마침표   262

에필로그   두 번의 탄핵, 두 개의 시선 — 안태훈   278
           민주주의를 지키는 강력한 무기 — 최보윤   282

추천의 말

손자병법의 지혜를 바탕으로
진짜 대한민국으로

저와 김병주 최고위원은 민주당 내 중요 사안이 있을 때마다 '손자병법'의 지혜를 공유했습니다. 특히 싸우지 않고 상대를 굴복시키는 '부전승(不戰勝)'의 가치는 제 안보관과 일맥상통합니다.

무엇보다 12·3 내란 때 손자병법의 지혜가 빛을 발했습니다. 민주당 지도부가 정책 방향을 정하거나 전략을 구사하는 데 큰 도움이 됐습니다.

4성 장군 출신인 김 최고위원은 손자병법 관련 책을 세 권이나 집필한 손자병법의 대가입니다. 그런 김 최고위원이 쓴 《민주주의 손자병법》책인 만큼 벌써 기대가 됩니다.

지금 대한민국은 민주주의는 물론 외교·안보·경제 등 모든 면에서 큰 위기에 놓여 있습니다. 그러나 위기의 반대편엔 분명 기회의 문이 있다는 걸 믿습니다. 손자병법의 '이환위리(以患爲利)', 절체절명의 위기를 도리어 기회로 삼는 지혜를 매일 가슴에 새겨야 하는 이유입니다. 위기를 숙명처럼 받아들일 게 아니라, 완벽한 내란 종식을 바탕으로 '더 멀리 더 높이' 날아야 합니다. 통합과 화합으로 더욱 성장해야 합니다.

우리가 결코 잊어서는 안 될 가슴 아픈 역사인 '12·3 내란'을 손자병법의 관점으로 새롭게 조명한 기록은, 단순한 과거의 사건을 넘어 현재와 미래를 통찰하는 귀중한 지혜를 담고 있습니다.

특히 뛰어난 장수의 다섯 가지 조건, 지(智), 신(信), 인(仁), 용(勇), 엄(嚴)을 다시금 되새기며 새로운 민주주의 시대를 이끌어갈 리더십의 중요한 가치를 깨달았습니다. '죽은 자들이 산 자를 구한다'는 한강 작가의 믿음처럼, 손자병법의 지혜는 12·3 내란 국면에서 분명 대한민국의 민주주의를 지켜줬다고 믿습니다.

이 책은 2,500년 전 고전을 바탕으로 구성했지만, 누구나 쉽게 이해할 수 있도록 쓰였습니다. 읽다 보면 어느덧 마지막 페이지를 넘기게 될 겁니다. 부디 이 책을 통해 많은 이들이 민주주의의 소중함을 깊이 인식하고, 미래로 나아갈 수 있기를 바랍니다. 내란의 아픔을 이겨내고, 손자병법의 지혜를 바탕으로 다시 꿈과 희망이 넘치는 진짜 대한민국으로 나아갑시다.

2025년 4월 28일
더불어민주당 대통령 후보
이재명

프롤로그

> # 손자, 대한민국을 구하다
> ### 민주주의 전쟁의 기록
>
> 民主主義 國之大事 死生之地 存亡之道 민주주의 국지대사 사생지지
> 존망지도
>
> 민주주의는 국가의 중대사로 국민의 생사와 존망이 걸려 있다

'그'는 손자병법을 한 번도 읽지 않았을 것이다

'손자병법'은 달리 수식어가 필요 없는 최고의 병법서다. 중국 속담에 손자를 천 번 읽으면 신의 경지와 통한다고 해서 '손자천독달통신(孫子千讀達通神)'이라는 말이 있을 정도다. 무려 2,500년 전에 쓰인 병법서이지만 단순히 군사학에 그치지 않고 경영학, 관리학, 정치학, 외교학, 처세학 등 다양한 분야에서 재해석해 활용하고 있다. 이처럼 손자병법을 탐독해 혁혁한 성과를 거둔 이들의 이름은 일일이 열거하기 힘들 정도다. '삼국지'와 그 시대의 영웅 조조, 프랑스의 황제 나폴레옹, 중국의 혁명가 마오쩌둥, 현대 경영가 빌

게이츠와 손정의 등이 대표적인 인물들이다.

　나 또한 육군사관학교에 입학해 39년간 군복을 입고 생활하면서 늘 '손자병법'을 가까이하며, 그 가르침을 내 것으로 만들어왔다. 병법의 정수라 할 수 있는 손자병법을 통해 '전략적 사고'를 몸으로 익히고, 좋은 리더가 되기 위한 지침서로 삼고자 했다. 누가 나에게 가난한 광부의 아들이 군 최고 계급인 4성 장군 자리에 오를 수 있었던 비결을 묻는다면, 망설임 없이 '손자병법' 덕분이라고 답할 것이다. 2020년 제21대 국회의원 선거에서 비례대표 초선의원으로 국회에 입성해 4년 후 재선에 성공한 다음, 잇달아 당 최고위원으로 자리매김할 수 있었던 비결 또한 마찬가지다. 손자병법은 지피지기 백전불태(知彼知己 百戰不殆)를 통해 전략적 사고를 키우고, 문제 해결 능력을 높여주며, 숲과 나무를 동시에 바라볼 수 있는 '통찰력'을 갖게 해준다. 무엇보다 그 어떤 위기에 부딪혀도 기회로 만들어가는 힘을 심어준다.

　바로 그 손자병법의 힘을 평생 가장 확실하게 느꼈던 건 바로 12·3 불법 계엄과 내란 사태를 통해서였다. 39년간 군복을 입은 나에게 계엄은 곧 전쟁이었다. 사전적 정의만 살펴봐도, 계엄은 전쟁이 일어나거나 전쟁에 준하는 혼란한 상황이 생겼을 때 가동되는 비상 체제다. 그런데 더없이 평화로운 날, 내가 평생을 바쳐 사랑한 군이 '계엄군'이 되어 국회로 들이닥쳤다. 국민을 지켜야 할 군이 '국민이 막아야 할 대상'이 되어 나타난 것이다.

　비통하게도 이 악몽 같은 장면은 어느 정도 예측된 것이었다. 윤석열 대통령이 당선된 순간부터 정치, 경제, 외교, 안보, 사회 모든 영역에서 대한민국이 망가지고 있었다. 윤석열 정부 탄생 이래 국민은 한순간도 마음 편히 지내지 못했다. 그는 국방부 건물을 빼앗아 대통령실에 들어앉은 순간부터 철저히 국민을 무시하고 기만하는 모습을 보였다. 급기야 비상계엄으로 민주주의를 짓밟기까지 했다. 그것은 국민을 상대로 전쟁을 선포한 것이었다.

사실 윤석열 대통령이 당선된 직후부터 계엄의 가능성은 항상 열려 있었다. 실제로 계엄의 징후가 감지되기 시작한 순간부터 나는 전쟁에 임하는 각오로 대응해왔다. 대한민국의 민주주의를 지키기 위한 대의(大義) 전쟁. 국민을 대표하는 국회의원으로서, 민주당 최고위원의 이름으로 기필코 이겨야만 하는 전쟁이었기에 비장한 각오와 함께 현실적인 응전 전략을 다져왔다. 상대는 다름 아닌 우리나라 권력을 한 손에 쥐고 있는 대통령이 아닌가. 경찰과 정보기관을 비롯해 국군통수권자로서 군대까지 아우르는 대통령의 위력은 쉽사리 넘기 힘든 벽이다. 실제로 대통령의 계엄은 친위 쿠데타일 수밖에 없고 90% 이상의 성공 가능성을 가진다. 나에겐 대통령의 권력도 넘어설 수 있는 보다 면밀한 전략이 필요했다.

다행히 나에게는 믿을 구석이 있지 않은가. 내 인생의 멘토라 할 수 있는 손자와 그의 손자병법 말이다. 계엄, 내란과 같은 국가적 위기 상황에서 손자병법의 진리는 더욱 빛을 발했다. 손자병법의 핵심 사상을 꼽으라면 나는 '도천지장법(道天地將法)'과 '부전승(不戰勝)' 그리고 '형세절(形勢節)'을 말한다. 도천지장법, 부전승, 형세절 등 손자병법의 여러 구절들은 계엄과 내란 국면에서 우리가 어떻게 대응해야 하는지 영감을 주고 또한 전술·전략의 기준점이 되었다. 여기서는 도천지장법과 부전승, 형세절 등이 어떻게 활용되었는지 간단하게 살펴보고 뒤에 이어지는 본문의 각 장에서 더 자세히 다룰 예정이다.

손자병법의 첫머리인 〈시계(始計)〉 편에 나오는 '도천지장법'은 전쟁의 승패를 결정하는 다섯 가지 기본적인 요소를 뜻한다. 전쟁에서 이기려면 반드시 심사숙고해야 할 핵심 사항이다.

① 도(道): 백성과 군주의 일치된 마음
② 천(天): 유리한 시기와 자연조건
③ 지(地): 전투에 유리한 지형
④ 장(將): 지혜·신뢰·인의·용기·위엄을 갖춘 장수
⑤ 법(法): 효율적인 군대 조직과 규율

손자는 이 다섯 가지 요소를 잘 실천하는 장수가 승리할 수 있다고 했다. 전쟁의 승리는 단순히 힘겨루기가 아니라 정치, 환경, 지리, 지휘관, 시스템 등 여러 요소의 전략적 활용에 달려 있다는 점을 강조한 것이다. 그런데 대통령 윤석열의 12·3 비상계엄은 어떠했는가. 도천지장법의 개념으로 하나씩 따져보면 성공하려야 성공할 수 없는 시도였다.

① 도(道) 부재: 대의명분의 부재
② 천(天) 오판: 날짜, 시간, 날씨 판단 착오
③ 지(地) 불리: 국회, 시민 저항에 발목 잡힘

④ 장(將) 혼란: 지휘관들의 우왕좌왕
⑤ 법(法) 위반: 비상계엄 절차의 불법성

12·3 비상계엄은 도천지장법 다섯 가지 요소 중에 단 하나도 제대로 갖추지 못했으니, 애초에 승산이 없었던 게임이었다. 만약 윤석열 대통령이 손자병법을 한 번이라도 제대로 읽었다면, 이렇게나 무모한 계엄을 일으켜 국가적 희생을 치르는 일은 없었을 것이다.

싸우지 않고 이기는 법, 민주주의 시대의 손자병법

손자병법의 또 다른 핵심 사상은 부전승(不戰勝)이다. 부전승은 말 그대로 싸우지 않고 이기는 것이다. 손자가 추구하는 최상의 승리다. 전쟁을 하게 되면 어쩔 수 없이 큰 피해가 발생할 수밖에 없다. 그러니 싸우지 않고 이기는 것, 즉 손해를 입지 않고 내가 원하는 것을 손에 넣는 것이 가장 이상적인 전략이다.

예를 들어, 〈모공(謀攻)〉 편에서는 "백 번 싸워 백 번 이기는 것이 최상의 계책이 아니라, 싸우지 않고 적을 굴복시키는 것이 최상의 계책"이라고 했다.

百戰百勝 非善之 善者也 백전백승 비선지 선자야
백 번 싸워 백 번 이기는 것은 최선의 승리가 아니다.

不戰而屈人之兵 善之 善者也 부전이굴인지병 선지 선자야

> 싸우지 않고 이기는 것이 최선의 승리다.

무력 충돌 없이 적의 의지를 꺾고 항복을 받아내는 것을 최고의 전략으로 꼽은 것이다. 계엄이 해제되고 얼마 지나지 않은 12월 6일, 나와 박선원 의원이 계엄의 핵심 실행 부대였던 특수전사령부(이하 특전사), 수도방위사령부(이하 수방사)를 찾아가 2차 계엄의 의지를 꺾은 것이 부전승을 위한 '모공(謀攻)'의 대표적인 사례다.

손자가 강조한 또 하나의 핵심 사상은 형세절(形勢節)이다. 전투태세인 형(形)을 잘 갖춘 후, 세(勢)를 모아, 결정적인 순간 공격을 가해 절(節)로써 적군을 무너뜨리는 것을 뜻한다. 비상계엄 상황을 예로 들면, 사전에 계엄을 경고하고, 국회의원들에게 '비상계엄 해제 절차'를 미리 알리고, 대비 태세를 갖춘 것이 형(形)이었다. 세(勢)는 계엄 발동 당일, 과반수 이상의 국회의원을 비롯해 민주당 보좌진과 당직자, 국회 사무처 직원, 일반 시민들까지 하나되어 빠르게 국회 앞으로 모이게 만든 것이다. 그리고 이들이 힘을 합쳐 비상계엄 해제 결의안을 통과시키며 의사봉을 두드린, 그 결정적인 순간이 바로 절(節)이다. 윤석열 탄핵소추안 가결 투표 때에도 우리는 응원봉을 다 함께 흔들며 '형세절'의 승리를 이뤄냈다.

이처럼 손자병법은 12·3 비상계엄 사태를 극복해 나가는 과정에서 매 순간 나에게 전략적인 멘토가 되었다. '죽은 자들이 산 자를 구한다'는 한강 작가의 화두에 마치 응답이라도 하듯, 2,500년 전의 손자의 가르침이 민주주의 위기에 놓인 우리를 살렸다.

한편으론 스스로에게 이런 질문을 던져본다. "손자가 이번 계엄 전쟁을 지켜봤다면, 어떤 평가를 내렸을까", "과연 흡족할 만한 승리였을까?" 사실 손자병법의 사고를 통해 바라보면 계엄 전쟁의 결과가 최선의 승리는 아닐 수 있다. 대통령 파면을 통해 독재의 위험에서 민주주의를 구했지만, 우리에게 남은 상처가 작지 않다. "자고 일어나 보니 후진국이 되어 있었다"는 우스갯소리마저 생겨나지 않았는가. 민주주의를 지키려는 많은 국민과 이를 무너뜨리려는 극단적인 사람들이 맞서면서 국민이 분열됐다. 경제는 계속 나빠졌고, 국가 신뢰도 또한 추락했다. 2025년 1월 국제위기그룹(ICG)이 발표한 10대 분쟁 위험지역에 한반도가 포함되었다는 사실만으로도 굴욕적이다. 북한의 상시적인 도발 위협은 물론, '대통령의 비상계엄 선포 및 탄핵 소추 사태로 인한 정치적 불안정성'까지 부각된 결과였다. '계엄 전쟁'으로 인해 전 국민이 피해를 입고 희생을 치렀다. 이렇게 큰 타격을 입은 상황에서는 또다시 어떤 위기에 휘말릴지 모른다.

다시 '손자병법'을 소환하며

춘추전국시대를 살았던 손자의 눈으로 바라보면 전쟁은 단지 1 대 1이 아니라, 수많은 주변국과의 싸움이다. 전쟁에서 지더라도 피해를 최소화해 또 다른 적들의 공격을 방어해야 한다. 우리도 마찬가지다. 계엄 전쟁으로 인한 타격을 최대한 줄이고, 새로운 위협에 대비해야 한다.

한마디로 우리의 싸움은 아직 끝나지 않았다. 우리는 끝까지 안심하지 말고 싸워야 한다. 그것을 위해 꼭 기억해야 할 손자병법의 구절이 있다.

孫子曰 兵者 國之大事 死生之地 存亡之道 不可不察也 _{손자왈 병자 국지대사 사생지지 존망지도 불가불찰야}

전쟁은 국가의 중대사로 국민의 생사와 존망이 걸려 있다. 그러므로 세심한 검토를 더하지 않으면 안 된다.

亡國 不可以復存 死者 不可以復生 _{망국 불가이부존 사자 불가이부생}

나라는 망하면 그것으로 끝이고, 사람은 죽으면 두 번 다시 살아날 수 없다.

각각 손자병법〈시계(始計)〉편과〈화공(火攻)〉편에 나오는 말들로, 손자가 '전쟁'을 얼마나 절박하게 인식했는지 여실히 보여주는 구절들이다. 손자는 전쟁에서 지면 모든 것이 끝이고, 두 번 다시 기회가 없음을 강조한다. 지금 이 시점에 와서 보니, 손자병법이 이야기하는 '전쟁'은 '민주주의를 지키기 위한 우리의 싸움'과 다르지 않다. 그러니 이렇게 이야기해볼 수 있지 않을까.

民主主義 國之大事 死生之地 存亡之道 不可不察也 _{민주주의 국지대사 사생지지 존망지도 불가불찰야}

민주주의는 국가의 중대사로 국민의 생사와 존망이 걸려 있다. 그러므로 세심한 검토를 더하지 않으면 안 된다.

民主主義亡 不可復存 人死 不可復生 민주주의망 불가부존 인사 불가부생

민주주의는 망하면 그것으로 끝이고, 사람은 죽으면 두 번 다시 살아날 수 없다.

대한민국과 대한민국의 민주주의는 가까스로 죽지 않고 살아 돌아왔다. 2025년 4월 4일, "주문. 피청구인 대통령 윤석열을 파면한다"는 헌법재판소의 역사적 판결은 불법 계엄과 내란에 지지 않고 맞선 대한민국 시민이 거둔 위대한 승리다. 국민은 단 한순간도 물러서지 않았다. 가장 소중한 빛인 응원봉을 들고 거리로 나와 당당히 맞섰다. 민주주의를 사수하기 위한 전쟁을 온 국민이 함께 치러냈고 결국 승리했다. 이것은 온 국민이 빛의 혁명으로 이뤄낸 정의다. 한 손에는 응원봉을, 또 다른 한 손에는 손자병법을 들고 국민과 함께 '민주주의'를 지켜낸 시간들. 이 책은 바로 그 과정을 증명하기 위해, 기억하기 위해, 그리고 모두 함께 되새기기 위해 썼다. 국민을 적으로 돌리는 불법 계엄이나 내란, 쿠데타 등이 다시는 일어나지 않기를, 독재와 지도자의 탐욕으로 전 국민적인 희생을 치르는 일이 두 번 다시 벌어지지 않기를 바라며, 지금 다시 손자병법을 소환한다. 이번엔《민주주의 손자병법》이다.

제1부

위기의 시대
손자병법으로 민주주의를 구하다

1장 장수는 어떻게 성공하는가
윤석열 VS 이재명

道天地將法 도천지장법

하늘의 때, 땅의 이로움, 지도자의 지략, 군대의 규율,
백성의 마음, 이 다섯 박자가 맞아야 승리를 쟁취할 수 있다

승패를 결정짓는 다섯 가지 핵심 요소

아무 일도 일어나지 않았다고 했다. 마치 호수 위에 떠 있는 달그림자 같은 것을 쫓는 느낌이라는 말도 덧붙였다. 윤석열 전 대통령이 자신의 탄핵 심판 변론에서 한 말이다. 온 국민을 계엄의 공포 속에 몰아넣고, 국격이 내동댕이쳐졌는데 아무 일도 일어나지 않았다니⋯.

물론 "혹시 술김에 계엄을 한 것이 아니냐"는 말이 나올 정도로 대통령 윤석열의 작전은 싱겁게 끝났다. 목숨이 달린 일인데 이토록 준비 없이 나섰다는 것에 의아하다는 반응도 많았다. 그런데 정말로 대통령의 계엄이 그렇게 허술했을까. 나는 절대로 그렇게

생각하지 않는다.

대통령 윤석열의 계엄은 이전의 그 어떤 쿠데타보다 용의주도하게 기획되었다. 대통령이라는 무소불위의 권력을 바탕으로 한 전국 규모의 계엄이 아니었던가. 전군을 지휘하는 국방부 장관은 물론이고, 수도를 완전히 장악하고 있는 수도방위사령부, 군의 동향을 손금 보듯이 훤하게 파악하고 있는 국군방첩사령부(이하 방첩사), 그리고 육군 최정예 부대인 육군 특수전사령부와 정보사령부, 기갑부대장(제2기갑여단)까지 사실상 전군을 장악한 것과 마찬가지 상황이었다. 그런데도 이렇게 속수무책으로 실패한 이유는 무엇일까?

손자는 '전쟁'이 국가 중대사라고 했다. 한 번 터지면 수많은 희생을 치르는 만큼 되도록 피하는 것이 최선이다. 어쩔 수 없이 해야 하는 상황이라면, 압도적인 힘을 가지고 짧은 시간 내 승부를 봐야만 한다. 어떻게 가능할까? 손자는 이 질문에 '도천지장법(道天地將法)'이라는 답을 제시했다.

〈시계(始計)〉편에 나오는 '도천지장법'은 손자병법의 핵심 전략으로 대의명분(道), 천시(天), 지리(地), 장수(將), 군법(法)의 다섯 가지 요소를 의미한다. 이는 단순한 전투 기술을 넘어, 전쟁의 본질을 꿰뚫고 승리하기 위한 종합적인 전략이다.

도(道): 대의명분의 부재와 국민의 저항

첫 번째 도(道)부터 짚어보자.

道者 令民 與上同意也 도자 영민 여상동의야
도(道)란 백성들로 하여금 임금과 한뜻이 되게 하는 것이며

　　可與之死 可與之生 而不畏危也 가여지사 가여지생 이불외위야
함께 죽을 수 있고 함께 살 수 있게 하여, 위험을 두려워하지 않게 하는 것이다.

'임금과 백성이 하나의 뜻을 이룰 때, 백성들은 임금을 위해 죽음도 무릅쓸 수 있다. '하나의 뜻'이란 "왜 목숨을 걸고 전쟁을 해야 하는가?"라는 질문에 대한 명확한 답, 즉 전쟁의 명분을 말한다. 전쟁의 명분이 확실해야만 전쟁에 나서는 사람들은 대의(大義)를 품고, 기꺼이 한마음이 되어 싸울 수 있다. 자신의 목숨을 내놓는 일마저 두려워하지 않는 것이다.
　도(道)는 〈모공(謀攻)〉 편에 나오는 '상하동욕자승(上下同欲者勝)'과도 일맥상통한다. '상하동욕자승'은 윗사람과 아랫사람이 같은 목표를 가지고 함께 나아가면, 반드시 승리할 수 있다는 뜻이다. 여기서 '윗사람'은 지휘관이나 리더를, '아랫사람'은 병사나 구성원을 뜻한다. 즉, 조직의 모든 구성원이 하나의 목표를 향해 단결하고 협력할 때 최고의 성과를 낼 수 있다는 말이다.
　12·3 비상계엄은 어땠는가. 손자가 말하는 '도'가 명확했는가? 전혀 그렇지 못했다. 대통령 윤석열은 계엄령을 선포하면서 이런 명분을 댔다.

2024년 12월 3일 윤석열 대통령 비상계엄 선포 담화문 중에서

대한민국은 당장 무너져도 이상하지 않을 정도의 풍전등화의 운명에 처해 있습니다. 저는 북한 공산 세력의 위협으로부터 자유대한민국을 수호하고 우리 국민의 자유와 행복을 약탈하고 있는 파렴치한 종북 반국가 세력들을 일거에 척결하고 자유 헌정 질서를 지키기 위해 비상계엄을 선포합니다.

여기서 그가 언급한 '반국가 세력'은 자신의 뜻에 반하는 모든 세력이다. 당시 이재명 민주당 대표를 비롯한 야당, 자신에게 비판적인 입장을 취하는 언론, 강성 노조, 전 정부 고위 관료, 심지어 이재명 대표에게 무죄를 선고한 판사와 자신의 정책에 반대한 전공의까지 모두 반국가 세력으로 지칭한 것이다. 국민 전체를 반국가 세력으로 간주한 것이나 다름없다. 특히 민주당이 사용처가 불분명한 예비비를 삭감하고 정부 관료를 탄핵했다는 이유로 이를 반국가 행위로 규정한 것은 계엄의 명분이 되기는커녕 스스로 정치적 실패를 인정한 것이었다. 민주당과의 협치를 통해 정치적 합의를 이끌어내야 할 문제를 '계엄'이라는 폭력적인 방법으로 해결하겠다고 국민에게 공표한 것과 마찬가지이기 때문이다.

실제로 대통령 윤석열은 임기 내내 정치적으로 무능한 모습을 보였고, 아내와 장모 등 친인척들의 부정부패 문제로 늘 도마 위에 올랐다. 그런 자신의 약점을 덮으려 권력을 악용하던 끝에 급기야 '계엄'이라는 최후의 카드를 꺼내 들었다. 계엄 포고령을 보면 그가 얼마나 사사로운 감정으로 계엄을 일으킨 것인지 한눈에 알 수 있다.

계엄사령부 포고령(제1호)

(…)

1. 국회와 지방의회, 정당의 활동과 정치적 결사, 집회, 시위 등 일체의 정치 활동을 금한다.
2. 자유민주주의 체제를 부정하거나, 전복을 기도하는 일체의 행위를 금하고, 가짜뉴스, 여론조작, 허위 선동을 금한다.
3. 모든 언론과 출판은 계엄사의 통제를 받는다.
4. 사회 혼란을 조장하는 파업, 태업, 집회 행위를 금한다.
5. 전공의를 비롯하여 파업 중이거나 의료 현장을 이탈한 모든 의료인은 48시간 내 본업에 복귀하여 충실히 근무하고 위반 시는 계엄법에 의해 처단한다.
6. 반국가 세력 등 체제 전복 세력을 제외한 선량한 일반 국민들은 일상생활에 불편을 최소화할 수 있도록 조치한다.

이상의 포고령 위반자에 대해서는 대한민국 계엄법 제9조 (계엄사령관 특별 조치권)에 의하여 영장 없이 체포, 구금, 압수수색을 할 수 있으며, 계엄법 제14조(벌칙)에 의하여 처단한다.

2024. 12. 3.(화) 계엄사령관 육군대장 박안수

국회와 지방의회, 정당의 활동과 정치적 결사, 집회, 시위 등 정치활동을 일절 금한다는 조항부터 위헌이었다. 또한 군경을 동원해

국회를 공격했으며 국회의장과 현직 국회의원들, 그리고 여야 대표까지 체포해 가둔다는 계획을 세웠던 것으로 밝혀졌다. 실제로 제707특수임무단이 국회 본관 2층 사무실의 유리창을 깨고 침입하는 모습이 담긴 CCTV까지 공개되지 않았던가. 독립성이 보장되는 헌법기관인 중앙선거관리위원회에도 군 병력이 난입하는 등 도저히 받아들이기 어려운 증거들이 쏟아져 나왔다. 자신의 정책을 비판했던 〈겸손은 힘들다, 뉴스공장〉과 여론조사 '꽃', 심지어 국민의힘 소속인 당시 한동훈 대표까지 노렸던 것으로 알려졌다. 대통령 윤석열의 사사로운 감정이 여과 없이 반영된 것이다.

이런 배경을 지닌 계엄이 국민적 지지를 받을 리 없다. 그가 속한 당 내부에서도 비판의 목소리가 있었고, 계엄군으로 동원된 군인들도 불법적인 명령에 각자의 방식으로 '조용한 거부'를 실행했다. 계엄에 맞서는 국민은 어떠했는가. 그들에게는 명확한 도(道), 즉 대한민국 민주주의를 지켜내겠다는 신념과 대의가 있었다. 계엄령이 발표되자마자 최악의 경우까지 각오하고 기꺼이 목숨을 걸고 국회로 향한 국민이 있었다. 또한 체포의 두려움 속에서도 한달음에 국회로 달려와 담장을 넘었던 국회의원들. 그들 뒤에서 결연히 계엄군에 맞섰던 민주당 보좌진과 당직자, 그리고 국회사무처 직원들 역시 모두 한마음으로 뭉쳤다. 이들이 두려움 없이 싸울 수 있었던 이유는 도(道)가 명확했기 때문이다. 그들은 헌정질서와 민주주의의 가치를 수호하는 것이 개인의 안전보다 우선이라고 여겼다.

민주주의 정치에서 도(道), 즉 대의명분은 국민의 신뢰와 지지를 얻는 핵심 요소이며, 정치의 도(道)가 바로 설 때 비로소 올바른 민주주의를 실현할 수 있다. 도(道)의 역할은 크게 네 가지로 볼 수 있다. 첫째, 공동의 목표와 가치를 제시해서 국민을 하나로 통합하는 역할을 한다. 둘째, 정책 추진의 근거를 명확하게 제시함으로써 국민의 이해와 동의를 얻기 쉽다. 또한 정책의 정당성을 확보하는 데 도움이 된다. 셋째, 사회적 갈등을 완화하고 정치적 안정을 유지하는 동력이 된다. 넷째, 지도자의 도덕적 권위를 높이고 국민의 신뢰를 얻어 강력한 리더십을 구축할 수 있다.

이와 반대로 대의명분이 결여된 정치는 필연적으로 국민의 신뢰를 배반하고, 사회를 혼돈으로 몰아넣으며, 국가를 파멸로 이끈다. 윤석열 전 대통령의 계엄 시도가 바로 그 점을 명확히 보여 주었다.

천(天) : 예측 실패와 시대착오적 발상

손자가 도천지장법에서 두 번째로 강조한 것은 천(天)이다.

> 天者 陰陽 寒暑 時制也 천자 음양 한서 시제야
> 천이란 음양의 조화, 추위와 더위, 시기적절한 시책 등을 말한다.

손자는 이기는 싸움을 위해서는 천(天)을 고려해 전투에 유리한 시기와 때를 선택하고, 변화하는 자연환경과 시시각각 변하는 정세 등에 민감하게 대응해야 한다고 강조했다.

유럽의 정복자 나폴레옹은 50만 대군을 이끌고 러시아를 공격했지만, 결국 참혹한 패배를 맞이했다. 모스크바를 점령했음에도 불구하고 패배한 가장 큰 이유는 러시아의 혹독한 겨울 추위였다. 나폴레옹 군은 제대로 된 준비 없이 광활한 러시아 영토 깊숙이 진격함으로써, 상상 이상의 추위와 보급난에 시달리며 막대한 손실을 입었다. 전쟁의 승패는 단순히 인간의 힘만으로 결정되지 않으며, 예측 불가능한 천(天)의 요소, 즉 날씨와 같은 자연환경이 때로 결정적인 변수로 작용한다. 나폴레옹의 러시아 원정은 싸우기도 전에 이미 승패가 기울 수 있는 천(天)의 중요성을 여실히 보여준다.

국민에게는 다행스럽게도, 계엄 당시 윤석열 대통령은 천(天)의 요소를 제대로 고려하지 못했던 것 같다. 계엄이 선포되었을 때, '왜 하필 평일인 화요일에 계엄을 했을까?'라는 의문이 쏟아졌다. 계엄 다음 날인 12월 4일은 본회의가 예정되어 있던 날이다. 제주를 비롯해 거리가 먼 지역에 있던 의원들도 본회의 참석을 위해서 서울 인근에 머물고 있었다. 만약 비상계엄을 주말이나 국회 회기가 끝난 시점에 발동했다면, 지역구가 먼 의원들은 빠르게 국회로 모이기 어려웠을 것이다. 과반수 의원들이 국회까지 모이는 데 최소 5~6시간 이상이 걸렸을 것이고, 비상계엄 즉각 해제는 사실상 불가능했을 것이다.

윤석열 대통령은 계엄 시간도 잘못 선택했다. 밤 10시 30분경이 아니라 아예 새벽 1-2시간대를 선택했다면 의원들이 집결하는 데 더 많은 시간이 걸렸을 것이다. 또한 날씨도 장애물이 되었다. 계엄이 발동된 밤, 특전사가 있는 경기도 이천 지역에는 구름이 끼고 눈보라가 흩날렸다. 이로 인해 국회로 출동 명령을 받은 특전사 헬기 운항에 차질이 생겨 국회 도착 시간이 다소 지연된 것으로 전해졌다. 그 간발의 차이가 비상계엄 해제의 승패를 갈랐다. 국민에게는 천운이 따른 결과였지만, 윤석열의 입장에서는 날씨마저 그의 편이 아니었던 셈이다.

일각에서는 윤석열 대통령이 위태로운 상황에 몰려 조급하게 계엄 시기를 결정했을 가능성을 제기했다. 실제로 윤석열은 계엄 직전 무렵 궁지에 몰린 것처럼 보였다. 윤석열 부부의 선거 공천 개입 논란에서 핵심 인물인 명태균이 대통령 부부와의 연락에 사용했던 '황금폰'을 공개할 의향이 있다고 밝혔기 때문이다. 그 황금폰에 어떤 내용이 담겨 있는지는 명확하게 알려지지 않았지만, 윤석열 전 대통령 부부의 불법적인 행태를 알리는 직접적인 증거일 것이라는 추측이 많았다. 실제로 도둑이 제 발 저렸던 것일까. 윤석열 전 대통령은 자신에 대한 의혹을 한 방에 덮으려 했는지, 바로 다음 날 비상계엄을 발동했다. 어쩔 수 없이 상황에 떠밀려 비상계엄을 발동했다면, 천(天)의 요소를 간과했을 가능성이 있다. 만약 그렇지 않다면, 세간에 떠돌던 소문처럼 미신을 맹목적으로 믿다가 큰코다친 것으로밖에 설명할 수 없는 대목이다.

지(地): 생지(生地)가 된 국회와 사지(死地)에 갇힌 계엄군

전쟁을 하기 전에 반드시 살펴야 할 또 하나의 핵심 요소는 지(地), 곧 지형이다.

地者 遠近 險易 廣狹 死生也 지자 원근 험이 광협 사생야

지(地)란 전장의 거리(遠近), 험난함과 평탄함(險易), 넓음과 좁음(廣狹), 그리고 죽음의 땅인가 삶의 땅인가(死生)를 의미한다.

손자는 지형을 모르고는 작전을 제대로 수행할 수 없다고 했다. 이것은 반대로 지형을 잘 알면 전쟁에서 쉽게 이길 수 있다는 뜻이다. 을지문덕 장군은 살수대첩에서 청천강 주변 지형을 꿰뚫고 있었기에 승리할 수 있었고, 이순신 장군이 명량해협(울돌목)의 빠른 조류와 복잡한 수로를 이용하여 대승을 거둔 명량해전 역시 '지(地)'의 중요성을 보여주는 사례다.

그렇다면 지형을 고려할 때 무엇을 집중적으로 살펴야 할까? 손자는 거리(遠近), 험준함과 평탄함(險易), 넓음과 좁음(廣狹)을 살펴야 하며, 그 땅이 사지(死地)인지 생지(生地)인지 판단해야 한다고 말했다. 여기서 생지(生地)는 전투를 지속할수록 군대의 전투력이 강화되는 지형을 의미하고, 사지(死地)는 싸울수록 전투력이 약화되는 지형을 의미한다. 생지의 예로는 군대에 물과 음식을 충분히 보급할 수 있는 지형 등이 있고, 사지의 예로는 사막이나 험준한 산지와 같이 장병들의 피로도가 높은 곳을 들 수 있다.

그렇다면 비상계엄 상황에서 국회는 윤석열과 계엄군에게 어떤 지형이었을까? 아마도 여러모로 난관이 많은 곳이었을 것이다. 지리적 특성상 다수의 군 병력이 동시에 진입하기 어려웠고, 이미 많은 시민이 국회를 둘러싸고 있었다. 작전에 필수적인 헬기가 제대로 착륙할 공간조차 부족했다. 실제 민주당 보좌진은 12·3 계엄

선포 직후, 2차 비상계엄을 막기 위해 국회사무처와 협력해 국회 본관 앞 잔디밭과 국회 운동장에 여러 대의 차량을 주차하기도 했다. 헬기가 제대로 착륙할 수 없도록 만든 것이다. 결국 계엄군은 한 부대씩 순차적으로 투입될 수밖에 없었고, 이는 작전 실패의 결정적인 원인이 되었다.

반면, 국회의원들은 자신의 근거지인 국회에서 보좌진과 당직자, 사무처 직원들뿐만 아니라, 계엄을 막으려 국회로 달려온 수많은 시민의 지지를 받을 수 있었다. 시간이 지날수록 더욱 강력한 저항력을 갖출 수 있었던 것이다. 계엄 당일 수많은 군경이 동원됐지만, 이들은 국회로 모여든 시민들에게 포위되었다. 자신들이 적으로 삼아야 할 대상이 무고한 시민이나 국회의원이 아니라는 것을 잘 알았기에 더욱 무력했다. 결국 계엄군은 비상계엄 해제 결의안이 국회를 통과하기 무섭게 철수했고, 윤석열은 내란에 실패함으로써 그야말로 사지(死地)에 내몰리게 되었다.

장(將) : 리더의 자격, 지신인용엄(智信仁勇嚴)의 무게

다음은 도천지장법의 네 번째 요소, 장(將)과 관련된 구절을 보자.

> 將者, 智信仁勇嚴也 장자, 지신인용엄야
> 장수는 지모와 신뢰, 인애, 용기, 엄정을 갖추어야 한다.

손자는 군주와 장수가 갖추어야 할 조건으로 지(智), 신(信), 인

(仁), 용(勇), 엄(嚴) 다섯 가지를 제시했다. 여기서 지(智)는 지혜를 말하는데, 단순히 아는 것을 넘어 상황을 정확히 보고, 미래를 예측하며, 유연하게 전략을 짜는 능력을 의미한다. 적과 아군의 상황, 지형 등을 꿰뚫어 분석하고, 이를 바탕으로 미래를 예측하여 대비하는 능력이다. 또한, 틀에 얽매이지 않고 창의적인 전략과 전술을 구사하며, 속임수라 할 수 있는 기만술로 적을 방심시키거나 오판하게 만들고, 상대의 약한 부분을 치는 허실 전략으로 적의 판단을 흐리게 하여 유리한 상황을 만드는 지혜다. 정보를 빠르게 파악하고 활용하는 것 역시 '지'에 포함된다. 손자는 '지'를 가진 장수는 싸우기 전에 승리를 안다고 했으며, 이는 전쟁의 승패를 가르는 결정적인 요소라 할 수 있다.

신(信)은 장수와 병사 간, 그리고 병사들 사이의 상호 신뢰를 의미한다. 손자는 장수가 병사들에게 신뢰를 얻어야 하며, 병사들은 장수의 명령을 믿고 따라야 한다고 강조했다. 그래야만 조직이 안정적으로 유지되고 효율적으로 운영될 수 있기 때문이다. 임진왜란 당시 이순신 장군은 정확한 정보 판단과 전략으로 수많은 전투에서 승리하며, 부하와 백성들에게 깊은 신뢰를 얻었다. 삼국시대 촉나라의 제갈량 역시 유비의 두터운 신임과 백성들의 뜨거운 존경을 받았다. 뛰어난 지략과 통솔력으로 군대를 이끌었을 뿐만 아니라, 성품 또한 올곧았기 때문이다. 특히 약속을 중요하게 여기고 공정한 인사 정책을 통해 신뢰를 쌓았던 것으로 전해진다. 이처럼 신뢰받는 장수는 조직의 결속력을 강화하고 사기를 높여 승리를 이끄는 핵심적인 역할을 수행한다.

인(仁)은 곧 인자함으로 부하들을 아끼고 사랑하는 마음, 그리고 공감 능력과 배려심을 의미한다. 이는 조직의 화합과 단결을 끌어내는 중요한 요소다. 삼국시대 촉나라의 유비는 백성을 사랑하고 인의를 중시하는 장수로 유명하다. 그는 백성들의 어려움을 외면하지 않고 함께 고통을 나누었으며, 부하들을 아끼고 존중했다. 유비의 인자함은 많은 인재와 백성들이 그를 따르는 원동력이 되었다.

용(勇)은 단순한 무모함이 아닌 결단력 있는 용기를 의미한다. 이는 결정적인 순간에 과감히 행동하는 능력, 두려움에 굴하지 않는 강인한 정신력, 충분한 숙고와 분석을 거친 자신의 판단과 전략에 대한 확신, 그리고 자신의 결정과 행동에 책임을 회피하지 않는 자세를 말한다. 단순한 혈기가 아닌 지략과 통찰력을 바탕으로 한 전략적인 용기라고 이해할 수 있다.

엄(嚴)은 단순한 엄격함이 아닌 군율을 확고히 하고 질서를 유지하는 엄정함을 의미한다. 이는 군대를 효율적으로 통솔하고 전투력을 극대화하는 데 필수적인 요소다. 특히 '엄'에 있어서는 당근과 채찍이 중요하다. 규율과 원칙을 엄격하게 적용하되, 공정한 평가를 통해 잘하는 것은 제대로 보상하고, 잘못한 것에 대해서는 단호하게 책임을 묻는 자세를 가져야 한다. 또한 장수 스스로 엄격한 자기 관리와 정의롭고 단호한 태도를 갖출 필요가 있다.

손자가 말한 '지신인용엄'의 다섯 가지 덕목은 단순히 전쟁에서 승리하기 위한 요소로 기술되었지만, 현대 사회에서도 조직의 리더가 갖춰야 할 필수적인 역량으로 손꼽을 만하다.

지신인용엄으로 본 윤석열

그렇다면 만약 손자가 '지신인용엄'의 기준으로 윤석열 전 대통령을 평가한다면 어떨까? 과연 그는 국군통수권자로서 조건을 제대로 갖추고 있었을까?

결론부터 말하자면 낙제점이다. 가장 먼저 지(智)의 관점에서 바라봤을 때, 지피지기부터 실패했다. 아군에 대해 자세히 파악하고 그것을 바탕으로 전략을 짜는 것은 기본 중의 기본임에도, 대통령 윤석열은 이를 제대로 하지 못했다. 군의 생리에 대해 속속들이 알지 못했고, 전략적 사고 면에서도 훈련이 부족했다. 그러면서도 대통령실을 옮긴 이후 합동참모본부와 국방부를 비롯한 10여 개 부대에 둘러싸여 지내면서, 자신이 군을 잘 안다고 착각했을 수 있다. 바로 그 착각이 2024년 12월 3일에 비상계엄이라는 시대착오적 망동을 저지르게 만든 단초가 되었을 것이다.

대통령 윤석열은 신뢰 면에서도 한참 부족했다. "윤석열의 입이 가장 큰 리스크다"라는 말이 나올 정도였다. 정권 초기 '바이든-날리면 사건'을 떠올려보라. "미국 국회에서 이 XX들이 승인 안 해주면 바이든은 쪽팔려서 어떡하나"라는 발언은 대통령이 하기에 너무 거친 표현이었으며, 미국과의 신뢰 관계를 한순간에 무너뜨릴 수 있는 심각한 발언이었다. 2023년 1월, 아랍에미리트(UAE) 순방 중 아크부대를 방문해 장병들을 격려하며 한 발언은 또 어떤가. "UAE의 적은 이란이며, 우리의 적은 북한이다. UAE는 우리의 형제 국가다. 형제국의 적은 우리의 적이다." 한마디로 이란을 우리의 적으로 규정한 셈이었다. 경솔한 그의 발언 탓에 우리나라와 이란과의 갈등이 고조되고 국제무대에서 외교적 신뢰를 잃는 또 한 번의 결정타가 되었다.

대통령 윤석열이 국민의 신뢰를 저버린 일은 차고 넘친다. 대통령이 지각을 밥 먹듯이 하고 가짜 출퇴근 쇼를 벌여왔다는 것이 여러 보도를 통해 알려졌다. 매일같이 술자리를 즐겼다는 뒷말도 무성했다. 자신의 할 일을 제대로 하지 않고, 음주만 즐기는 장수를 신뢰할 병사는 없다. 결과적으로 계엄에 동원된 군은 결정적인 순간에 대통령 윤석열의 명령에 충실하지 않았다. 애초에 계엄은 성공할 수 없었던 것이다.

인(仁)은 어떠한가. 손자가 말한 인자함을 현대적으로 해석하면 공감과 배려, 그리고 소통이라 할 수 있다. 이는 국민의 아픔에 공감하고 적극적으로 소통하며 문제를 해결해 나가는 리더십을 의미한다. 2022년 8월 9일, 기록적인 폭우로 서울 신림동 일대 반지하 주택들이 침수되었을 당시, 피해 현장을 방문한 대통령 윤석열은 "퇴근길에 아래쪽 아파트가 벌써 침수되는 것을 봤다"고 말했다. 재난으로 고통받는 국민 앞에서 마치 남의 일처럼 이야기하며 공감 능력 부족을 드러낸 것이다. 퇴근길에 봤다면 그대로 퇴근할 것이 아니라, 당장 상황실로 돌아가 진두지휘했어야 했다. 이는 한 국가의 지도자로서 재난 상황에 대한 책임 있는 자세가 아니었다. 특히 이태원 참사 당시, 유족들의 슬픔에 공감하기보다는 책임을 회피하고 사건을 축소하려는 듯한 태도는 국민에게 큰 실망감을 안겨주었다.

국민과의 소통 역시 부족했다. 기자회견이나 대국민 담화 등 공식적인 자리에서도 국민의 질문에 성실하게 답변하기보다는 자신의 주장을 일방적으로 전달하는 데 급급했다. 이는 국민의 분노와 불신을 키우고 사회적 갈등을 심화시키는 결과를 초래했다. 오죽했으면 정치적 능력으로 해결할 수 없는 문제들이 쌓이자 계엄으로 덮으려 했겠는가. 계엄 선포 후 부하들에게 보여준 태도 역시 인(仁)과는 거리가 멀었다. 부하들이 처한 상황을 살피고 책임지려 하기보다는 자신이 한 일을 부하들에게 덮어씌우기에 급급했다. 이런 사람이 어떻게 한 나라의 대통령이 되었는지 다시 생각해도 참혹할 따름이다.

용기는 전쟁이 일어났을 때 위험을 무릅쓰고 나아갈 수 있는 것을 말한다. 윤석열 전 대통령이 '지신인용엄' 중에 유일하게 가진 것이 있다면 바로 용(勇)일 것이다. 하지만 그 '용'마저 방향이 잘못됐다. 지금 시대에 대한민국에서 계엄을 단행할 수 있다는 사실만으로도 얼마나 용기가 넘치는 행동인가. 그런데 용기가 넘치거나 그 방향이 잘못되면 만용(蠻勇)이 된다. 손자는 지(智)가 부족한 장수가 용만 넘치는 것을 가장 경계해야 한다고 강조했다. 만용의 덫에 빠진 장수들은 자신의 부대를 통째로 사지로 몰아넣기 쉽다. 실제로 윤석열은 비상계엄의 유불리는 물론, 이것이 헌법과 법을 중대하게 위반하는 것인지조차 제대로 따져보지 않고 몰아붙였다. 오판에 의한 만용의 결과는 계엄의 실패로 정직하게 나타났다.

엄(嚴)도 마찬가지다. 장수가 갖춰야 할 엄격함에서 가장 중요한 것은 누구보다 자기 자신에게 엄격해야 하는 것이다. 그런데 대통령 윤석열의 경우 자신과 가족들의 잘못에는 한없이 관대하고, 다른 사람들에게는 무자비하게 엄격했다. 대통령 선거에서 자신의 정적이었던 이재명 대표에게 엄중한 법의 잣대를 요구한 반면, 자신의 아내와 장모가 저지른 불법에 대해서는 눈감았다. 이러한 모순적인 모습은 장수로서의 엄(嚴)을 스스로 무너뜨린 것이고, 리더로서 자격을 상실한 것이라고 할 수 있다.

이렇듯 자질이 부족한 국군통수권자의 경우 자신의 부족함을 채워줄 장수를 찾는 것이 무엇보다 중요하다. 하지만 안타깝게도 윤석열은 그것조차 미흡했다. 윤석열이 계엄을 선포하면서 내세운 장수들의 면면을 보라. 가장 대표적인 인물이 김용현 전 국방부 장관이다.

김용현은 대통령이 잘못된 길을 가려는 것을 바로잡기는커녕 불법적인 계엄에 앞장섰다. 시대의 변화를 읽지 못한 채 과거의 망상에 사로잡혀 계엄을 하면 당연히 성공할 것이라고 착각한 것이다. 또 경호처장으로 근무하던 당시 대통령에게 쓴소리를 하는 진보당 의원과 정부의 연구비 삭감에 항의하는 카이스트 학생에 대한 '입틀막 경호'로 국민의 분노를 샀다. 대통령에게 충성하기 위해 국민의 입을 틀어막는 일을 서슴지 않았던 것이다. 그는 자신의 안위를 위해 오직 대통령 심기 경호에만 힘을 썼다. 또 군 인사에 적극적으로 개입해 자신과 같은 충암고 출신들을 주요 보직에 배치함으로써 친정 체제를 구축했다. 그렇게 만들어진 '충암파'는 비상계엄의 핵심이었다. 군주를 보면 신하를 알 수 있고, 거꾸로 신하를 보면 군주를 알 수 있다. 윤석열 전 대통령이 믿고 기용한 장수 역시 그의 그릇을 벗어나지 못했다.

지신인용엄으로 본 이재명

반면 민주당의 장수, 이재명 전 대표는 달랐다. 그는 손자병법이 제시하는 '지신인용엄'을 체득하고 있었으며, 그 가치를 현실 정치에서 구현하기 위해 노력하고 있다.

① 지(智): 전략적 통찰과 국민과의 소통

첫 번째로 빛나는 것이 바로 지혜다. 2023년 9월 1일, 당시 이재명 민주당 대표는 한동훈 전 국민의힘 대표와의 회담에서 공식적으로 계엄령에 대한 의혹을 제기했다. 이는 나를 비롯한 '서울의 봄' 팀의 경고를 엄중하게 받아들인 결과였다. 우리가 제시한 징후들을 흘려듣지 않고, 계엄의 가능성이 높다고 판단내렸다. 이에 그는 대통령실의 '괴담' 비난에도 굴하지 않고, 계속해서 계엄 가능성을 예의주시하며 대비했다.

특히 2024년 12월 3일 밤 계엄 전쟁에서 당시 이재명 민주당 대표의 지략이 빛난 순간이 있었다. 비상계엄이 해제된 직후의 일이다. 당시 이재명 민주당 대표는 당 지도부와 법률가 출신 의원들을 이학영 국회부의장실로 모았다. 그날 가장 큰 쟁점은 '비상계엄 사태를 어떻게 규정할 것인가'였다. 그에 따라 이후 사태를 수습할 때 필요한 매뉴얼이 정해지기 때문이었다. 당시 이재명 대표는 법률가 출신으로서 전문성을 살려 헌법 조항을 꼼꼼히 살펴보고, 여러 법률 전문가의 조언을 들은 후, 12·3 비상계엄을 내란이자 친위 쿠데타로 규정했다. 이는 대통령 윤석열 파면의 명확한 근거를 마련한 것이었다.

'윤석열 탄핵소추안 가결'을 위해 국회에서 200석 이상을 확보해야 할 때도, 이재명 대표는 뛰어난 지략으로 효과적인 전술을 선택했다. 국민의힘 의원들의 조직적인 방해가 계속되며 탄핵안 가결에 어려움을 겪고 있을 때, 박찬대 원내대표와 박성준 원내수석부대표 등이 '살라미 전술'을 제안했다. 정기국회가 끝나는 즉시 임시국회 회기를 열되, 기간을 일주일 단위로 쪼개, 매주 목요일 국회 본회의에 보고하고, 토요일에 표결 처리에 나선다는 구상이었다. 당시 이재명 대표는 이를 흔쾌히 받아들였다.

토요일은 많은 국민이 국회 앞 광장에 모여 탄핵 집회를 여는 날이었다. 매주 토요일마다 탄핵소추안이 부결된다면 국민의 분노는 갈수록 커질 것이고, 국민의힘은 오래 버티지 못할 것이라고 판단했다. 이렇게 '이겨놓고 싸우는 전략'은 결국 '윤석열 탄핵소추안'을 단 두 번의 표결만에 통과시키는 것으로 위력을 보였다. 당시 이재명 대표는 어떤 문제가 발생하거나 난관에 부딪힐 때마다 사람들을 결집시키고, 집단지성을 모아 빠르고 효율적인 문제 해결책을 찾아내는 리더의 면모를 보여주었다.

② 신(信): 약속 이행과 책임정치의 표본

정치에 있어서 신뢰를 한 단어로 표현하면 언행일치(言行一致)라 할 수 있다. 자신이 한 말을 행동으로 옮기는 것은 곧 국민과의 신의를 지키는 것이다. 이재명 대표는 성남시장 시절 90%를 넘는 공약 이행률을 기록했고, 경기도지사 시절에도 공약 이행률은 전국 1위였다. 그가 얼마나 책임정치를 실현하고자 했는지 보여주는 중요한 대목이다.

특히 경기도지사 시절 '하천 계곡 불법 점유 영업행위 근절'을 추진한 것은 정치인 이재명의 언행일치를 보여주는 대표적인 사례다. 그는 '깨끗한 자연을 도민들에게 돌려주겠다'는 명확한 목표를 설정하고 이를 실행에 옮겼다. 먼저 불법 시설물 철거를 위한 행정 대집행을 단행하고, 불법 행위에 대한 형사 고발 등 강력한 법적 조치를 통해 원칙을 지키는 단호한 리더십을 보여주었다. 또한 지역 상인들과 수십 차례의 회의를 통해 자진 철거를 유도하며, 일방적인 강압이 아닌 소통을 통한 문제 해결을 추구했다. 복잡한 법적 문제에 대해서는 법률 전문가의 자문을 받아 해결하고, 특별사법경찰단을 활용하여 법적인 문제를 해결해 나갔다. 또한 경기도와 시군 간 협력 체계를 구축하고, 지자체 담당 공무원 직무 유기 징계 등 강력한 조치를 통해 협력을 이끌어냈다. 철거 이후에도 지속적인 감시 및 단속을 통해 재발 방지에 힘쓰면서 도민들의 지지를 확보했다. 그 결과 도내 계곡의 불법 시설물들이 대거 철거되었고, 이는 여름철 불법 계곡 점유 문제와 국내 관광 문제 해결에 기여했다는 평가를 받았다. 사실상 '경기도 내 불법 계곡 설치물 철거 사업'은 정치인 이재명을 대권 주자로 올라서게 만든 가장 큰 요인 중 하나로 평가되고 있다.

③ 인(仁) : 사회적 약자에 대한 공감과 포용

소년 노동자 출신인 이재명 대표는 사회적 약자의 아픔을 누구보다 잘 이해했다. 그의 시선은 항상 사회적 약자와 국민을 향해 있었다. 기본소득 정책, 무상 교복 및 무상급식 정책 등 소외된 이들을 위한 다양한 정책들이 이를 증명한다. 계엄 정국을 지나면서도 이재명 대표는 따뜻한 리더십을 보여주었다. '윤석열 탄핵소추안' 가결을 위해 한겨울 국회 담장 밖에서 밤샘 시위하는 국민의 고통을 덜어주려 방한 텐트를 제공하고, 화장실 문제를 해결하기 위해 지원하는 등 세심한 리더십을 보여주었다.

또한, 경제 한파로 어려움을 겪는 국민을 위해 추경 예산안을 제안하고, 민생 회복을 위한 정책들을 적극적으로 추진했다. 특히, 소상공인과 자영업자들을 위한 지원책 마련에 힘쓰며, 경제적 어려움에 처한 이들에게 실질적인 도움을 제공하고자 노력했다. 그의 정책은 때로는 논쟁을 불러일으키기도 했지만, 그는 국민을 설득하기 위한 노력을 멈추지 않았다. 국민이 납득할 때까지 소통하려는 자세는 극단적으로 분열된 국민을 하나로 통합하고, 성숙한 민주주의를 향해 나아갈 수 있는 유일한 길임을 보여주었다.

④ 용(勇) : 위기 속의 결단과 정면 돌파

이재명 대표의 용기 있는 리더십은 계엄 정국에서 더욱 빛을 발했다. 2024년 12월 3일 밤, 실제로 계엄이 선포되자 그는 자신의 유튜브 채널을 통해 라이브 방송을 진행했다. 당시 약 110만 명의 구독자와 국민에게 서둘러 국회로 집결할 것을 호소했다. 이로 인해 포고령 위반 현행범으로 구속될 수 있다는 것을 알면서도 위험을 무릅쓰고 라이브 방송을 감행한 것이다.

이재명 대표는 당시 제1 야당 대표로서 계엄군들의 1순위 표적이었다. 자신의 위치를 노출하는 것 자체가 목숨을 건 일이었던 셈이다. 하지만 그는 국민을 믿고 용기 있게 나아갔다. 비상계엄이라는 위기 상황을 타개할 수 있는 것은 오직 국민뿐이라고 굳게 확신했다. 유튜브의 막강한 파급력을 활용해 국민에게 호소하고, 국민의 동참을 이끌어낸다면, 어떻게든 비상계엄 해제에 성공할 수 있을 거라 판단한 것이다. 그의 간절한 목소리는 시민들의 자발적인 참여를 이끌어냈고, 계엄군의 진입을 저지하는 결정적인 힘이 되었다. 이는 국민과 함께 만들어낸 기적이었다. 그는 국민을 한순간도 통치의 대상으로 보지 않았다. 그는 항상 국민과 함께라면 불가능은 없다고 믿었고, 언제나 국민과 동행하고자 했다. 그것이 용기 있는 리더십의 바탕이었다.

⑤ 엄(嚴): 공정한 원칙과 흔들림 없는 추진력

이재명 전 민주당 대표는 엄정함에 있어서도 굳은 의지를 보여주었다. 그는 공무원 사회의 부패와 로비의 위험성을 깊이 이해하고, 청렴을 유지하는 것이 얼마나 중요한지 강조했다. 개인적인 이익보다 공공의 이익을 우선시하며, 모든 형태의 부정부패를 신고하고 예방하여 공정한 사회를 만드는 것을 목표로 삼은 것이다. 공직사회의 청렴 의식을 고취하기 위해 로비 시도를 철저히 차단하고 권한 남용을 근절해야 한다고 역설했다.

특히, 그는 자신의 친척이나 측근에게 접근하여 부정한 청탁이나 로비를 시도하는 사람을 발견하면 즉시 신고하도록 지시했으며, 이를 어길 시에는 엄중한 징계를 내리겠다고 경고하기도 했다. 청렴한 공무원 사회 구축은 시민들에게 신뢰받는 행정을 구현하는 데 필수적이라고 믿었으며, 이를 위해 끊임없이 노력한 것이다. 무엇보다 그는 자기 자신에게 엄격했다. 그 엄격함은 그가 정치적 보복성이 짙은 무수한 압수수색에도 흔들림 없이 정치적 신뢰를 지켜낼 수 있었던 가장 강력한 힘이었다.

이처럼 이재명 전 대표는 손자병법이 제시하는 훌륭한 장수의 조건, '지신인용엄'을 두루 갖춘 보기 드문 리더다. 격변하는 민주주의 시대, 우리에게 절실히 요구되는 바로 그 리더십을 갖춘 인물이라 생각한다.

이재명 대표와 뜻을 함께한 민주당 의원들 역시 뛰어난 역량을 자랑했다. 박찬대, 박성준 등 원내 지도부는 탄핵소추안 가결이 표류했을 때 작게 쪼개서 큰 그림을 이루는 방법인 '살라미 전술'을 제안하는 등 상황에 맞는 지략을 발휘했다. 김민석 의원은 수석최고위원으로서 계엄 정국의 주요 국면마다 선봉에 나서 강력한 메시지를 내며 공격력을 높였고, 내란 세력의 속을 꿰뚫어보는 통찰력으로 적의 허점을 정확히 파악하여 공략했다. 박선원 의원은 국정원 출신이라는 특성을 잘 살려 민주당이 정보 우위에 서서 싸워나가는 데 큰 역할을 했다. 특히 계엄 이후 진상 규명을 위해 함께 특전사를 방문하자는 나의 제안에 기꺼이 동참해주는 등 살신성인의 자세로 내란 세력과 맞서 싸워왔다. 국방부 대변인 출신 부승찬 의원 역시 군 내부 정보에 밝은 점을 적극 활용하여 계엄군의 동향을 파악하고 대응 전략을 수립하는 데 기여했다. 나 또한 군 장성 출신의 장점을 최대한 살려 민주당 내 유능한 의원들과 함께 계엄 정국을 하루빨리 종결하기 위해 전력투구했다.

이처럼 각 분야의 전문가들로 한 팀이 된 민주당은 역대 국회 중 가장 압도적인 팀워크를 보여주는 정당으로서 국민들의 신뢰를 받고 있다. 이재명 대표의 강력한 리더십과 각 의원들의 전문성이 만들어낸 시너지 효과는 민주주의 정치는 민주주의로써 지켜진다는 것을 다시 한번 증명했다.

법(法): 윤석열 계엄의 위헌성

이제 '도천지장법'의 마지막 조건, 법(法)에 대해 알아보자.

> 法者 曲制 官道 主用也 법자 곡제 관도 주용야
> 법(法)이란 잘 정비된 군대의 시스템과 규율, 명확한 지휘 체계, 그리고 효율적인 군수 운용법을 말한다.

손자가 말한 것처럼 전쟁을 앞둔 상황이라면 법과 시스템을 잘 파악해야 한다. 윤석열은 계엄을 앞두고, 우리 계엄법의 허점을 잘 파고들었다. 계엄령을 발동했을 때 국회가 이를 방어하기 쉽지 않다는 것을 누구보다 잘 알고 있었던 것이다. 군을 동원해 국회의원들이 과반수 이상 모이지 못하도록 하면, 얼마든지 자신이 원하는 상황대로 전개해 나갈 수 있었다. 좀 더 상상력을 발휘해 만약 22대 국회가 여소야대로 구성되지 않았더라면 어땠을까? 어떤 일이 벌어졌을지 상상조차 하기 어렵다. 이것이 우리에게 남겨진 가장 큰 숙제다. 불법적인 계엄을 단행한 윤석열에 대한 단죄뿐 아니라, '어떻게 불법적인 계엄이 가능했는가?'에 대해서 근본적인 원인을 찾고 법을 개선해야 한다. 그렇지 않으면 역사가 언제 어떤 식으로 반복될지 모른다.

윤석열은 스스로 법 위에 군림하려 했다. 헌법을 무시한 계엄 발동을 시도하고, 체포 영장 역시 거부했다. '원 포인트 구속 취소'라는 편법으로 갑자기 풀려나기도 했다. 법을 악용한 도주 아니냐는 국민적 의혹이 높았다. 헌법 수호의 책무를 지닌 대통령이 법을 경시하는 모습을 우리는 똑똑히 목격했다. 우려했던 대로 제2, 제3의 검찰 정치가 '윤석열'이라는 이름으로 부활한 것이다. 다시 한번 강조하건대, 윤석열 대통령이 왜 비상계엄을 선포했느냐는 물음은 핵심을 비껴간 것이다. 우리는 지금 비상계엄이 어떻게 가능했는지 질문을 던져야 하며, 그에 대한 책임을 명명백백하게 가려 끝까지 단죄해야 함을 잊어서는 안 될 것이다.

2장 위기에는 반드시 징후가 있다
적의 기미를 살피는 일

少而往來者 營軍也 소이왕래자 영군야

적은 수의 병력이 빈번히 오가는 것은 은밀히 진영을 구축하며 공격을 준비하는 징후다

전쟁과 정치, 징후를 읽는 자가 승리한다

전쟁이란 예측 불가능한 변수가 끊임없이 발생하는 극한의 상황이다. 주도권을 잃는 순간 치명타를 입기 쉽다. 정치도 마찬가지다. 양당의 첨예한 대립은 시시각각 변화하는 격전지와 같다. 그렇기에 예측 불가능한 변수를 늘 경계하며 상대 움직임을 살펴야 한다. 이는 '징후 파악', 즉 상대 움직임을 주시하는 것이다. 이상 징후가 나타나면 그 의도를 정확히 파악하고 미리 대응해야 위험 요소를 최소화하고 반격 기회를 잡을 수 있다. 징후를 알아차리는 것은 곧 위기를 관리하고 주도권을 확보하는 길이다.

손자병법 역시 징후를 살피는 것의 중요성을 무엇보다 강조

했다. 손자병법의 가장 유명한 문구 "지피지기(知彼知己) 백전불태(百戰不殆)"만 봐도 그렇다. 적을 알고 나를 알면 백 번 싸워도 위태롭지 않다. 즉, 적과 아군의 상황을 정확히 파악하는 것이 승리의 필수 조건이라는 것이다. 손자는 여기서 한발 더 나아가 〈행군(行軍)〉편에서 징후의 중요성을 좀 더 구체적으로 설명했다. 무심코 지나칠 수 있는 작은 현상과 움직임도 상대방의 상황과 의도를 파악하는 중요한 단서가 될 수 있음을 강조하면서 상적(相敵), 즉 적의 외적인 행동을 관찰해 그들의 정황을 살피는 서른세 가지의 항목을 제시하고 있다. 그중 대표적인 것 몇 가지를 짚어보면 이렇다.

敵近而靜者 恃其險也 적근이정자 시기험야
적이 가까이 있는데도 고요한 것은 그 험한 지형을 믿기 때문이다.

遠而挑戰者 欲人之進也 원이도전자 욕인지진야
멀리 있으면서 도발하는 것은 아군의 진격을 유인하기 위함이다.

其所居易者 利也 기소거이자 이야
적이 평탄하고 넓은 지형에 거처하고 있다면 그들에게 유리하기 때문이다.

衆樹動者 來也 중수동자 내야
많은 나무가 움직이는 것은 적이 오고 있다는 것이다.

衆草多障者 疑也 중초다장자 의야

풀숲에 장애물들이 많은 것은 의심을 불러일으키게 하기 위함이다.

鳥起者 伏也 조기자 복야

새들이 날아오르는 것은 적이 매복하고 있기 때문이다.

獸駭者 覆也 수해자 복야

짐승이 놀라 달아나는 것은 적의 기습 때문이다.

塵高而銳者 車來也 진고이예자 차래야

먼지가 높고 날카롭게 이는 것은 적의 수레가 오기 때문이다.

卑而廣者 徒來也 비이광자 도래야

흙먼지가 낮고 넓게 이는 것은 적의 보병 무리가 오고 있기 때문이다.

散而條達者 樵采也 산이조달자 초채야

흩어져서 가지런히 이어지는 먼지는 적이 땔나무를 구하거나 풀을 베는 것이다.

少而往來者 營軍也 소이왕래자 영군야

적은 수의 병사가 왔다 갔다 하는 것은 적이 진영을 구축하고 있는 것이다.

손자는 이 구절들을 통해 적군의 움직임과 태도, 자연 현상, 주변 동물의 움직임 등 다양한 요소를 통해 '이상 징후'를 포착하는 기술을 서술했다. 세월이 흘러 전쟁의 양상은 달라졌지만, 이러한 통찰은 현시대에도 폭넓게 적용될 수 있는 절대적인 이치다.

세상 만물에는 불변의 법칙이 존재하고, 모든 일에는 원인과 결과가 있다. 앞으로 발생할 위험 상황의 사전 징후가 어떤 식으로든 나타날 수밖에 없는 이유다. 현대 경영학에도 '하인리히의 법칙(Heinrich's Law)'이라는 개념이 있다. 이는 중대한 사고 1건이 발생하기 이전에 29건의 경미한 사고와 300건의 잠재적 사고(사고가 발생하지 않았지만 발생할 수 있었던 상황)가 존재한다는 이론이다. 결국 중대한 사고 이면에는 수많은 경미한 사고와 잠재적 위험 요소들이 존재하므로, 이러한 징후들을 미리 알아차린다면 큰 사고를 막을 수 있다. 그만큼 징후의 중요성은 아무리 강조해도 지나치지 않다. 나는 국회의원이 된 후, 그 어느 때보다 '예민한 촉'을 발동해왔다. 국가 안보와 국민 안전을 지키기 위해 이상 징후를 면밀히 관찰하고 대비하는 것이, 나의 책임이자 역할이라고 생각했기 때문이다.

확신의 징후, 김용현 국방부 장관 지명

"윤석열 대통령이 국방부 장관 후보자로 김용현 대통령 경호처장을 지명했습니다."

순간 귀를 의심했다. 싸한 느낌이 밀려들면서 '김용현'이라는 이름 석 자가 뇌리에 강하게 박혔다. '드디어 올 것이 왔다'라는 깊은 탄식과 함께 절망감이 밀려들었다. 아무리 막다른 길에 몰린 대통령 윤석열이라 해도 어떻게 이렇게 야비한 속내를 뻔뻔하게 내비칠 수 있단 말인가. 다른 사람들은 몰라도 내 눈에는 환히 들여다보이는 속내, 그것은 다름 아닌 '계엄'이었다.

우리나라 국민에게 계엄은 어떤 의미인가. 1980년 5·18 광주민주화운동 당시 계엄군의 무력 진압을 경험하거나 목격한 국민에겐 그야말로 처절한 아픔 그 자체다. 계엄은 트라우마라는 단어만으로 설명할 수 없는 고통이며, 우리를 위협한 '총'이자 '칼'이고 또한 '소중한 이의 목숨'이다. 한강 작가가 《소년이 온다》를 통해 토해내듯 써낸 서슬 퍼런 역사다.

2024년 8월 12일. 나는 당연히 과거로만 남아 있어야 할 '피의 계엄'을 다시 곱씹었다. 대통령 윤석열의 김용현 국방부 장관 지명은 단순히 장관 한 명을 교체하는 것이 아니었다. 코앞까지 다가온 계엄의 그림자였다. 대통령에게 계엄령을 건의할 수 있는 핵심 보직은 국방부 장관과 행정안전부 장관 두 자리인데, 이 중 하나를 김용현 경호처장이 차지하는 것은 뚜렷한 위험 신호였다. 당시 행정안전부 장관은 대표적인 친윤 인사인 이상민이었다. 여기에 국방부 장관까지 김용현 경호처장이 된다면 사실상 비상계엄에 제동을 걸 사람이 없어지는 것이었다. 사실 '대통령 윤석열의 평소 성격이라면 계엄도 불사할 인물'이라는 얘기가 괴담처럼 흘러나오긴 했다.

하지만 김용현 경호처장이 국방부 장관으로 지명되기 전까지는 계엄이 불가능할 거라 생각했다. 나중에 국가안보실장이 되는 신원식이 당시 국방부 장관이었기 때문이다. 신원식 장관은 나의 육사 3기수 선배로 개인적으로도 잘 아는 인물이다. 그는 강성 보수이긴 해도 '대통령 윤석열을 위한 계엄'에 찬성할 사람은 아니었다. 최소한의 양심과 상식을 가진 군인이라는 믿음이 있었다. 이것은 벌써 여러 차례 국방위원회 질의를 통해서 그에게 직접 확인한 사항이기도 했다. 그는 계엄 가능성을 묻는 질의에서 "지금 현재 상황에서 계엄이라는 게 있을 수 있느냐. 국민이 승인하겠느냐, 군이 따르겠느냐"라고 말한 바 있다.

하지만 국방부 장관 자리에 김용현 경호처장이 앉게 된다면 이야기가 달라진다. 김용현 경호처장은 육군사관학교 38기로 임관해 수도방위사령관과 합참 작전본부장 등 요직을 거쳤고, 중장(별 3개)을 끝으로 군복을 벗은 인물이다. 군 시절 4스타가 되기 위해 상관에게 절대 충성하며 엄청난 공을 들였지만, 끝내 원을 이루지 못해 권력에 한이 많았던 것으로 알려져 있다. 하지만 윤석열이 대통령에 당선된 후 판이 바뀌었다. 대통령의 충암고 1년 선배인 김용현은 대통령의 핵심 최측근으로 분류될 정도로 친분이 깊었다. 윤석열이 후보자였던 시절부터 마치 정권의 실세처럼 군림할 수 있었던 이유다. 문제는 그가 추진해온 대부분의 일이 국민의 상식을 빗나갔다는 것이다. 이것은 김용현 경호처장이 국방부 장관이 되어서는 안 되는 '3대 불가론'으로 단박에 정리된다.

첫째, 대통령 당선 직후부터 청와대의 용산 이전을 졸속으로 주도했다. 그 과정에 막대한 예산이 낭비되고 엄청난 안보 공백까지 불러왔다. 당시 국방부 청사를 뺏어 대통령실과 자신의 집무실로 이용한 인물이기도 한데, 그렇게 국방부를 초토화시켰던 인물을 수장으로 임명하다니, 군 출신이 아니라도 기가 막힐 노릇이다.

둘째, 대통령 윤석열의 심리 보좌를 위한 '입틀막 경호'와 '사지들 경호'에 열을 올렸다. 대통령에게 "국정 기조를 바꾸십시오"라는 말을 했다는 이유로 진보당 강성희 국회의원의 입을 틀어막고 사지를 들어 내동댕이치는가 하면, 대통령에게 항의하는 카이스트 학생의 입을 틀어막고 학위수여식에서 강제로 퇴장시켰다. 민주주의를 뒤로하고 제왕적 대통령제를 만든 장본인이었던 것이다.

셋째, 폭우 피해 지역인 경북 예천에서 실종자 수색 작전에 투입됐다가 순직한 채 상병 사건을 무마하기 위해 외압을 행사했다는 의심도 받고 있다.

하지만 무엇보다 김용현이 국방부 장관이 되는 순간 비상계엄의 우려가 커질 거라 생각했다. 이상민 행안부 장관과 더불어 대표적인 친윤 인사에 '충암파'였기 때문이다. 게다가 계엄을 실행할 수 있는 핵심 키맨은 국방부 장관, 방첩사령관, 계엄사령관인데, 당시 방첩사령관도 충암파인 여인형이었다. 허수아비로 세웠을 박안수 계엄사령관을 제외하고, 계엄 실행의 핵심 키맨 3명 중 2명이 모두 충암파인 것이다. 이것은 결국 계엄을 건의하고(행안부 장관, 국방부 장관), 계엄을 결심하고(대통령), 계엄을 실행할(국방부 장관, 방첩사령관, 계엄사령관) 때 그 누구도 브레이크를 걸 사람이 없다는 것을 의미한다. 윤석열 전 대통령의 친정 체제가 충암파로 구축된 것은 매우 위험한 계엄 징후였다.

또 다른 징후, 방첩사의 수상한 움직임

하지만 손자는 하나의 징후만 가지고 섣부르게 판단하는 것을 경계했다. 언제나 복합적인 위험 요소를 살펴서 대응해야 하는 것이다. 나는 신중하게 다른 징후들도 살폈다. 마침 JTBC 앵커이자 기자 출신인 의원실 보좌진을 통해 아주 구체적이고 믿을 만한 제보가 들어왔다. 2024년 3월 방첩사가 대대적으로 계엄 대비 훈련을 했다는 것이다. 충암파 출신 여인형 방첩사령관이 직접 사열까지 진두지휘하며 대비 태세를 꼼꼼하게 살폈다고 했다. 당시 계엄 집중 훈련은 무려 2주 동안이나 계속됐고, 부대원들은 훈련이 평년과 너무나 다르게 진행돼 의아했다는 평이 많았다고 한다.

확실히 미심쩍은 부분이 있었다. 박근혜 정부 이후 군은 계엄 훈련을 최소한으로만 진행해왔다. 박근혜 탄핵 당시 방첩사의 전신인 기무사에서 '계엄 문건'을 작성한 사실이 알려져 나라가 발칵 뒤집힌 일이 있었기 때문이다. 당시 계엄 문건을 보면, 탄핵 전후 혼란한 상황이 생겼을 때 비상계엄을 선포하고, 사전에 국회의원 20~30명을 체포하라는 지시가 담겨 있었다. 비상계엄 해제에 동의하는 국회의원 숫자가 과반수를 넘지 못하도록 미리 손을 쓰려는 의도였다. 이처럼 민주주의를 심각하게 위협하는 사실이 밝혀진 후, 기무사에 대한 국민의 신뢰가 땅에 떨어지고, 결국 기무사에 대한 대대적인 개혁이 이뤄졌다. 조직의 기능과 인원을 대폭 축소한 후 안보지원사령부로 변경한 것이다. 이 일이 있고 난 후부터 계엄 훈련은 최대한 축소됐었는데, 여인형 방첩사령관이 부임한 후 계엄 훈련이 대대적으로 되살아났다. 마치 불길한 계엄의 망령처럼 말이다.

반국가 세력을 외치는 대통령의 언어

계엄의 또 다른 징후는 대통령의 입에서 흘러나왔다. 그가 공식적인 자리에서 '반국가 세력'이라는 단어를 사용하기 시작한 것이다. 반국가 세력이란 무엇인가. '대한민국의 헌법 질서를 부정하고 국가의 존립과 안전을 위협하는 세력'을 뜻한다. 그 섬뜩한 단어가 공식 석상에서 거침없이 사용되기 시작했을 때, 대다수 국민은 의문을 품었고, 나는 다시 한번 계엄을 떠올렸다.

대통령의 '반국가 세력' 발언은 취임 5개월 차에 불쑥 튀어나왔다. 지지율이 30%대로 급락하던 시점, 용산 이전 논란과 '바이든-날리면' 사건으로 국민의 실망감이 극에 달했을 때였다. 문제는 이후로도 '반국가 세력'이라는 단어가 대통령의 입에서 끊임없이 흘러나왔다는 점이다.

> **윤석열 대통령의 '반국가 세력' 발언**
> "반국가 세력들은 유엔사를 해체하는 종전 선언을 노래 부르고 다녔습니다."(2023.06.28.)
> "북한과 그들을 추종하는 반국가 세력들이 종전 선언과 연계하여…" (2023.08.10.)
> "반국가 세력은 반일 감정을 선동하고…"(2023.09.01.)

"이들이 바로 우리의 앞날을 가로막는 반자유 세력, 반통일 세력입니다."(2024.08.15.)

대통령 윤석열은 기회가 생길 때마다 수시로 반국가 세력을 언급하며 비판의 목소리를 높였다. 대통령은 특정 당의 후보로 당선되었지만, 대통령이 되는 순간 국민 통합에 나서야 한다. 그런데 대통령이 오히려 '갈라치기'에 앞장서며 분열 정치에 열을 올렸다. 사실 이런 '갈라치기'는 나쁜 권력자들이 흔히 사용하는 통치 방식이다. '분할 통치(divide and rule)'라고도 불리는데, 나쁜 권력자가 사회 집단 간의 분열과 갈등을 의도적으로 조장하여 자신의 지배력을 강화하는 것을 말한다. 손자병법 〈시계(始計)〉 편에도 이와 비슷한 전략이 나온다.

兵者 詭道也 병자 궤도야
전쟁이란 속이는 것이다.

故 能而示之不能 用而示之不用 고 능이시지불능 용이시지불용
그러므로 능력이 있으면서도 없는 척하고, 군사를 쓰면서도 쓰지 않는 척한다.

近而視之遠 遠而示之近 근이시지원 원이시지근
가까이 있으면서도 멀리 있는 것처럼 보이고, 멀리 있으면서도 가까이 있는 것처럼 보이는 것이다.

利而誘之 亂而取之 이이유지 난이취지
이로움으로써 유인하고, 혼란하면 취한다.

實而備之 强而避之 怒而撓之 卑而驕之 실이비지 강이피지 노이요지 비이교지
견고하면 대비하고, 강하면 피하고, 성내면 흔들고, 낮추면 교만하게 한다.

佚而勞之 親而離之 攻其無備 出其不意 일이노지 친이리지 공기무비 출기불의
편안하면 피로하게 하고, 친하면 이간시키고, 준비 없는 곳을 공격하고, 생각지 않은 곳으로 출격한다.

此兵家之勝 不可先傳也 차병가지승 불가선전야
이것이 병가의 승리이니, 미리 전할 수 없는 것이다.

여기서 '난이취지(亂而取之)'는 적의 내부 혼란을 틈타 승리를 거두라는 의미이고, '친이리지(親而離之)'는 친한 사이를 이간질하라는 뜻이다. 이는 적 내부의 분열과 갈등을 의도적으로 조장하여 혼란을 야기하고, 이간질을 통해 쉽게 승리하는 전략이다. 이러한 계책은 '갈라치기' 전략과도 일맥상통하며, 이만큼 적을 효과적으로 무너뜨리는 방식은 드물다. 역사상 최악의 독재자로 꼽히는 아돌프 히틀러 역시 '갈라치기 통치'를 통해 자신의 목적을 달성하려 했다. 그는 유대인을 '공동의 적'으로 설정하여 독일 국민의 단결을 유도하고, 자신의 권력 기반을 강화하는 방식을 택했다.

과거 국내 정치에서도 이러한 시도는 빈번하게 나타났다. 이명박 정부는 "종북 세력", 박근혜 정부는 "반정부 세력"이라는 표현을 자주 사용하며 국민을 편 가르기 하려 했다. 이는 국민이 서로 대립하는 동안 자신에게 향하는 비판을 회피하려는 의도였다. 결국 이명박, 박근혜 두 전직 대통령은 실패한 지도자로 역사에 기록되었다.

물론 우리 역사에 실패한 지도자만 있었던 것은 아니다. 김대중 대통령은 자신을 사형시키려 했던 세력에 정치 보복 대신 국민 통합을 추구했으며, 한반도 평화를 염원했던 통합의 지도자였다. 민주주의 리더십을 추구하는 이재명 대표 또한 과거를 따져 묻는 정치 보복은 시간 낭비라고 일축하며, 우리가 주목해야 할 것은 미래라고 강조했다. 불행하게도 대통령 윤석열은 역대 정부보다 더 악랄한 '갈라치기 통치'를 자행했다. 시간이 지날수록 '반국가 세력'에 대한 발언 수위는 높아졌고, 급기야 78주년 광복절 경축사는 온 국민을 혼란에 빠뜨리기에 충분했다.

윤석열 대통령 제78주년 광복절 경축사 중에서

공산 전체주의를 맹종하며 조작 선동으로 여론을 왜곡하고 사회를 교란하는 반국가 세력들이 여전히 활개치고 있습니다. 자유민주주의와 공산 전체주의가 대결하는 분단의 현실에서 이러한 반국가 세력들의 준동은 쉽게 사라지지 않을 것입니다. 전체주의 세력은 자유 사회가 보장하는 법적 권리를 충분히 활용하여 자유 사회를 교란시키고, 공격해왔습니다. 이것이 전체주의 세력의 생존 방식입니다. 공산 전체주의 세력은 늘 민주주의 운동가, 인권 운동가, 진보주의 행동가로 위장하고 허위 선동과 야비하고 패륜적인 공작을 일삼아왔습니다. 우리는 결코 이러한 공산 전체주의 세력, 그 맹종 세력, 추종 세력들에게 속거나 굴복해서는 안 됩니다.

(…)

일본은 이제 우리와 보편적 가치를 공유하고 공동의 이익을 추구하는 파트너입니다. 한·일 양국은 안보와 경제의 협력 파트너로서 미래지향적으로 협력하고 교류해 나가면서 세계의 평화와 번영에 함께 기여할 수 있는 것입니다. 특히, 한반도와 영내에서 한·미·일 안보 협력의 중요성이 날로 커지고 있습니다. 북한의 핵과 미사일 위협을 원천적으로 차단하기 위해서는 한·미·일 3국 간에 긴밀한 정찰 자산 협력과 북핵 미사일 정보의 실시간 공유가 이루어져야 합니다. 일본이 유엔사령부에 제공하는 7곳 후방 기지의 역할은 북한의 남침을 차단하는 최대 억제 요인입니다.

믿어지는가. 제78주년 광복절 경축사에서조차 대통령의 칼날은 '일본'이 아닌 '반국가 세력'을 향했다. 한반도를 침략했던 일본은 '보편적 가치를 공유하고 공동의 이익을 추구하는 파트너'로 격상시키면서, 정작 우리 국민의 일부를 '반국가 세력'으로 매도하는 기이한 광경이 연출되었다.

비상식적인 이전: 군을 길들이려는 검은 욕망

어쩌면 처음부터 잘못 끼워진 단추는 아니었을까. 대통령 집무실을 청와대가 아닌 국방부 청사로 졸속 이전한다고 했을 때부터 비상식적인 일이라 생각했다. 문제는 국방부에 번듯한 대체 건물을 제공하지 않은 채 무작정 이전을 추진했다는 것이다. 결국 국방부 인원 절반은 합동참모본부 건물로, 나머지는 인근 다른 건물로 흩어져야 했다. 복지시설로 사용하던 웨딩홀이 있는 국방 컨벤션 등에 사무실을 마련하는 것도 모자라 폐건물처럼 방치되어 있던 옛 방위사업청 건물로도 이전해야 했다. 멀쩡한 국방부 청사에서 근무하던 사람들이 하루아침에 전기와 수도는 물론 인터넷마저 끊긴 곳으로 이사를 가야 했으니 그 억울함과 비참함은 이루 말할 수 없었을 것이다. 5천 년 역사를 통틀어 이렇게 비상식적인 권력자는 없었다.

국방부 소속 인원들의 분노는 컸겠지만, 이제 막 당선된 대통령의 권력 앞에서 할 수 있는 일은 아무것도 없었다. 나는 군인 출신으로서 국방부가 이렇게 홀대받는 현실에 너무 가슴 아팠다. 안보 공백과 국정 공백, 경제적 손실과 주민 불편 등 우려되는 사항도 많았기에 선봉에 나서서 비판했다. 하지만 나의 간절한 비판은 빈 메아리가 되어 돌아왔다. 윤 대통령 측이 결국 자신의 뜻을 관철시킨 것이다.

바로 이 비상식적인 졸속 이전부터가 계엄의 징후였다. 군을 완전히 자기 손아귀에 넣고 마음대로 하려는 것 자체가 쿠데타적인 발상이 아니고 무엇이었겠는가. 모르긴 몰라도 대통령 윤석열은 용산에서 장병들을 가까이 마주하며, 자신이 무슨 짓을 하든 군이 절대 충성할 것이라고 착각하며 도취되었을 것이다. 그리고 정치적으로 불리한 상황에 몰릴 때마다 계엄이라는 최후의 카드를 만지작거렸을 것이다.

더욱 충격적인 정황은 당시 경호처장이었던 김용현이 자신의 공관에서 방첩사령관, 수방사령관, 특전사령관과 종종 비밀 회동을 가졌다는 사실이다. 비상계엄 발동 시 핵심적인 역할을 수행할 군 수뇌부와의 부적절한 만남. 그것은 단순한 친목 도모로 치부할 수 없는, 너무나 명백한 '포섭' 시도였다. 군의 지휘 체계를 무시하고 민간인 신분의 경호처장이 군의 핵심 인사들을 은밀히 만나는 행위는 쿠데타를 연상시키는 섬뜩한 장면이었다. 민간인 신분의 경호처장이 현역 장군들을 불러 모으는 것은 상당히 이례적이고 부적절한 일이다. 특히 무력을 행사할 수 있는 군의 경우, 자신의 직속상관이 아닌 다른 지휘 라인과 사적인 만남을 갖는 것은 금기 사항이다. 어쩔 수 없이 만남을 가져야 한다면 사전에 국방부 장관이나 육군총장에게 보고하고 허가를 받아야 한다. 그런데 이런 절차를 무시하고 여러 차례 비밀 회동을 가졌다는 것은 당연히 의심할 수밖에 없는 행동이다.

합리적인 의심은 꼬리에 꼬리를 물고 이어졌다. 마치 퍼즐이 맞춰지듯이, 계엄의 징후들이 하나둘씩 그 실체를 드러내며, 큰 그림이 그려지기 시작한 것이다. 더 이상 침묵할 수 없었다. 이 위험한 움직임을 세상에 알리고, 막아야만 했다.

침묵을 깬 외침: 계엄과의 전쟁 선포

김용현 국방부 장관 지명은 둑이 무너지기 직전의 마지막 균열과 같았다. 나는 '김용현 국방부 장관 지명' 다음 날인 2024년 8월 13일 CBS 〈김현정의 뉴스쇼〉에 출연해, 그와 관련된 인터뷰를 했다. 그날 나는 김용현 지명을 왜 철회해야 하는지 이유만 설명했을 뿐, '계엄'이라는 단어를 차마 입에 올리지는 못했다. 다만 앞으로 무언가 '중대한 일'이 발생할 수 있다고 슬쩍 흘리기만 했다. 제작진들은 무언가 낌새가 이상했는지, 방송 직후에 나에게 '중대한 일'이 무엇이냐고 물었다. 그때 나는 조금 주저하다 '비상계엄'이라고 말해주었다. 그랬더니 모두 설마 하는 표정을 감추지 못했다. 농담처럼 들렸던 모양이다.

하지만 그날 대기실에 함께 있던 언론인 출신 시사평론가이자 CPBC(평화방송) 라디오 뉴스공감의 김준일 앵커가 나의 진중한 목소리를 놓치지 않았다. 얼마 후 그는 나에게 인터뷰를 요청했고, 나는 기꺼이 응했다. 8월 15일, 그의 프로그램 〈김준일의 뉴스공감〉에 출연하여 마침내 국회의원 최초로 공식 석상에서 '계엄'이라는 두 글자를 입 밖에 냈다.

2024년 8월 15일 CPBC (평화방송) 라디오 〈김준일의 뉴스공감〉 중에서
10월이면 장군 인사가 나게 돼 있거든요. 친정 체제를 구축할 수 있게 되는 거죠. 만약에 윤석열 탄핵으로 간다든가 할 때 계엄을 선포한다든가 그런 것들이 쉽게 결정될 수 있는 겁니다.

그날 인터뷰를 시작으로, 나는 8월 17일과 18일에 있었던 '정기전국당원대회 당대표·최고위원 후보자 합동연설회 및 서울특별시당 정기당원대회' 등 공식적인 자리에서 계엄을 경고하기 시작했다. 적의 징후를 알아챘다면 가만히 앉아서 당할 수만은 없는 노릇이다. 마침내 본격적으로 계엄과의 전쟁이 시작되었다.

3장 기만, 먼저 판을 흔드는 책략
'서울의 봄' 팀의 선공

不可勝 在己 可勝 在敵 불가승 재기 가승 재적

적이 쳐들어올 수 없도록 하는 것은 자신에게 달려 있고,
적을 쳐부술 수 있는 틈은 적에게 달려 있다

계엄에 맞설 드림팀 '서울의 봄'

孫子曰 昔之善戰者 先爲不可勝 以待敵之可勝 손자왈 석지선전자 선위불
 가승 이대적지가승

손자께서 말씀하시기를, 옛날에 싸움을 잘했던 장수는 먼저 적이 쳐들어올 수 없도록 스스로 강하게 만들어놓고, 적에게 틈이 보이기를 기다렸다.

不可勝 在己 可勝 在敵 불가승 재기 가승 재적

적이 쳐들어올 수 없도록 하는 것은 자신에게 달려 있고, 적을 쳐부술 수 있는 틈은 적에게 달려 있다.

故 善戰者 能爲不可勝 不能使敵之必可勝 고 선전자 능위불가승 불능사적지 필가승

그러므로 싸움을 잘하는 자라도 능히 스스로를 이길 수 없는 상태로 만들 수는 있지만, 적을 반드시 이길 수 있는 상태로 만들 수는 없다.

故 曰 勝可知不可爲 不可勝者 守也 可勝者 攻也 고 왈 승가지불가위 불가승자 수야 가승자 공야

고로, 승리는 알 수는 있지만 억지로 만들 수는 없는 것이다. 이길 수 없는 상태는 수비이고, 이길 수 있는 상태는 공격이다.

손자는 〈군형(軍形)〉 편에서 말하길 싸움을 잘하는 장수는 먼저 적이 승리하지 못하도록 만반의 태세를 갖추고, 내가 승리할 수 있는 기회를 기다렸다고 했다. 이것은 무슨 뜻일까. 내가 만반의 태세를 갖추고 있으면 적이 함부로 나에게 덤비지 못할 것이니, 그때 내가 적의 허점을 찾아내서 쉽게 이길 수 있는 기회를 찾으라는 말이다. 이것은 곧 '적이 쉽게 이길 수 있느냐는 내가 얼마나 태세를 잘 갖추느냐'에 달려 있고, '내가 쉽게 이길 수 있느냐는 적이 얼마나 실수를 하느냐'에 달려 있다는 말과 같다. 더불어 적에게 쉽게 승기를 내어주지 않는 건 내가 할 수 있는 일이고, 적이 우리에게 지도록 하는 것은 우리 힘으로 할 수 없다는 뜻도 내포하고 있다.

계엄의 기미를 눈치챘으니 이제 그에 대비해야 했다. 이것은 사실상 전쟁이었다. 손자의 말처럼 적이 승리하지 못하도록 대비

하고, 우리가 이길 수 있도록 준비가 되어 있어야 했다. 하지만 현실은 만만하지 않았다.

방송에서 계엄 가능성을 언급한 후 거센 후폭풍이 몰아쳤다. 여당은 터무니없다는 격한 비난을 쏟아냈고, 민주당 내부에서도 "지금 시대에 너무 과장된 이야기가 아니냐"는 우려가 나왔다. 심지어 선후배 군 장성들로부터 "군의 위상을 깎아내리는 발언을 제발 멈춰달라"는 만류까지 이어졌다. 나 또한 내가 느꼈던 '징후'가 단순한 '기우'이기를 간절히 바랐다. 하지만 낙관만 하며 손 놓고 있을 수는 없었다.

손자는 전쟁에서 단 한 번의 패배는 곧 죽음과 같다고 경고하지 않았던가. 만약 '계엄'이라는 최악의 시나리오가 현실이 된다면, 대한민국 민주주의는 걷잡을 수 없는 상처를 입고 수많은 희생을 치러야 할 것이 분명했다. '망상가'라는 비난 정도는 기꺼이 감수할 수 있었다. 하지만 나 홀로 외치는 '계엄'은 역부족이었다. 손자는 '바위로 달걀을 치듯' 쉬운 싸움을 하라고 했지만, 나는 '달걀로 바위를 치는' 형국이었으니 다른 전략이 절실했다.

다행히 민주당 내에 나와 같은 위기의식을 느낀 동지들이 있었다. 바로 김민석 수석최고위원과 국정원 출신의 박선원 의원, 그리고 국방부 대변인을 지냈던 부승찬 의원이다. 이들은 모두 각자의 영역에서 '계엄'의 그림자를 감지해왔다. 때마침 내가 공개적인 자리에서 '계엄'을 언급한 것이 계기가 되어 하나의 팀으로 뭉치게 되었다.

김민석 최고위원은 서울대학교 총학생회장 출신으로 386 운동권의 대표적인 인물이다. 1990년 김대중 대통령에게 발탁되어 20대 초반의 나이에 정치에 입문했다. 22대 국회의원이 되면서 4선 중진 의원이 된 그는, 지난 총선 당시 상황실장을 맡아 민주당의 항해를 이끄는 조타수 역할을 훌륭히 수행했다. 계엄 정국에서도 수석 최고위원으로서 뛰어난 정치 감각과 통찰력을 발휘하여 큰 힘이 되어줄 것으로 기대됐다. 박선원 의원은 노무현 대통령 시절 통일외교안보전략비서관과 문재인 정부 국가정보원 제1차장을 역임한 인물이다. 국정원 출신답게 최고의 정보력을 자랑하며, 현재 국회 정보위원회 간사로도 활동하고 있다. 부승찬 의원 역시 안보 분야에서 화려한 이력을 가지고 있다. 국방부 대변인을 지냈고 국회 국방위원회 간사로도 활동했으며, 현재 더불어민주당 당대표 외교안보특보단 국방안보특보로 활동 중이다. 이들은 모두 계엄 사태에 대응하는 데 필요한 전문성을 두루 갖췄고, 전투력 또한 강한 인물들이었다. 여기에 4성 장군 출신으로 군의 생리를 잘 아는 나까지 합류하여 일명 '서울의 봄' 팀이 탄생했다.

팀 이름은 12·12 군사 반란을 재조명한 영화 〈서울의 봄〉에서 따왔다. 영화 속 젊은 군인들이 불의에 맞서 고군분투했던 모습처럼, 우리 역시 대한민국의 민주주의를 위협하는 어떠한 세력에도 굴하지 않고 맞서 싸우겠다는 강력한 의지를 담았다. 영화의 흥행이 12·12 군사 반란이라는 어두운 역사를 다시금 국민에게 각인시켰듯이, 우리의 '서울의 봄' 팀 역시 '계엄'이라는 과거의 망령이 되살아나지 않도록 국민적 경각심을 일깨우는 역할을 하고 싶었다.

싸우기 전에 승리하라: 선공의 절대 법칙

계엄 전쟁을 앞두고 유능한 장수들이 의기투합했으니, 이제 만반의 준비를 갖출 일만 남았다. 다시 손자병법을 펼쳤다. 사실 손자병법은 철저히 공격수를 위한 책이다. 상대방이 나를 공격하기를 기다리는 소극적인 방어가 아닌, 내가 주도적으로 공격에 나서기 위한 병법을 가르친다. 이 사실을 상기하는 순간 다시 정신이 번쩍 들었다. 계엄을 할지 말지 반신반의하며 기다리는 것은 무의미했다. 계엄이 현실화될 경우 어떻게 대처할지를 고민하는 것 또한 하수(下手)의 전략이었다. 손자병법의 핵심은 싸우지 않고 이기는 것, 즉 부전승(不戰勝)이 아니던가. 한마디로 저들이 감히 계엄을 꿈꾸지 못하도록 철저히 대비하는 것이 최고의 공격이자 최선의 승리라고 생각했다. 그때부터 고민하기 시작했다. '과연 저들이 감히 계엄을 꿈꿀 엄두조차 내지 못하게 하려면 우리는 당장 무엇을 해야 하는가.' 이 또한 손자병법을 통해 답을 구하고자 했다.

守則不足 攻則有餘 수즉부족 공즉유여
지키는 것은 부족함이요, 공격하는 것은 남음이로다.

善守者 藏於九地之下 善攻者 動於九天之上 선수자 장어구지지하 선공자 동어구천지상
잘 지키는 자는 아주 깊은 땅 아래에 숨고, 잘 공격하는 자는 아주 높은 하늘 위에서 움직인다.

故 能自保而全勝也 고 능자보이전승야
그러므로 능히 스스로를 보전하고 온전한 승리를 거둘 수 있다.

손자는 공격과 방어의 원칙을 설명했다. 이길 수 없는 자는 방어를 하고, 이길 수 있는 자는 공격을 한다. 방어를 하는 것은 곧 힘이 부족하기 때문이고, 어쩔 수 없이 주도권을 내줄 수밖에 없다. 반대로 공격하는 쪽은 힘의 여유가 있으니 충분히 주도권을 장악할 수 있다. 이때 방어를 잘하려면 아주 깊은 땅속에 숨은 것같이 은밀하고 견고하게 해야 하고, 공격을 잘하는 자는 하늘 위에서 움직이듯 강력하고 신속하게 해야 한다. 그래야만 공격을 하든 방어를 하든, 자신을 보존하고 온전히 승리를 할 수 있는 것이다.

見勝 不過衆人之所知 非善之善者也 견승 불과중인지소지 비선지선자야
승리를 보는 것이 여러 사람의 아는 바에 지나지 않는다면, 잘함 중의 으뜸인 것이 아니다.

戰勝而天下曰善 非善之善者也 전승이천하왈선 비선지선자야
싸워서 이기고 천하가 잘한다고 말하는 것이, 잘함 중의 으뜸인 것이 아니다.

손자가 또 하나 강조한 것은 누가 보아도 쉽게 알 수 있는 승리는 최선의 승리가 아니라는 것이다. 사람들이 잘 싸워서 이겼다고 칭찬하는 승리는 최선이 아니다. 스포츠 경기를 생각해보자. 우리의

전력이 세서 상대방을 압도적으로 단숨에 이겨버리면 사람들은 그저 당연한 것으로 생각한다. 반면 상대방과 아슬아슬하게 우위를 번갈아 가며 싸우다가 어렵게 이기면, 관중들은 승자에 더욱 열광한다. 그런데 만약 스포츠가 아니고 전쟁에서 그렇게 힘들게 이긴다면, 그것이 과연 좋은 승리일까? 손자는 그렇게 아슬아슬하게 이길 경우, 피해가 많이 발생하기 때문에 최선의 승리가 아니라고 했다. 압도적인 전투력으로 또는 쉬운 상황을 조성하여 쉽게 이기는 것이야말로 가장 좋은 승리다.

승리의 방정식, 지피지기

故 擧秋毫 不爲多力 고 거추호 불위다력
가을 털 하나 드는 것은 많은 힘이 드는 일이 아니다.

見日月 不爲明目 聞雷霆 不爲總耳 견일월 불위명목 문뢰정 불위총이
해와 달을 본다고 해서 밝은 눈이 되는 것이 아니며, 천둥소리를 듣는다고 해서 귀가 밝아지는 것이 아니다.

古之所謂善戰者 勝於易勝者也 고지소위선전자 승어이승자야
옛날에 소위 싸움을 잘하는 자는 쉽게 이길 수 있는 자에게서 승리하였다.

故 善戰者之勝也 無智名 無勇功 고 선전자지승야 무지명 무용공

그러므로 싸움을 잘하는 자의 승리는 지혜로운 이름도 없고, 용맹한 공도 없다.

故 其戰勝不忒 不忒者 其所措勝 勝已敗者也 고 기전승불특 불특자 기소조승 승이패자야

그러므로 그 싸움에서의 승리는 틀림이 없으니, 틀림이 없다는 것은 그 승리를 두는 바가 이미 패배한 자를 이기는 것이기 때문이다.

故 善戰者 立於不敗之地 而不失敵之敗也 고 선전자 입어불패지지 이불실적지패야

그러므로 싸움을 잘하는 자는 패배하지 않을 땅에 서서 적의 패배할 틈을 놓치지 않는다.

是故 勝兵 先勝而後 求戰 敗兵 先戰而後 求勝 시고 승병 선승이후 구전 패병 선전이후 구승

이러므로 승리하는 군대는 먼저 승리할 수 있는 태세를 갖춘 뒤에 싸움을 구하고, 패배하는 군대는 먼저 싸운 뒤에 승리를 구한다.

善用兵者 修道而保法 선용병자 수도이보법

병을 잘하는 자는 도(道: 근본 원리, 도덕)를 닦고 법(法: 규율, 제도)을 보존한다.

故 能爲勝敗之政 고 능위승패지정

그러므로 능히 승패를 다스릴 수 있다.

결론적으로 진짜 싸움을 잘하는 사람이란, 먼저 이길 수 있는 여건을 만든 후에 자연스럽게 이기는 자다. 압도적인 힘의 우위를 가지고 이기는 것이기 때문에 어떻게 이겼는지, 어떤 점이 뛰어났는지 사람들 눈에 띄지 않는다. 또한 싸움을 잘하는 자의 승리는 틀림이 없다. 반드시 이길 수밖에 없도록 조처해 놓기 때문이다.

여기서 우리가 명심해야 할 것은 적을 이기려면 처음부터 패배하지 않을 태세를 갖춰야 할 뿐 아니라, 적을 패배시킬 수 있는 기회를 놓치지 않아야 한다는 것이다. 실제로 승리하는 군대는 먼저 이겨놓고 싸움을 시작하는 반면, 패배하는 군대는 덮어놓고 전쟁을 시작한 후에 승리를 구하려 하기 때문에 쉽게 이길 수 없다. 결국 이겨놓고 싸우려면 상하 일치를 도모하며 군대의 편제, 규율 및 병참을 갖춰야 한다. 그렇게 승패를 자유자재로 결정하는 것이다.

兵法 一曰度 二曰量 三曰數 四曰稱 五曰勝 _{병법 일왈도 이왈량 삼왈수 사왈칭 오왈승}

병법의 첫째는 헤아림(度), 둘째는 분량(量), 셋째는 수(數), 넷째는 견줌(稱), 다섯째는 승리(勝)다.

地生度 度生量 量生數 數生稱 稱生勝 _{지생도 도생량 량생수 수생칭 칭생승}

땅에서 헤아림이 생겨나고, 헤아림에서 분량이 생겨나고, 분량에서 수가 생겨나고, 수에서 견줌이 생겨나고, 견줌에서 승리가 생겨난다.

故 勝兵 若以鎰稱銖 敗兵 若以銖稱鎰 고 승병 약이일칭수 패병 약이수칭일
그러므로 이기는 군대는 마치 '일(鎰)'로 '수(銖)'를 다는 것과 같고, 지는 군대는 마치 '수(銖)'로 '일(鎰)'을 다는 것과 같다. ('일'은 큰 무게 단위, '수'는 작은 무게 단위를 가리키는 말로, 1일은 240수에 해당한다.)

勝者之戰 若決積水 於千仞之谿者 形也 승자지전 약결적수 어천인지계자 형야
승리하는 자의 싸움은 마치 천 길이나 되는 깊은 골짜기에 쌓인 물을 터뜨리는 것과 같은 형세다.

그렇다면 전쟁에서 압도적 우위에 선다는 것은 어떤 것일까. 손자는 토지의 넓이를 계측해서 인구나 물량을 판단하고, 그 양에 따라 결정된 군사력을 서로 비교하면 어느 쪽에 승산이 있는지 예측할 수 있다고 했다. 그러므로 승리하는 군대는 무거운 일(鎰)로 수(銖)를 저울질하는 것과 같고, 패하는 군대는 수(銖)로써 일(鎰)을 저울질하는 것과 같다.

결국 현격한 차이의 전력으로 싸운다면 우세한 편이 반드시 이긴다는 것이고, 일과 수와 같은 엄청난 차이의 상황을 만들어야 이길 수 있다는 것이다. 그리고 이기는 자의 싸움이란 마치 천 길 계곡 위에 막아둔 물을 터뜨리는 것과 같이하는 것, 그것이 형(形, 태세)이라고 했다.

생각이 여기까지 미쳤을 때 우리가 가장 먼저 해야 할 일이 생각났다. 먼저 계엄 전쟁이 이뤄졌을 때 어떻게 흘러갈지 우리와 상대측의 우세를 검토하는 것이었다. 백전불태를 위해서 지피지기

는 선택이 아닌 필수 아니던가. 만약 대통령 윤석열이 계엄을 하게 된다면 이것은 권력을 가진 자가 더 큰 권력을 오랫동안 가지려는 친위쿠데타다. 그 특성상 상대는 강할 수밖에 없다. 국군통수권자를 상대해야 하는 것이기에 여러모로 불리한 상황이 전개될 수 있다는 점을 먼저 숙지해야 했다.

그다음 상대가 지금 현재 어떤 전략을 갖고 있는지 넌지시 떠본 후 그 반응을 살필 필요가 있었다. 이것은 상대측의 형체를 파악하기 위해 꼭 필요한 과정이었다. 상대의 반응을 살피면서 심기를 흔들어 우리가 파고들 만한 허점을 찾아낸다면 계엄에 대한 의지 자체를 꺾어놓을 수 있을 것이라 판단했다.

기만, 판을 흔드는 전략

그렇다면 어떻게 상대를 떠볼 것인가. 마침 우리에겐 김용현 국방부 장관 후보자 청문회와 국정감사라는 카드가 있었다. 상대측의 의중을 떠보기에 더없이 좋은 기회였다. 먼저 김용현 청문회 자리에서 김민석 최고위원이 계엄에 대한 의지가 있는지 집요하게 물었다. 당시 김용현 후보자는 "계엄을 생각해본 적이 없다"며 딱 잡아뗐다. 오히려 "계엄 선동"이라며 반박했다. 이에 박선원 의원은 미리 '방첩사, 특전사, 수방사 사령관과의 비밀 회동' 등 사전에 파악해 둔 정보들을 바탕으로 사실에 근거한 압박 질의를 이어갔다. 부승찬 의원 역시 날카로운 질의를 통해 아래와 같은 답변을 받아냈다.

2024년 9월 2일, 국방부 장관 후보자 인사청문회 김용현 발언 중에서
우리 대한민국의 상황에서 과연 계엄을 한다 그러면 어떤 국민이 과연 이걸 용납을 하겠습니까? 그리고 우리 군도 따르겠습니까? 저는 안 따를 것 같아요. 솔직히 그래서 이런 계엄 문제는 '지금 시대적으로 좀 안 맞다' 저는 그렇게 생각하거든요.

계엄을 적극적으로 막으려는 압박 질의는 국정감사로 이어졌다. 이때는 김용현 국방부 장관뿐 아니라 여인형 방첩사령관, 이진우 수방사령관 등 계엄에 직접적으로 관여할 가능성이 있는 군 인사들을 불러 전방위적인 감사에 들어갔다. 단순히 계엄에 대한 그들의 의중을 떠보는 것을 넘어, 일종의 '기만전술'이 필요했다. 이를테면 이런 것이다.

> 兵者 詭道也 병자 궤도야
> 전쟁이란 속이는 것이다.

> 故 能而示之不能 用而示之不用 고 능이시지불능 용이시지불용
> 그러므로 능력이 있으면서도 없는 척하고, 군사를 쓰면서도 쓰지 않는 척한다.

> 近而視之遠 遠而示之近 근이시지원 원이시지근
> 가까이 있으면서도 멀리 있는 것처럼 보이고, 멀리 있으면서도 가까이 있는 것처럼 보이는 것이다.

3장 기만, 먼저 판을 흔드는 책략 71

利而誘之 亂而取之 이이유지 난이취지

이로움으로써 유인하고, 혼란하면 취한다.

實而備之 强而避之 怒而橈之 卑而驕之 실이비지 강이피지 노이요지 비이교지

견고하면 대비하고, 강하면 피하고, 성내면 흔들고, 낮추면 교만하게 한다.

佚而勞之 親而離之 攻其無備 出其不意 일이노지 친이리지 공기무비 출기불의

편안하면 피로하게 하고, 친하면 이간시키고, 준비 없는 곳을 공격하고, 생각지 않은 곳으로 출격한다.

此兵家之勝 不可先傳也 차병가지승 불가선전야

이것이 병가의 승리이니, 미리 전할 수 없는 것이다.

앞에서도 한번 짚어봤던 〈시계(始計)〉 편의 한 구절이다. 손자병법 전체를 관통하는 핵심 중 하나인 '기만전술'을 어떻게 적용해야 하는지 설명하고 있다. 사람들은 흔히 기만전술을 그저 속이는 행위 정도로 쉽게 생각하지만, 실상은 그렇지 않다. 기만전술은 크게 정보 통제, 심리 조작, 행동 위장으로 나눠질 만큼 정교한 전략이다.

먼저 정보 통제의 경우 상대방에게 필요한 정보는 숨기고, 거짓 정보를 흘려 혼란을 일으키는 것을 말한다. 심리 조작은 상대방의 심리적 약점을 파악해서 판단력을 흩트리는 것이다. 두려움이나 불안감, 욕망 등 다양한 감정을 자극해서 우리가 원하는 답변을

얻어내거나 행동을 유도할 수 있다. 행동 위장은 본래 행동을 숨기고 다른 행동을 하는 것처럼 위장하거나 예상치 못한 행동을 함으로써 상대방을 당황하게 만드는 것이다. 이 세 가지 모두 실전에 잘 적용할 경우 승패를 좌우하는 결정적 전술이 될 수 있다.

실제로 국정감사 당시 우리 '서울의 봄' 팀은 '기만전술'을 토대로 상대를 흔드는 데 성공했다. 먼저 우리가 파악하고 있는 정보보다 더 많은 것을 알고 있는 듯한 태도를 유지하며, 마치 계엄 계획을 다 꿰뚫어보고 있는 듯한 태도로 질문을 이어나갔다. 여기에 더해 같은 질문을 반복하거나 민감한 질문들을 쏟아내 상대의 심리를 불편하게 만들었다. 심리적으로 위축시켜 자신도 모르게 허점을 내보이게 만드는 전략도 최대한 활용했다.

아니나 다를까. 그들은 눈에 띄게 흔들리기 시작했다. 먼저 김용현 국방부 장관의 경우, 감사가 이어질수록 신경질적이고 무례한 반응을 보였는데, 급기야 선을 넘었다. 황희 의원이 "군복을 입었으면 신중하게 행동해야 한다"는 취지로 김용현 국방부 장관을 지적하자, 국방부 장관은 "군복을 입고 할 얘기를 못 하면 XX이라고 생각한다"며 장애인을 비하하는 욕설을 입에 담은 것이다. 이는 국회에서 전례를 찾아보기 힘들 만큼 드문 사례다.

여인형 방첩사령관 역시 흔들렸다. 국회의원 질의에 연신 무례한 행동을 이어가던 그는 김민석 의원이 '비밀 회동'과 관련된 질의를 이어가자 "답변할 필요를 느끼지 못한다"며 오만함의 극치를 보였다.

김용현, 여인형 두 사람의 선 넘은 행동은 유튜브를 통해서 그대로 중계됐고, 국민은 대놓고 국회를 무시하는 그들의 행태를 고스란히 지켜봤다. 해당 장면을 지켜본 사람이라면 누구나 카메라에 비친 두 사람의 눈에서 노골적인 적개심과 숨겨진 야욕을 느꼈을 것이다. 그들의 이런 태도는 우리에게 '계엄'에 대한 확신을 갖게 했다. 계엄을 통해 권력을 잡아채고 말 것이라는 검은 속내를 그대로 내비쳤기 때문이다. 이것은 그동안 우리가 감지한 징후들이 단지 징후가 아니라 실제 상황이라는 것을 의미했다. 더 이상 지체할 시간이 없었다. 바로 행동 위장에 들어갈 차례였다. 상대가 전혀 예상치 못한 행동을 함으로써 상대방을 당황하게 만드는 것. 우리가 선택한 방식은 바로 '계엄법 개정안'을 발의하는 것이었다.

'서울의 봄 4법', 민주주의의 방패

2024년 9월, 나를 비롯한 김민석, 박선원, 부승찬 의원은 기자회견을 열고 '서울의 봄 4법'을 발의했다. 이 법안을 통해 나는 우리나라가 해외 선진국들에 비해 쿠데타적 계엄을 방지할 수 있는 제도적 장치가 미흡하다는 것을 알렸다. 많은 나라가 계엄 조치에 있어 엄격한 기준을 갖추고 있는 만큼, 우리도 엄격한 선포 요건, 명확한 효력 범위 규정, 그리고 남용을 방지하기 위한 견제와 통제 장치를 마련할 필요가 있었기 때문이다.

우리가 만든 법안에는 △계엄 선포 요건 강화 △국회 사후 동의 등 계엄 유지 요건 강화 △국회의원이 계엄령 선포 중 현행범으로 체포 또는 구금된 경우라도 국회 계엄 해제 의결에 참석할 수 있는 권리 보장 △국회 계엄 해제 권한을 방해하는 과정에서 타인에게 손해를 입힌 경우, 그 손해를 국가와 지방자치단체가 배상하는 등의 내용이 담겼다. 이 법안을 통해 대한민국의 민주주의를 수호하고, 불행한 역사가 되풀이되지 않도록 하는 최소한의 안전장치를 만들고자 한 것이다.

서울의 봄 4법 발의안

1. 우리는 오늘 국민적 요구를 반영하여 '계엄을 빙자한 친위 쿠데타 방지 4법', 약칭 '서울의 봄 4법'을 발의하기 위해 이 자리에 섰습니다. 또한 계엄 준비 음모의 근원을 제거하기 위해 군기 문란의 핵심 실무 책임자인 여인형 방첩사령관의 해임을 요구합니다.
2. 계엄 음모를 제기하는 취지는 다음과 같습니다.

   첫째, 대통령이 법적 근거도 없이 반국가 세력 또는 반대한민국 세력 척결을 선동하며, 국민 내부의 양심적 비판 세력을 정치적으로 처단하려는 선동을 계속하고 있으며,

   둘째, 집권 세력의 핵심 인사들이 권력 유지와 재창출 외에는 방어할 수 없는 수많은 위법과 비리로 수사 대상이 되고 있습니다.

   셋째, 지휘 체계를 벗어나 특정 세력들이 사적 모임을 실시하였고,

   넷째, 이들은 보고 의무를 방기하고 비밀리에 회합하는 등 군기 위반의 행위를 하였습니다.

   다섯째, 쿠데타적 계엄을 방지할 수 있는 제도적 장치가 미흡합니다.

   여섯째, 상당수 국가들이 계엄 조치에 있어 사전 동의, 사후 인준 등 엄격한 기준을 갖추고 있고,

일곱째, 이러한 제도적 맹점을 이용하여 국회 계엄 해제 요구 무력화 계획이 담긴 불법 문건이 2017년 작성된 바 있습니다.

3. 대통령의 지속적인 반국가 세력 척결 주장과 대통령 부부가 수사 대상에서 벗어나려는 동기는 그들이 권력에 비정상적으로 집착할 개연성을 높이고 있습니다. 이번 법 개정을 통해 우리는 국민 불안의 씨앗을 제거하고, 계엄 가능성을 원천 차단하고자 합니다. 또한, 핵심 책임자 인책으로 계엄 준비를 실질적으로 무력화하고자 합니다.

4. '서울의 봄 4법'은 국민이 일궈온 '민주화의 봄'을 다시는 빼앗기지 않겠다는 국민과 민주 세력의 의지이며 시대적 요구입니다. 정부 여당이 그동안 "계엄은 없다", "불가능하다"라고 주장해왔기 때문에 이 법에 대해 반대하거나 거부권을 행사할 이유가 없다고 믿습니다. 만약 계엄의 의지도 없고 가능성도 없다고 주장해온 총리와 국방부 장관 등이 거부권을 건의해 대통령이 이를 행사하게 된다면, 그 건의자들은 법적·정치적 책임을 면치 못할 것입니다. 이들이 거부권을 건의하는 순간 노골적인 계엄 의지 표현으로 간주하고 이에 상응하는 모든 강력한 조치를 취할 것입니다.

5. 국회 국방위 소속의 우리 네 의원은 윤석열 정권의 민주주의 압살 음모를 저지하기 위한 '서울의 봄 프로젝트'를 진행해왔습니다.

'서울의 봄 4법'의 주요 내용은 다음과 같습니다.

첫째, 계엄 선포 요건을 강화하여, 전시가 아닌 경우에는 국회 재적의원 과반수의 출석과 출석의원 과반수의 찬성으로 사전에 동의를 받도록 함으로써 계엄선포권의 남용을 방지하고 국민의 기본권을 보장하도록 했습니다.

둘째, 대통령이 계엄을 선포할 경우 72시간 내에 국회의 사후 동의를 얻도록 하여 계엄 유지의 요건을 강화하였습니다.

셋째, 국회의 계엄 해제 요구권이 침해되지 않도록, 계엄령 선포 중 국회의원이 현행범으로 체포 또는 구금된 경우라 하더라도 국회의 계엄 논의에 참석할 수 있는 권리를 보장하였습니다.

넷째, 전시 계엄을 제외하고 국회 동의를 받지 않은 계엄령 집행 과정 혹은 국회의 계엄 해제 권한을 방해하는 과정에서 타인에게 손해를 입힌 경우, 그 손해를 국가와 지방자치단체가 배상하도록 하여 정병주, 김오랑, 정선엽과 같은 의인을 구제하고 국민을 보호하고자 하였습니다.

이 법안들은 모두 계엄 남용 사례를 교훈 삼아, 다시는 국민의 자유와 민주주의를 억압하는 일이 발생하지 않도록 하는 장치들입니다. 해당 법안들은 당론으로 채택해 국회에서 반드시 통과시키도록 강력히 추진할 것입니다.

   정부와 여당이 국민의 뜻을 무시하고 계속해서 반국가 세력 척결을 외치며 민주주의를 위협하는 행위를 계속한다면, 우리는 더욱 강력한 행동으로 응답할 것입니다.

   민주주의를 지키기 위한 뜻에 함께해주십시오. 감사합니다.

        2024년 9월 24일, 국회의원 김민석, 김병주, 박선원, 부승찬

해당 법안을 발의하자 국민의힘과 대통령실에서는 그야말로 맹공격을 해오기 시작했다. 계엄을 선동한다느니, 괴담을 퍼뜨린다느

니, 온갖 비난을 쏟아냈고 즉각 반론을 펼치기 시작했다. 이미 민주당이 과반 의석을 가지고 있기 때문에 계엄을 발동하더라도 국회에서 충분히 계엄을 해제할 수 있지 않느냐는 것이었다.

하지만 우리는 이미 2016년 박근혜 대통령 탄핵 정국 당시 작성됐던 옛 국군기무사령부(현 국군방첩사령부)의 계엄 문건을 확인한 바 있다. 해당 문건에는 계엄 해제를 막기 위해, 진보 성향의 국회의원을 20~30명씩 무더기 체포하겠다는 계획이 분명히 명시되어 있었다. 박근혜 정부 때 이미 논의가 됐던 사항을 윤 대통령 측이 모를 리 없었다. 그럼에도 뻔뻔하게 거대 야당을 운운하며 '계엄은 말도 안 되는 이야기'라고 하니 기가 막힐 노릇이었다.

하지만 그들은 몰랐을 것이다. 이런 공방이 오가는 사이, 국회의원과 국민이 계엄에 대해서 얼마나 단단히 대비할 수 있게 되었는지를 말이다. 특히 민주당 의원들은 은연중에 계엄에 대한 행동 요령을 구체적으로 배울 수 있었다. 계엄이 발동될 경우, 국회의원들은 무조건 국회에 와서 계엄 해제를 위한 찬반 투표를 해야 하고, 그 숫자가 반드시 과반수가 넘어야만 해제할 수 있다는 것을 무의식적으로 공부한 것이다.

이것은 추후 계엄이 발동됐을 때 엄청난 행동력으로 나타났다. 계엄 발동 2시간 40분 만에 민주당 의원 약 150명을 비롯한 여야 의원들이 국회로 달려왔고, 계엄 해제 결의안 투표에 전원 찬성함으로써 민주주의를 지켜낼 수 있었으니 말이다. 계엄에 대한 행동 요령을 사전에 알지 못했더라면, 절대 불가능한 일이었다.

물론 손자병법의 관점에서 보자면 아쉬움이 남는다. 윤 대통령 측이 아예 '계엄'을 선포할 엄두조차 내지 못하도록 완벽하게 제압하여 불필요한 사회적 혼란과 희생을 막을 수 있었다면 더할 나위 없이 좋았을 것이다. 하지만 '서울의 봄' 팀을 통해 계엄의 징후를 사전에 포착하고, 그 위험성을 널리 알려 국민적 경각심을 일깨웠다. 또한 만약의 사태에 대비한 대응 지침을 마련할 수 있었던 것만으로도 충분히 의미 있고 값진 성과라고 생각한다. 어쩌면 2024년의 '서울의 봄'은 역사의 아픔 속에 피어난 민주주의의 씨앗처럼, 대한민국 민주주의를 더욱 굳건하게 만드는 밑거름이 될지도 모른다. 이 모든 것은 위기의 순간마다 지혜로운 해법을 제시해준 손자병법의 가르침 덕분이었다.

4장 민주주의를 되찾은 밤
가장 완벽한 형세절(形勢節)의 승리

其勢險 其節短 기세험 기절단

강력한 기세를 빠르게 형성하고
결정적인 순간을 놓치지 않아야 이긴다

계엄의 밤, 민주주의 벼랑 끝에 서다

요즘도 자주 '계엄의 밤'에 대해 생각한다. 대한민국 민주주의가 한순간 벼랑 끝에 섰던 그 섬뜩한 밤. 다시 곱씹을수록 그날의 숨 막히는 긴장감이 생생하게 되살아난다.

12월 3일. 평화로운 화요일 밤. 나는 하루 업무를 끝내고 가볍게 산책을 한 뒤 집에서 막 휴식을 취하려던 찰나였다. 웬만한 일에 잘 놀라지 않는 아들 녀석이 그날따라 격앙된 목소리로 나를 불러댔다. 무슨 일인가 거실로 나가보니 계엄이란다. 설마 했지만 사실이었다. TV 속에서 대통령 윤석열이 계엄령을 발표하고 있었다. 이재명 대표에게 먼저 전화를 걸었다.

"대표님. 비상계엄입니다."

"왜 했대요? 비상계엄 한 이유가 뭐랍니까? "

"이유는 저도 모르겠습니다. 그렇지만 지금 TV를 통해 비상계엄을 발표하고 있으니 확실합니다. 일단 체포될 수 있으니까, 빨리 집을 이탈하셔서 국회로 오십시오."

"김 최고도 위험해요. 빨리 이탈하세요. 그리고 국회에서 봅시다."

더 이상 머뭇거릴 시간이 없었다. 당장이라도 국회로 향해야 했다. 혹시 벌써 집 밖에 체포조가 와 있을지도 모른다는 불안감이 엄습했다. 나는 서둘러 짐을 챙기기 시작했다. 늘 사용하던 배낭에 2~3일 정도 버틸 수 있는 생필품을 가능한 만큼 넣었고, 가족들에게 현금을 모아달라고 부탁했다. 카드를 사용하면 위치 추적을 당할 위험이 크므로 현금을 확보하는 것이 안전하다고 판단했다. 집 안에 있는 현금을 모두 모아도 겨우 30만 원 남짓이었다. 다행히 택시비는 마련이 됐다. 수행비서의 차량을 부르면, 우리 집까지 오는 데만 20분이 넘게 소요되기 때문에, 호출 택시를 이용하기로 했다. 1분 1초가 급박한 상황이었다. 곧바로 밖으로 나가 택시를 잡아타고 집에서 여의도까지 단숨에 달려가기 시작했다. 그때가 계엄령 발표 후 15분쯤 지난 시각이었다.

완벽한 기습이었다. 누구도 예상하지 못했던 화요일 밤 10시 30분경, 그것도 국회 본회의를 하루 앞둔 시점에 계엄이라니, 상식적으로 납득하기 어려웠다. 혹시나 하는 마음에 군대 내 네트워크를 통해 사실관계를 확인해본 결과, 계엄은 분명한 현실이었다. 계엄 사령관 박안수는 이미 전날 부대를 떠나 서울로 올라와 있었고, 오후에 국방부에 들어갈 때부터 심상치 않은 분위기가 감지되었다고 했다. 또한 그 시각, 각 군단장들은 합동참모본부에서 진행되는 긴급 화상회의를 위해 대기하고 있었으며, 김용현 국방부 장관이 참석하면 구체적인 지침이 내려올 것이라는 정보도 입수되었다. 모든 정황상 명백히 사전에 준비된 비상계엄이었다.

비상계엄 해제, 150분의 기적

그때부터는 시간과의 싸움이었다. 윤석열 대통령은 계엄령 발동과 동시에 국회에서 비상계엄 해제 결의를 하지 못하도록 계엄군을 투입하여 작전을 펼칠 것이 분명했다. 그전에 국회의원들은 과반수 이상이 모여 비상계엄 해제 결의 투표에 찬성해야만 했다. 나는 즉시 휴대전화를 열어 텔레그램을 켰다. 텔레그램에는 국회의원들끼리 소통하는 단체 대화방이 두 개 있다. 하나는 이재명 대표와 박찬대 원내대표, 전략위원장 천준호 의원 등 당 지도부의 연락망이고, 다른 하나는 민주당 의원들이 모여있는 연락망이다. 나는 먼저 당 지도부 연락망에 "국회의원뿐 아니라 보좌진들도 함께 와야 한다"는 내용을 먼저 띄웠다. 그 후 의원들의 단체 대화방에도 계엄 관련 행동 요령들을 같이 올리기 시작했다. 당시 전략위원장이던 천준호 의원이 윤 대통령의 계엄령 발표 직후 해당 소식을 알렸고, 모두 국회로 집결하라는 지시가 내려온 상황이었다.

나는 비상계엄 상황에서 의원들이 어떻게 움직여야 하는지 구체적인 행동 요령을 알리기 시작했다. 아무래도 군에 대해 잘 아는 내가 나서야 할 것 같았기 때문이다. 이후에도 나는 군법 등에 정통한 전문가에게 전화를 걸어, 국회가 이 상황을 어떻게 하면 신속하게 수습할 수 있는지 그 방안을 문의했다. 이후 다시 텔레그램 방에 행동 수칙을 전달하기 시작했다.

"한 명도 빠짐없이 전부 국회로 오셔야 합니다."
"현행범으로 체포될 수 있습니다. 어떻게든 체포되지 않고 국회로 오셔야 합니다."
"지금부터 핸드폰을 쓰면 도청으로 위치 추적을 할 것으로 보입니다. 가급적 핸드폰을 쓰지 말고 텔레그램 통화 기능을 이용하십시오."

무엇보다 계엄군과의 불필요한 충돌을 피하는 것이 급선무였기에, 최대한 안전하게 국회로 진입할 수 있는 경로를 찾아야 한다고 강조했다. 다행히 국회에 먼저 도착한 의원들이 경찰의 눈을 피해 접근할 수 있는 장소에 대한 실시간 정보를 공유하기 시작했다. 여러 가지 행동 수칙들이 있었지만, 그중 가장 중요하게 생각한 것은 의원들의 불안하고 두려운 마음을 안정시키는 일이었다. 나는 국회에 도착하면 계엄군과 마주칠 수 있다는 점을 미리 알리고, 최대한 침착하게 행동해 주시기를 당부했다. 메시지는 간명했다. "국회에 도착하면 계엄군과 마주칠 수 있습니다.", "침착해야 이깁니다."

통화하는 내 목소리를 듣던 택시 기사 역시 잔뜩 긴장한 표정이었다. 혹시 여의도로 가면 자신도 붙잡히는 것 아니냐며 걱정스

4장 민주주의를 되찾은 밤

럽게 물었다. 60대쯤 되어 보이는 그는 계엄이 얼마나 무섭고 두려운 일인지 잘 알고 있는 듯했다. 말도 안 되는 일이 벌어졌다며 깊은 탄식을 내뱉기도 했다. 나는 계엄군의 체포 대상은 국회의원이니 걱정하지 않아도 된다고 안심시키며, 한 손으로는 급히 휴대전화 속 정보들을 삭제했다. 혹시라도 체포될 경우 휴대전화부터 압수될 텐데, 국회의원으로서 가지고 있던 중요한 정보들이 노출될까 우려되었기 때문이다. 당시 나는 계엄 해제에 실패하면 당연히 체포될 것이라고 생각했다. 그것은 명백한 현실이었다.

집에서 여의도까지 도착하는 데 40분이 채 걸리지 않았다. 그 사이 국회는 이미 경찰에 의해 포위된 상태였다. 나는 신속하게 국회로 진입할 수 있는 빈틈을 찾아야 했기에, 택시 기사에게 국회 외곽을 한 바퀴 돌아봐달라고 부탁했다. 차 안에서 상황을 살펴보니 경찰들이 10~15미터 간격으로 울타리를 치고 서 있었다. 그런데 국회 공설 운동장 뒤편에 큰 버스들이 주차된 모습이 보였다. 순간적으로 그 버스 뒤에 숨어 국회 담을 넘어가면 되겠다는 생각이 들었다. 혹시 몰라 도서관 쪽문 상황도 확인해 보니 한 사람이 회전문을 통해 아무런 제재 없이 들어가는 것이 보였다. 나도 그쪽으로 들어가면 된다고 생각하고, 서둘러 내릴 준비를 했다. 그리고 기사에게 내가 들어간 후 3분만 그 자리에 대기해달라고 부탁했다. 만약 들어가자마자 체포되는 징후가 보이면 시민들에게 알려달라고 요청했다.

다행히 별일 없이 회전문을 통해 국회 경내로 들어왔고, 다시 국회 본청까지 200미터를 한달음에 내달렸다. 나중에 확인해보니 국회 사무총장과 국회의장이 격하게 항의하자 신분이 확인된 국회의원에 한해서만 출입구를 열어준 것이었다. 이후 30분 만에 경찰 상부로부터 포고령이 내려와 다시 봉쇄되었다고 한다. 30분만 늦었어도 나 또한 국회 담장을 넘어야 했을 것이다.

국회에 도착하자마자 당 대표실로 뛰어갔다. 이재명 대표는 그곳에 없었지만, 안전한 곳으로 잘 대피했다는 소식을 전해 들었다. 나는 곧장 본회의장으로 향했다. 그때 이미 70~80명의 의원이 도착해 있었는데, 그야말로 시장통을 방불케 할 정도로 혼란스러웠다. 모두가 불안한 마음을 감추지 못하고 우왕좌왕하는 모습이었다. 나는 의원들의 주의를 집중시킨 후, 현재 상황을 설명하고 당장 해야 할 일들을 전달했다.

"지금은 실제 비상계엄 상황입니다. 의원 정족수가 과반이 넘어야만 계엄 해제를 할 수 있으니, 절대 본회의장 밖으로 나가지 마시고 상임위원회별로 인원 파악부터 해주십시오. 그리고 지금 도착하지 않은 분들께 전화하십시오."

의원들은 정족수를 채우기까지 얼마나 인원이 부족한지 파악한 후 아직 도착하지 않은 의원들에게 계속해서 연락을 취했다. 그런데 아뿔싸! 계엄군의 움직임을 파악하기 위해 군에 연락을 취해봤더니, 특전사 요원들이 헬기를 타고 국회로 오고 있다는 것이었다. 모든 것이 정지된 화면처럼 갑자기 느리게 흘러갔다. 특전사가 국회에 도착하면 단 5분 만에 모든 상황이 끝이 날 것이다. 그들은 당장 전기부터 끊고 국회의원들을 무력화시킬 것이다. 하지만 포기하기엔 일렀다. 아니 포기할 수가 없었다. 나부터 정신을 차려야 한다고 생각했다.

"지금 특전사들이 헬기를 타고 국회로 오고 있습니다. 지금부터는 절대로 본회의장 밖으로 나가선 안 됩니다. 특전사들이 현장에 도착하면 순식간에 밀고 들어올 것이고, 곧바로 체포될 수 있습니다."

말이 채 끝나기도 전에 헬기 소리가 들리기 시작했다. 그 소리가 어찌나 빠르고 가깝게 들리는지, 내 심장 소리와 헷갈릴 정도였다. 아득해지는 마음을 붙잡고 끝까지 싸워 보자며 의원들을 다독이는 사이, 놀라운 일이 벌어졌다. 금방까지 100여 명에 불과했던 정족수가 순식간에 채워져 과반수인 150명을 넘어서더니, 다시 190명에 육박한 것이다. 이재명 대표도 한준호 의원과 함께 본회의장에 들어선 후였다.

서둘러 투표를 진행하기를 기다리고 있는데 우원식 국회의장이 좀처럼 계엄 해제 요구 결의 투표를 시작하지 않았다. 의원들은 마음이 급한 나머지 거수라도 해서 찬성 인원을 파악하자고 다그쳤다. 하지만 의장은 절차상 흠결이 없어야 결의안이 제대로 효력을 발휘할 수 있다며 신중을 기했다. 의원들의 안타까운 탄식이 이어지던 그때, 특전사들이 당장이라도 들이닥칠 것 같은 두려움에 1분이 1시간처럼 느리게 흘러갔다. 마침내 드디어 우원식 국회의장의 목소리가 선명하게 들려왔다.

"비상계엄 해제 요구안은 가결되었음을 선포합니다."

역사적인 순간이었다. 단 150분 만에 이뤄낸 승리였다. 대통령이 계엄을 완전히 해제하겠다는 발표를 해야 하는 절차가 남았었지만, 어쨌든 국민이 승기를 잡은 것이었다.

명백한 위헌, 원천 무효

이제 사태를 빠르게 수습할 일이 남아 있었다. 이재명 대표를 비롯한 당 지도부 의원들은 서둘러 자리를 옮겼다. 평소 같았으면 2층에 있는 회의실로 모였을 텐데, 혹시나 특전사가 들이닥치면 바로 체포될 수 있다는 생각에 다른 장소를 물색했다. 본회의장 바로 옆에 자리한 국회부의장 이학영 의원실이라면 비교적 안전할 것 같았다.

그 자리에는 당 지도부를 비롯해 법률가 출신 의원들도 함께 참석했다. 이재명 당 대표와 의원들은 이번 사태를 어떻게 규정할 것인지 논의하기 시작했다. 워낙 중대한 사안이었기 때문에, 반론의 여지없이 명쾌한 결론을 내는 것이 중요했다. 이에 이재명 대표는 고등군사법원 법원장이자 대한민국 육군 법무관 출신인 민홍철 의원 등 법률 분야 전문가인 국회의원들을 모시고 자문을 구했다. 국헌에 따라 자세히 살펴본 결과 세 가지로 결론이 났다.

첫째, 이번 비상계엄은 계엄법상의 요건과 절차를 제대로 따르지 않았기 때문에 원천 무효다.

둘째, 계엄법에 보면 계엄사령관은 행정사무와 사법사무를 관장하도록 되어 있다. 이것은 입법부인 국회는 예외라는 뜻으로 해석된다.

계엄법 제7조(계엄사령관의 관장사항)
① 비상계엄의 선포와 동시에 계엄사령관은 계엄지역의 모든 행정사무와 사법사무를 관장한다.

또한 헌법 제77조 3항을 보면, '비상계엄이 선포된 때에는 법률이 정하는 바에 의하여 영장제도, 언론, 출판, 집회, 결사의 자유, 정부나 법원의 권한에 관하여 특별한 조치를 할 수 있다'고 나와 있다. 이것은 곧 아무리 비상 상황이라 할지라도, 국회에 대해서는 계엄군이 아무런 개입도 할 수 없다는 의미로 해석된다.

대한민국 헌법 제77조
① 대통령은 전시·사변 또는 이에 준하는 국가비상사태에 있어서 병력으로써 군사상의 필요에 응하거나 공공의 안녕질서를 유지할 필요가 있을 때에는 법률이 정하는 바에 의하여 계엄을 선포할 수 있다.
② 계엄은 비상계엄과 경비계엄으로 한다.
③ 비상계엄이 선포된 때에는 법률이 정하는 바에 의하여 영장제도, 언론·출판·집회·결사의 자유, 정부나 법원의 권한에 관하여 특별한 조치를 할 수 있다.

④ 계엄을 선포한 때에는 대통령은 지체없이 국회에 통고하여야 한다.
⑤ 국회가 재적의원 과반수의 찬성으로 계엄의 해제를 요구한 때에는 대통령은 이를 해제하여야 한다.

한마디로 계엄군이 국회에 침입해서 국회의원을 체포하려 한 행위는 명백한 내란 행위였다. 일각에서는 이번 사태가 군법에 따라 '반란'에 해당된다는 주장이 제기되기도 했으나, 윤석열 대통령의 경우 군인이 아닌 민간인 신분이었기에 헌법 조항을 따르는 것이 맞다고 판단했다.

또한 헌법 제84조를 보면 "대통령은 내란 또는 외환의 죄를 제외하고는 재직 중 형사상의 소추를 받지 아니한다"라고 명시돼 있다. 이는 곧 대통령일지라도 내란죄와 외환죄에 대해서만큼은 처벌을 피할 수 없다는 말과 같다. 이와 관련해 내란죄를 다룬 형법 87조를 보면 "대한민국 영토의 전부 또는 일부에서 국가권력을 배제하거나 국헌을 문란하게 할 목적으로 폭동을 일으켰을 경우, 우두머리는 사형 혹은 무기징역 또는 무기금고에 처한다"라고 명시되어 있다.

대한민국 형법 제87조【내란】
국토를 참절하거나 국헌을 문란할 목적으로 폭동한 자는 다음의 구별에 의하여 처단한다.
1. 우두머리는 사형, 무기징역 또는 무기금고에 처한다.
2. 모의에 참여하거나 지휘하거나 기타 중요한 임무에 종사한 자는

사형, 무기 또는 5년 이상의 징역이나 금고에 처한다. 살상, 파괴 또는 약탈의 행위를 실행한 자도 같다.
3. 부화수행하거나 단순히 폭동에만 관여한 자는 5년 이하의 징역 또는 금고에 처한다.

정리하자면, 12월 3일 비상계엄은 대통령이 자신의 권력 강화를 목적으로 직접 주도한 사건이므로, 내란이자 친위쿠데타로 규정했다. 만약 윤석열 대통령이 이번 계엄을 직접 주도한 사실이 명백히 밝혀진다면, 이는 사형 또는 무기징역에 처할 수 있는 중대한 범죄이며, 명백한 대통령 탄핵 사유가 되는 것이었다.

이와 같은 당 지도부의 결론에 따라서, 이재명 대표와 지도부가 본회의장을 나와 수많은 언론사 앞에 섰다. 이재명 대표는 어느 때보다 결연한 표정으로, 언론 브리핑을 시작했다.

2024년 12월 4일, 이재명 대표 비상계엄 관련 긴급 기자회견
존경하는 국민 여러분!
　이번 윤석열 대통령의 계엄 선포는 헌법과 계엄법이 정한 비상계엄 선포의 실질적 요건을 전혀 갖추지 않은 불법 위헌입니다. 계엄법에 따르면 비상계엄 선포는 국무회의에 의결을 거쳐서 하게 되어 있는데, 국무회의 의결을 거치지 않았기 때문에 절차법적으로도 명백한 불법 계엄 선포입니다. 이미 절차적으로 실체적으로 불법이기 때문에 원천 무효이지만, 국회가 헌법과 계엄법에 따른 해제 의결을 하였기 때문에 대통령은 이론적으로는 국무회의를 열어 즉시 계엄 해제를 하여야 하지만, 이 계엄 선포 자체가 실체적 절차적 요건을 갖추지 않은 원천 무효이기 때문에 국회의 이번 해제 의결로서 위헌 무효임이 확정적으로 확인되었습니다. 따라서 원래부터 비상계엄 선포는 위헌 무효이지만 이번 국회의 의결로 위헌 무효임이 한 번 더 확인된 것입니다. 계엄 선포에 기반한 대통령의 모든 명령은 위헌 무효 불법입니다.

경찰 국군 장병 여러분!

지금부터 대통령의 불법 계엄 선포에 따른 대통령의 명령은 헌법과 법률을 위반한 명백한 불법 명령입니다. 위헌 무효인 불법의 대통령 명령을 따르는 것은 그 자체가 불법입니다. 상사의 불법적 위헌적 명령을 따르는 행위조차 공범입니다. 지금 이 순간부터 국군 장병 여러분 그리고 경찰 여러분. 본연의 자리로 신속하게 복귀하고 본연의 역할에 충실하기 바랍니다. 여러분을 지휘하는 것은 불법 계엄을 선포한 위헌 무효인 계엄을 선포한 대통령이 아니라, 여러분은 국민의, 주권자의 명령에 따라야 합니다.

국민 여러분!

비상계엄은 원래부터 무효였고 국회 의결로 무효임이 다시 한번 확인됐습니다. 우리 국회는 주권자인 국민이 위임한 그 권한으로 국회를 지키면서 민주공화국 대한민국 헌정 질서를 굳건하게 지켜 나가겠습니다.

국민 여러분!

안심하십시오. 위기는 곧 기회입니다. 이 나라가 후퇴에 후퇴를 거듭하고 있지만, 이번 불법 위헌의 계엄 선포로 인하여 더 나쁜 상황으로 추락하는 것이 아니라, 이제 그 악순환을 끊어내고 다시 정상 사회로 되돌아가는 결정적인 계기가 될 것입니다. 국민 여러분께서 이 민주 공화정을 회복하는 이 엄중한 여정을 함께해주시기 바랍니다. 저와 우리 민주당 국회의원, 그리고 많은 이들이 목숨을 걸고 민주주의와 이 나라의 미래와 국민의 안전과 생명 재산을 지켜내겠습니다. 안심하십시오. 국민 여러분 저희가 목숨을 바쳐 반드시 지켜내겠습니다. 고맙습니다.

이번 비상계엄이 원천 무효이자 불법이며, 비상계엄 결의를 통해서 그 사실을 다시 한번 확인했다는 것을 천명하는 자리였다. 또한 민주공화국의 헌정 질서를 끝까지 지켜나가고, 계엄의 위기를 기회로 만들겠다는 의지와 위로의 말도 잊지 않았다. 혼란에 휩싸인 국민에게 신경안정제와 같은 발언을 전한 것이다.

이처럼 긴급한 사태 발생 시 사건의 성격을 명확히 규정하는 것은 매우 중요하다. 어떤 법적 규정을 내리느냐에 따라 이후 사태 수습의 구체적인 매뉴얼이 결정되기 때문이다. 신속하고 명확하게, 그리고 추후 논란의 여지를 최소화하여 규정해야 더 큰 혼란을 방지할 수 있다.

국민의 뜻으로 '정위치'하라

이어서 나는 국민만큼이나 큰 혼란에 빠져 있을 군인들을 위해 메시지를 냈다. 대통령의 명령이 불법이고 내란죄에 해당된다는 것을 다시 한번 알리고, 부대에 빨리 복귀시키기 위함이었다. 전군 비상계엄이기 때문에 언론을 통해 빠르게 메시지를 냄으로써, 단 한 명이라도 경거망동한 행동을 하지 않도록 미연에 방지하는 것이 중요했다.

2024년 12월 4일, 비상계엄 관련 김병주 민주당 최고위원 발언
국군 장병 여러분!

지금부터는 위법적인 계엄령입니다. 여러분들 정위치 해주시고 임무에 충실해주십시오. 부대로 복귀해서 자리를 지키고 정위치 해주십시오. 이번 비상계엄은 헌법에 위반되고 법률에 위반됩니다. 헌법에는 비상계엄을 전시와 사변, 전시에 준하는 사태에 발휘하게 되어 있습니다. 지금은 전시도 아니고, 사변도 아니고 이에 준하는 상황도 아닙니다. 국민이 편안히 생활하는 일상의 밤이었습니다. 이것이 어떻게 비상계엄 상황입니까. 비상계엄 상황은 헌법을 위배하는 것입니다.

이것만이 아닙니다. 계엄군이 국회에 들어오는 것은 계엄법에 따라 위반입니다. 계엄법에 의하면 행정부와 사법부가 혼란일 때 병력을 이용해서 안전을 취하도록 되어 있습니다. 입법부에 대해서는 어떠한 상황도 없습니다. 헌법에도 비상계엄이 선포됐을 때는 국회가 열려서 과반 이상이 찬성하면 해제를 요구할 수 있습니다. 헌법에도 위배되고 법률에도 위배됩니다. 국회의원들은 과반 이상이 모여서 계엄이 부당하고 잘못됐다, 이것은 위헌이고 법률에 위반된다고 해제를 의결했습니다. 지금부터는 계엄에 따를 필요가 없습니다. 군은 국가와 국민을 위해 충성하는 집단입니다. 국민을 위해 목숨을 바치는 군입니다. 국민의 대표인 국회에서 계엄 해제를 결의했습니다. 계엄 해제 결의는 국민의 명령입니다. 여러분! 국민의 명령을 따라 부대로 정위치 해서 일상적인 업무, 북한 대비 태세를 잘 갖추어주기를 바랍니다. 그것이 군인이 지켜야 할 도리입니다.

불법적인 계엄을 위해 영문도 모른 채 국회로 출동한 군인들. 그들이 정말 있어야 할 곳은 자신의 부대라는 것을 다시 한번 재확인시켜주기 위해 국민의 뜻, 국민의 명령을 대신해서 '정위치 명령'을 내린 것이다. 나의 이 발언은 방송과 유튜브를 통해 생중계되었기 때문에 많은 군인이 생생히 지켜봤을 것이다. 이로써 국회에 난입했던 군인들이 조속히 빠져나가며 상황은 일단락되었고 정확히 새벽 4시 27분경, 대통령은 계엄 해제를 발표했다.

준비된 '형', 모아진 '세', 결정적 '절'

12월 3일, 우리는 대통령의 막강한 권력으로 일으킨 친위쿠데타를 단 6시간 만에 제압했다. 과연 어떻게 이런 승리가 가능했던 걸까. 누가 나에게 이에 관해 질문을 던진다면 나는 손자병법의 관점에서 '형세절'이라고 답할 것이다. 모양 형(形), 형세 세(勢), 마디 절(節). 손자병법의 〈군형(軍形)〉편과 〈병세(兵勢)〉편에 나오는 내용이다. 먼저 〈군형(軍形)〉편의 구절을 보자.

勝者之戰 若決積水 於千仞之谿者 形也 승자지전 약결적수 어천인지계자 형야

승리하는 자의 싸움은, 마치 천 길이나 되는 깊은 골짜기에 쌓인 물을 터뜨리는 것과 같은 형세다.

손자는 이 구절을 통해 형(形), 즉 전투태세의 중요성을 역설한다. 전투태세란 전쟁의 최종 준비 단계를 의미하며, 장병을 훈련시키는 것부터 최종적으로 배치하기까지 전 과정을 아우른다. 쉽게 말해, 군을 강하게 단련시켜 각자의 위치에서 최대한의 역량을 발휘할 수 있도록 완벽하게 대비하는 것을 '형'이라고 한다. 이처럼 '형'이 잘 갖춰진 군대는 강력한 힘을 발휘하므로, 적이 감히 공격할 엄두를 내지 못한다.

세(勢)와 절(節)의 내용은 〈병세(兵勢)〉편에 등장한다.

是故 善戰者 其勢險 其節短 勢如擴弩 節如發機 시고 선전자 기세험 기절단 세여확노 절여발기

그러므로 싸움을 잘하는 자는 그 기세가 험준하고, 그 끊음새(절도)가 짧으니, 그 기세는 당겨진 활과 같고, 그 끊음새는 발사되는 기계와 같다.

손자는 군의 힘을 최대한으로 발휘하게 하는 것이 '세(勢)'라고 했다. 우리가 흔히 쓰는 '세를 모은다'는 표현과 일맥상통하는 것으로, 힘과 영향을 키워 사람들을 모으고 기세를 올리는 것을 뜻한다. 이러한 세(勢)는 스스로 생겨나지 않는다. 군형이 강함에 따라

세를 더 많이 모을 수 있는 것이 특징이다.

'절(節)'은 전쟁의 흐름을 끊고 맺는 중요한 시점이나 단계를 의미한다. 공격과 방어, 진격과 퇴각 등 전략적 행동의 타이밍을 나타내는 것이기도 하다. 손자는 기세를 '활시위를 당긴 것'에 비유하고, '절'을 '발사하는 기계'에 비유했다. 이것은 '절'이 기세를 폭발시키는 결정적인 순간임을 나타낸다.

좀 더 쉽게 이해할 수 있도록 비유를 들어보자. 만약 들소 200마리와 사자 10마리가 맞닥뜨린다면 누가 승리할까? 물리적인 힘만 놓고 보면 들소 떼가 훨씬 강하겠지만, 실제 사냥에서 성공할 가능성은 사자가 더 크다. 왜일까? 사자는 특유의 조직적인 '형세절(形勢節)'을 활용할 수 있기 때문이다. 실제로 사자는 새끼가 어느 정도 성장하면 어미가 직접 먹이를 잡아주지 않는다. 혹독한 훈련을 통해 스스로 사냥하는 방법을 가르칠 뿐이다. 이렇게 사냥 실력을 키운 사자들은 무리를 이루어 함께 다니며, 조직적인 대형을 갖추고 먹잇감을 찾아 나선다. 이것이 바로 '형(形)'에 해당한다. 군대에 비유하자면, 장병을 훈련시켜 전투력을 갖추고 적절한 위치에 배치하는 것과 같다.

이처럼 '형'이 갖춰진 상태에서 사냥감인 들소를 만나면 어떻게 될까? 사자들은 가장 약해 보이는 들소를 목표로 삼고, 10마리가 쏜살같이 달려들어 동시에 녀석을 포위할 것이다. 이처럼 약한 들소 앞으로 신속하게 모이는 것이 '세(勢)'다. '형'이 강하면 '세' 또한 강력해진다. 마지막으로 '절(節)'은 완벽하게 포위된 들소의 목을 단번에 공격하여 숨통을 끊는 것을 의미한다. 이는 전략적인 행동의 절정, 즉 목표를 달성하는 결정적인 순간이라고 할 수 있다.

형세절을 꼭 사람이나 동물이 아닌 다른 존재, 가령 물에 비유할 수도 있다. 높은 곳의 댐이나 저수지에 물이 가득 채워져 있는 상태가 바로 '형'이다. 물리학적으로 보면 위치 에너지가 최대치인 상태를 말한다. 만약 이 저장된 물을 한꺼번에 터뜨리면 어떻게 될까? 엄청난 물줄기가 거대한 힘으로 쏟아져 나올 것이다. 이것이 '세'이다. 물리학적으로는 운동 에너지에 해당한다. 이렇게 되면 큰 바위든 집채든 모두 쓸어버리는 것은 시간문제인데, 바로 그 순간이 '절'인 것이다.

이처럼 '형세절'을 제대로 갖추면 승리는 어렵지 않다. 계엄의 밤, 우리가 바로 그러했다. 민주당은 이미 '형'을 완벽하게 갖춘 상태였다. 이재명 대표를 중심으로 22대 국회에서 '시스템 공천'을 통해 유능하고 전문성을 갖춘 의원들을 대거 배출하며 '형'을 굳건히 다졌다. 특히 내가 속한 '서울의 봄' 팀은 계엄의 징후를 사전에 정확히 포착하여 미리 경고함으로써, 전체 의원들이 위기감을 갖고 대비할 수 있도록 했다.

세(勢)는 어떠했나. 비상계엄이 선포되자마자 국회의원들은 신속히 국회로 모여들었다. 채 2시간도 안 돼서 190명의 국회의원들이 담장을 넘어 본회의장으로 달려왔다. 그중 한 국회의원은 대전에서 택시를 타고 한달음에 달려왔다고 했다. 군에서 비상소집이 걸렸을 때도 2시간가량 걸리는데, 국회의원들이 마치 훈련된 군과 같이 빠른 속도로 일제히 국회로 달려온 것이다. 계엄이 발동되면 국회에서 계엄 해제 결의안을 가결해야 한다는 점을 미리 알고 있었기에, 그 많은 인원이 체포 위험에도 목숨을 걸고 뛰어왔다. 의원들만이 아니라 보좌진, 국회 사무처 직원, 그리고 서울 곳곳에서 수많은 시민이 밀물처럼 모여들었는데 이것이 바로 세(勢)에 해당한다.

국민과 함께! 이재명 유튜브 라이브의 기적

이처럼 세(勢)가 강해질 수 있었던 결정적 이유가 있었다. 그것은 바로 당시 이재명 민주당 대표가 유튜브 채널 '이재명 TV'를 통해 라이브 방송을 한 것이었다. 그는 계엄 선포 직후, 아내가 운전하는 차를 타고 국회로 향하면서 다급히 라이브 방송을 켰다. 그리고 위헌·위법적인 비상계엄 선포 사실을 알리며 시민들에게 적극 도움을 요청했다. '국회가 비상계엄 해제 결의안 의결을 할 수 있도록 국민 여러분께서 힘을 보태주십시오!', '지금 국회로 와주십시오!', '이 나라의 주인이신 국민 여러분께서 나서주셔야 합니다!', '민주주의 최후의 보루, 국회를 지켜주셔야 합니다!'라고 목소리를 높였다. '어떤 권력도 국민을 이길 수 없다'는 신념 아래 '계엄을 막을 힘 또한 국민으로부터 나온다'고 판단하고 세를 모은 것이다.

그의 방송을 시청한 시민들은 두려움과 망설임 없이, 서로 앞다투어 국회를 향해 달려왔다. 유튜브 방송을 보고 국회로 모여든 국민은, 거대한 '세'의 물결을 이루었다. 마치 거대한 폭포가 쏟아지듯, 저수지에 가둬놓았던 물을 한꺼번에 터트리듯, 엄청난 기세로 군경을 에워쌌다. 그들은 불법적인 명령에 따르지 말라고 외치며 군경을 돌려세웠고, 맨몸으로 거대한 군용 차량을 막아 국회의원들이 안전하게 국회 담장을 넘을 수 있도록 도왔다. 이재명 대표의 기지와 용기 덕분에 강력한 '세'가 형성되었고, 그 덕분에 계엄 경찰과 계엄군을 무력화할 수 있었다.

'형세'를 통해 계엄의 판세를 뒤집은 우리는 단숨에 국회 본회의장을 장악하고 거침없이 '절(節)'을 이루어냈다. 순식간에 국회의원 190명이 모였고, 전원 계엄 해제 결의안을 통과시켰다. 절차상의 아무 흠결도 남기지 않고 드디어 계엄 가결 선포를 알리는 의사봉을 두드린 순간, 바로 그 역사적 장면이 '절'에 해당된다.

사자가 들소의 목을 단숨에 물어 숨통을 끊듯, 독수리가 먹잇감의 목을 단번에 부러뜨려 낚아채듯, 계엄의 숨통을 끊어놓은 것이다. '형세절(形勢節)'을 통한 완벽한 승리였다.

> ## 5장 명령은 따르는 자에 의해 완성된다
> ### 계엄 핵심 부대들의 도미노 항복
>
> **不戰而屈人之兵 善之善者也** 부전이굴인지병 선지선자야
> 싸우지 않고, 적을 굴복시키는 것이 최선책이다

최선의 승리, 부전승

손자병법을 관통하는 핵심 사상 중 단연 으뜸으로 꼽히는 것은 부전승(不戰勝)이다. 부전승이란 말 그대로 싸우지 않고 이기는 것을 말한다. 싸움을 하게 되면 무력 충돌을 피할 수 없고, 결국 이기는 쪽이든 지는 쪽이든 크고 작은 피해를 입을 수밖에 없다. 이에 손자는 병법에 있어서 싸움 없이 이기는 것을 최선의 승리이자 최고의 작전이라고 늘 강조했다. 이것이 이른바 모공(謀攻), 싸우지 않고 적을 굴복시키는 전략을 말한다.

孫子曰 凡 用兵之法 全國爲上 破國次之 손자왈 범 용병지법 전국위상 파국차지
무릇 군대를 운용하는 법칙은, 상대 나라를 온전히 보전하는 것을

최상의 목표로 삼고, (부득이하여) 나라를 깨뜨리는 것은 그다음의 목표로 삼아야 한다.

全軍爲上 破軍次之 全旅爲上 破旅次之 전군위상 파군차지 전려위상 파려차지
군대를 운용하는 데 있어, 온전한 군대로 승리하는 것을 최상의 목표로 삼고, 군대를 깨뜨려 승리하는 것은 그다음의 목표이다.

全卒爲上 破卒次之 全伍爲上 破伍次之 전졸위상 파졸차지 전오위상 파오차지
군대를 운용하는 데 있어, 온전한 병사(卒)로 승리하는 것을 최상의 목표로 삼고, 병사를 깨뜨려 승리하는 것은 그다음의 목표이다.

是故 百戰百勝 非善之善者也 시고 백전백승 비선지선자야
고로 백전백승은 최선책이 아니다.

不戰而屈人之兵 善之善者也 부전이굴인지병 선지선사야
싸우지 않고, 적을 굴복시키는 것이 최선책이다.

우리는 흔히 백 번 싸워 백 번 이기는 것을 최고로 여긴다. 그러나 손자는 한 걸음 더 나아갔다. 싸우기 전에 적의 의지를 꺾어 아무런 피해 없이 적군을 굴복시키는 것이 가장 훌륭한 승리라고 역설했다. 부득이하게 전쟁 국면에 돌입하더라도 국가와 군사를 온전히 보존하며 승리하는 것이 최상의 방책이며, 적의 군사에 피해를 입히지 않고 온전하게 이기는 것이 차선책이라고 보았다. 이러한

원리를 바탕으로 손자는 전쟁을 통해 적을 굴복시키는 방법으로 네 가지 단계를 제시했다.

> 故 上兵 伐謀 其次 伐交 其次 伐兵 其下 攻城 _{고 상병 벌모 기차 벌교 기차 벌병 기하 공성}
>
> 최상의 군대는 모략으로 적을 굴복시키고, 그다음은 외교로 적의 동맹을 깨뜨리며, 그다음이 직접 군사를 동원하여 싸우는 것이고, 가장 하책은 성을 공격하는 것이다.
>
> 攻城之法 爲不得已 _{공성지법 위부득이}
>
> 성을 공격하는 방법은 부득이한 경우에 하는 것이다.

손자가 말하는 최고의 용병법은 벌모(伐謀)다. 적국의 생각이나 의도를 꺾어 적을 굴복시키는 것을 의미한다. 두 번째는 벌교(伐交)로, 적의 동맹 관계를 끊어 고립시켜 승리하는 것이다. 벌모와 벌교는 실제 전투 없이 적을 굴복시키는 방법이기에 온전한 승리를 거둘 수 있는 훌륭한 전략에 속한다. 그러나 그다음 단계인 벌병(伐兵)은 적의 군대를 공격하는 것이고, 마지막 방법인 공성(攻城)은 적의 성을 공격하는 것이다. 이때는 불가피하게 유혈 사태가 발생하므로 좋은 승리라고 할 수 없다. 특히 손자는 공성을 최대한 피해야 한다고 강조했다. 공성은 준비 기간도 많이 걸리고, 엄청난 피해를 초래하기 때문이다.

修櫓轒轀 具器械 三月而後成 수로분온 구기계 삼월이후성

높은 곳에서 적을 감시하고 공격하는 시설과 단단한 나무 덩어리로 성문을 부수는 무기, 그리고 기타 여러 가지 공성 병기를 제작하고 준비하는 데만 무려 석 달이라는 긴 시간이 소요된다.

距闉 又三月而後已 將不勝其忿 而蟻附之 거인 우삼월이후이 장불승기분 이의부지

성가퀴(성벽의 톱날 모양 방어 시설)를 공격하는 데, 또 석 달이나 걸린 뒤에야 끝난다. 장수는 자신의 분노를 참지 못하고, 병사들을 개미처럼 달라붙게 하여 공격한다.

殺士卒三分之一 而城不拔者 此 攻之災也 살사졸삼분지일 이성불발자 차 공지재야

병사들의 삼분의 일을 죽이고도 성을 함락시키지 못한다면, 이것은 공격의 재앙이다.

공성은 많은 피해를 남긴다. 손자가 살았던 시대는 사람 손으로 일일이 무기와 장비를 만들고, 흙산을 쌓아야 했다. 성을 공격한다는 것은 대량의 물자와 시간을 투입해야 한다는 것을 의미하기에, 그만큼 전쟁이 장기화될 수밖에 없다. 그뿐만 아니라 적성에 침입하여 싸우는 군사들의 큰 희생 또한 감수해야 한다. 이렇게 많은 물자와 시간, 비용, 군사를 쏟아붓고도 전쟁에서 패하게 된다면 그야말로 재앙이 되는 것이다.

故 善用兵者 屈人之兵 而非戰也 拔人之城 而非攻也 _{고 선용병자 굴인지 병 이비전야 발인지성 이비공야}

용병을 잘하는 자는 적의 군대를 싸우지 않고 굴복시키며, 적의 성을 공격하지 않고 빼앗는다.

毁人之國 而非久也 必以全爭於天下 _{훼인지국 이비구야 필이전쟁어천하}

적국을 무너뜨릴 때 오래 끌지 않아야 하고, 반드시 천하를 온전히 보전하며 싸워야 한다.

故 兵不頓而利可全 此 謀攻之法也 _{고 병부둔이리가전 차 모공지법야}

그러므로 우리 군대의 힘을 뺏거나 지치게 하지 않고, 이익을 온전히 얻는 것, 이것이 바로 모략으로 공격하는 방법이다.

한마디로 전쟁에서 최상의 승리를 이끌어내려면 전투 없이 적군을 굴복시켜야 하고, 성을 공격하지 않고도 적군을 함락시킬 수 있어야 한다. 적국을 무너뜨리더라도 최대한 시간을 오래 끌지 않는 것이 중요하다. 이것이야말로 손자가 강조한 모공의 법칙에 따른 온전한 승리, 즉 부전승을 거두는 방법이다.

싸우지 않고 이기는 법: 승리의 세 가지 필수 조건

모공 전략을 실제로 실행하는 것은 결코 쉬운 일이 아니다. 적어도 다음 세 가지 요건 중 하나는 갖춰야 한다. 첫째, 전략, 군사, 외교적인 측면에서 압도적인 우위를 확보하는 것이다. 전략적 우위는 적군보다 뛰어난 전략과 계획을 수립하고, 정보, 지형, 병력 구성 등 모든 면에서 우위를 점하는 것을 뜻한다. 군사적 우위는 강력한 군사력을 보유하여 적이 감히 공격할 엄두를 내지 못하도록 하는 것이다. 이는 잘 훈련된 병력, 우수한 무기, 풍부한 보급 물자 등을 통해 가능하다. 외교적 우위는 외교적 노력을 통해 적과 그 동맹국 간의 관계를 끊음으로써 적을 고립시키는 것이다. 외교적으로 고립된 적군은 스스로 항복할 수밖에 없다.

적군보다 압도적인 우위를 점하지 못한 상황이라면, 계책을 사용하여 싸우고자 하는 적의 의지를 완전히 꺾어야 한다. 적의 사기를 떨어뜨리고, 공포심을 유발하는 심리전을 활용하거나, 정보전을 통해 적을 무너뜨리는 방법이 있다. 정보전은 적이 정보를 획득할 수 있는 경로를 완전히 차단하여 적의 판단력을 흐리게 만드는 방식이다. 이를 위해서는 첩보 활동, 정찰, 정보 분석 등을 통해 적의 동향을 끊임없이 파악하고, 예상치 못한 상황에 유연하게 대처할 수 있는 능력을 갖춰야 한다. 이때 다시 한번 강조되는 것이 '지피지기 백전불태(知彼知己 百戰不殆)'다. 부전승 또한 적과 자신에 대한 철저한 분석과 대비를 통해 달성할 수 있기 때문이다.

일촉즉발! 2차 비상계엄의 가능성

계엄 정국에서도 싸우지 않고 승리한, 이른바 '모공 전략'의 위력이 발휘된 순간이 있었다. 비상계엄이 극적으로 해제된 직후의 일이었다. 시민들과 국회의원들의 발 빠른 대응 덕분에 계엄은 해제될 수 있었지만, 위기감은 여전했다. 윤석열 대통령이 여전히 계엄 선포 권한을 손에 쥐고 있었고, 계엄군의 지휘부 또한 그대로였기에, 언제든 2차, 3차 계엄이 발동될 수 있는 상황이었다.

한편, 나는 윤석열 대통령이 '국지전'이나 '국내 혼란'을 조성할 위험 역시 크다고 판단했다. 1차 비상계엄은 이러한 혼란을 조성하지 않은 상태였기 때문에, 군이 명령을 잘 따르지 않아 실패했다. 그런데 이런 혼란을 조성하고 계엄을 발동한다면 얘기가 달라진다. 군이 통수권자의 명령, 즉 쿠데타 세력의 명령에 적극적으로 따를 수밖에 없는 상황에 놓이는 것이다. 윤석열 대통령과 내란 세력들은 국지전이나 국내 혼란을 통해 상황을 악화시킬 수 있었다.

실제 홍장원 전 국정원 차장도 2025년 1월 22일 국회에 나와 이렇게 말했다.

2025년 1월 22일, 내란 혐의 국정조사 특위 청문회에서 홍장원 차장 발언

제가 군 출신이라서 그러는데 군사의 무력이라고 하는 것은, 군중이라고 하는 것은 상황에 따라서 크게 변합니다. 더구나 첫 번째 국회 들어갔을 때 실패했는데 두 번째 군사 개입을 한다면 똑같이 사람들이 몰려와서 할까요? 아마 제가 보기에는 군인들이 거부할 수 없는 상황을 만드는 개념으로 갈 수밖에 없는 상황을 만들려고 했겠죠. 전 그렇게 생각했습니다.

이와 더불어 홍장원 제1차장은 자신이 2차 계엄 가능성이 크다고 판단한 이유로 크게 세 가지를 피력했다. 첫째, 대통령의 의지가 꺾이지 않았다. 둘째, 김용현 전 국방부 장관이 경질된 이후에도 후임을 추천하는 등 영향력이 줄지 않았다. 셋째, 방첩사령관과 수방사령관 등을 비롯해 계엄군 수뇌부들이 여전히 건재했다. 12·3 계엄 당일 병력을 투입한 핵심 관계자들이 곧 내란 혐의 피의자로 입건될 수 있는 상황이기 때문에 이를 모면하기 위해서라도 2차 계엄을 감행할 수 있다고 분석한 것이다.

나 역시 홍장원 1차장과 생각이 완전히 일치했다. 한시라도 빨리 2차 계엄의 진상을 밝히고, 특전사, 방첩사, 수방사 등 계엄 핵심 실행 부대가 또다시 계엄에 동조하지 않도록 막는 것이 급선무라 판단했다. 2차 계엄이 벌어진다면 그것은 훨씬 더 광범위하고 파괴적일 확률이 높았다. 그야말로 일촉즉발의 상황이었던 것이다.

먼저 민주당 차원에서 신속한 대응에 나섰다. 각종 언론과 유튜브 채널을 통해 2차 계엄의 가능성을 빠르게 알리고, 비상계엄 선포에 신속하게 대응하기 위해 당내 '계엄 대비 상황실'도 설치했다. 당시 조사 결과, 계엄군이 이미 주요 인사 10여 명을 체포하려고 했다는 의혹이 제기되었다. 그 명단에는 이재명 민주당 대표를 비롯해 우원식 국회의장, 한동훈 국민의힘 대표, 〈겸손은 힘들다, 뉴스공장〉의 김어준 씨까지 포함돼 있었다. 한시라도 빨리 계엄의 진상을 밝혀 위협적인 시도들을 막아야 했다.

특전사 항복, 2차 계엄 분수령을 넘다

12월 5일, 민주당에서는 국방위원회를 열고 계엄 가담 핵심 부대 지휘관들의 출석을 요청했다. 그런데 국민의힘의 방해와 군 당국의 비협조 탓에, 현장에 나온 주요 인물은 단 두 사람뿐이었다. 김선호 국방부 차관과 계엄 당시 계엄사령관을 맡았던 박안수 육군참모총장만 현장에 출석한 것이다. 이들은 의원들 질문에 대부분 '모르쇠'로 일관했다. 답답하기 짝이 없었다. 더구나 핵심 사령관들이 국방위에 출석하지 않았기 때문에, 계엄의 진상을 전혀 밝힐 수가 없었다. 비상계엄이 불법이었고, 앞으로는 절대 동조하지 않겠다는 다짐이나 각오도 받아낼 수도 없었다.

나는 직접 그들을 찾아가서 명확한 다짐을 받아야겠다고 생각했다. 대통령이 계엄을 강행하더라도 군 수뇌부가 협조하지 않아야 계엄을 실행할 수 없기 때문이다. 나는 곧바로 같은 국방위원회 소속인 박선원 의원에게 연락을 취했다. 계엄에 가담한 핵심 인물들이 국방위원회에 출석하지 않았고, 앞으로도 비협조적으로 나올 것 같으니, 우리가 직접 움직이자고 했다. 국방위 차원에서 계엄 핵심 부대인 특전사와 수방사를 방문해 현장 질의를 하고, 2차 계엄에 가담하지 않겠다는 확답을 받아내야 한다는 설명도 덧붙였다. 박선원 의원도 나의 전략에 동의했고, 열 일을 제치고 동행하겠다고 했다.

곧바로 행동에 나섰다. 우리는 먼저 특전사로 향했다. 평소라면 당연히 국방부를 통해서 미리 방문 절차를 밟고 이동했을 테지만, 이번엔 그럴 시간이 없었다. 통상적인 절차를 통하면 우리의 방문 계획이 윤석열과 김용현의 귀에 들어갈 것이고, 그러면 국방부 측에서 사전에 차단할 것이 뻔했다. 우리는 특전사를 찾아가 현장에서 특전사령관에게 면회를 신청하기로 했다. 법적으로도, 군 규정상으로 아무 문제가 없는 방법이기 때문에, 특전사령관도 부담 없이 응할 터였다.

그런데 특전사로 향하는 차 안에서 문득 불안감이 엄습했다. 비록 1차 계엄 시도는 실패로 끝났지만, 여전히 대통령의 권한은 막강한 상황이었다. 만약 특전사에 파견되어 임무 수행 중인 방첩부대를 통해 윤석열 일당이 우리의 특전사 방문 계획을 알게 되면, 감금이나 체포 등 예상치 못한 조처를 취할 수 있기 때문이다. 맨몸으로 적진에 뛰어드는 심정이었다.

생각이 여기까지 미치자 최소한의 안전장치를 확보해야겠다는 생각이 들었다. 애초 우리는 특전사를 방문해서 현장 질의 과정을 촬영해 국회에 복귀한 뒤, 유튜브 〈주블리 김병주〉 채널을 통해 현장 질의 내용을 업로드할 생각이었다. 국방위 차원의 현장 질의를 하는 것이니 국민에게 알릴 필요가 있다고 판단했기 때문이다. 그런데 혹여 질의 중 신변에 위협이 생기면 모든 것이 수포로 돌아갈 수 있으므로, 특전사 방문의 전 과정을 생중계로 진행하는 것이 안전할 것 같았다. 또 괜히 나중에 업로드를 했다가 '조작 의혹'을 받을 수 있으니, 생중계를 통해 애초에 논란의 여지를 없애는 편이 나을 것 같았다. 특전사 도착 20~30분 전에는 MBC와 대형 유튜브 채널 오마이TV에 연락을 취해 '특전사 방문 현장 질의 생중계

계획'을 알리기도 했다. 방송을 보다가 우리 신변에 이상이 생기면 즉시 보도해줄 것을 요청한 것이다.

국회에 있는 보좌진도 JTBC, 한겨레, 경향, 연합뉴스 등 여러 언론인이 있는 단톡방에 '김병주·박선원 국방위원, 잠시 후 특전사령부 항의 방문', '곧 라이브 시작… 많은 관심과 시청 바랍니다' 등의 메시지를 올렸다. 유튜브 〈주블리 김병주〉 채널은 당시 통상 동시 접속 인원이 수백 명밖에 되지 않았기 때문에 긴급상황 발생 시 빠른 여론 확산이 어려운 탓이었다.

현장 질의를 위한 만반의 준비를 마쳤을 때 특전사 부대 정문 앞에 도착했다. 우리는 곧바로 손에 쥔 휴대폰을 통해 라이브 방송을 시작했다. 긴급하게 생중계 방송을 하다 보니 사전 준비가 제대로 되지 않았다. 수행하던 보좌진은 트라이포드도 없는 상태로 촬영했다. 생생하고 긴박했던 현장만큼이나 영상도 떨리고 거칠었다.

열악한 여건 속에서 바로 방송을 진행했다. 우리가 왜 '특전사 현장 질의'를 할 수밖에 없었는지, 그리고 당시 상황이 얼마나 긴박하게 돌아가고 있는지부터 설명했다. 이후 우리는 정문 옆 면회실에 가서 정중하게 면담을 신청했다. 그런데 5분, 10분 그렇게 15분이 흘러가도 특전사령부 본부에서는 어떤 답변도 없었다. 어느 정도 예상은 했지만, 면담 요청을 거절할 수도 있다고 생각하니 답답하고 막막했다.

그때 옆에 있던 박선원 의원의 휴대폰이 요란하게 울렸다. 국회 정보위원회 행정실에서 연락이 왔다. 국정원 서열 2위였던 홍장원 1차장이 정보위원장과 정보위 여야 간사 세 사람 앞에서 할 얘기가 있다는 것이었다. 박선원 의원은 국방위뿐 아니라 정보위 간사로도 활동하고 있었는데, 당시 홍장원 1차장의 진술도 중대 사안이라 생각했는지 본인 먼저 서울로 가겠다고 했다. 대충 이야기를 들어보니, 홍장원 1차장이 윤석열 대통령으로부터 이재명 대표 등 주요 정치인들의 체포 명령을 받았으나, 이를 거부하여 결국 부당하게 경질되었다는 내용이었다. 그 또한 중대한 증언이었으나, 지금 무엇보다 중요한 것은 2차 계엄군 투입을 무력화시키는 것이니 현장에 계속 함께 해달라고 요청했다. 박선원 의원은 내 뜻을 받아들여, 본인 대신 같은 정보위 소속, 김병기 의원을 간사 대신 참석하도록 했다. 계엄 정국에 들어선 지 사흘째였고, 당시는 그렇게 매 순간이 긴박하게 돌아가고 있었다.

그렇게 20여 분이 흘렀을까. 특전사 앞에 서서 초조하게 기다림을 이어가던 때, 정문 안쪽에서 검은색 차량 한 대가 나오는 것이 보였다. 직감적으로 분명 3스타(중장)의 차량이었다. 수행 보좌진을 통해 차량이 나오는 것부터 카메라에 담고 싶었지만, 혹여 보안상 문제가 될까 싶어 정문에서 부대 안쪽은 촬영하지 않았다. 그 사이 해당 차량은 정문을 빠져나와 그대로 직진하는가 싶더니, 멀리 돌아 공터에 차를 세웠다. 우리가 서있는 곳에서 10미터쯤 떨어진 곳이었다. 차량을 계속 주시하니 곽종근 특전사령관이 전속 부관과 함께 차에서 내리는 모습이 보였다. 순간 반가운 마음과 안도감이 교차했다. 현장 질의를 할 수 있다는 사실만으로도 절반의 수확을 거둔 기분이었다.

곽종근 특전사령관의 결단

곽종근 사령관은 잔뜩 긴장을 했는지, 얼어붙은 표정과 몸짓을 보이며 우리 쪽으로 걸어왔다. 보통 때라면 나에게 거수경례부터 했을 텐데, 그마저도 잊은 모양이었다. 얼마나 큰 두려움을 안고 그 자리에 나온 건지 조금은 짐작이 갔다. 나는 조금이라도 긴장을 풀어주기 위해 말문을 텄다. 먼저 우리가 찾아온 이유를 말해주고, 국방위 차원에서 몇 가지 질의를 하고 싶다고 요청했다. 곽 사령관은 순순히 응했다. 현안 질의를 진행하기 위해 면회실로 자리를 옮겼다. 면회 신청을 할 때 질의를 할 만한 장소가 있는지 물색해보고, 미리 앉을 자리를 만들어둔 상태였다.

면회실로 이동할 때도 라이브 방송은 멈추지 않았다. 생생한 현장을 끊김 없이 날 것 그대로 중계하기 위해서였다. 면회실에는 사령관의 전속 부관을 포함해 방첩사 소속으로 추정되는 인원들도 함께 자리한 것으로 보였다. 그 자리에 있었던 군인들뿐 아니라, 유튜브로 시청하는 전 국민들에게 투명하게 공개된 자리였다. 당연히 '회유'나 '획책'은 있을 수도, 있어서도 안 되는 일이었다.

자리에 앉은 후 본격적인 질의를 시작하기 전에, 왜 하루 전날 있었던 국방위원회에 참석하지 않았는지 물었다. 곽 사령관이 워낙 긴장을 한 터였기에, 분위기를 풀어보려고 쉬운 질문부터 던졌다. 곽 사령관도 국방위원회에 참석해서 본인이 알고 있는 사항에 대해 자세히 얘기하고 싶었는데, 불발이 되어 아쉬웠다고 말했다. 국회로 이동하는 도중에 누군가로부터 오지 말라는 연락이 왔다는 설명도 덧붙였다. 다행히 우리의 방문을 고맙게 여기는 눈치였다.

질의에 협조적인 태도를 보니 마음이 놓였다. 부담을 덜어내고, 궁금한 것부터 묻기 시작했다. 전날 국방위원회 질의에서 나왔던 질문들이 대부분 해결되지 않은 상태였기 때문에, 해당 내용들을 중심으로 물어볼 참이었다. 꼭 답변이 듣고 싶었던 핵심 질의는 세 가지였다. 첫째, 비상계엄이 부당했다는 것을 인정하고 국민에게 사과하겠는가? 둘째, 다시 계엄에 관련된 명령이 내려오면 따르겠는가? 셋째, 계엄 관련 명령이 대통령이나 국방부 장관으로부터 어떻게 내려왔는가? 2차 계엄을 막고 계엄의 진상을 파악하기 위해서 꼭 필요한 질문들이었다.

곽 사령관은 핵심 질문 세 가지에 대해서 명확하게 답변해주었다. 먼저 곽 사령관은 계엄 관련 명령을 따른 것에 대해서 잘못된 것을 인정하고 국민에게 진심 어린 사과를 했다. 그리고 자신의 명령을 따른 특전사 요원들에게도 미안한 마음을 표현했다. 만약 또다시 계엄 관련 명령이 내려지면 따르지 않겠다고 했다. 이것은 계엄군의 항복 선언과도 같은 결정적 발언이었다. 이 발언만으로도 2차 3차 비상계엄의 싹을 자른 것 같아 마음이 놓였다. 아마 생중계를 지켜본 국민들도 나처럼 크게 안심했을 것이다.

또 다른 답변들도 이어졌다. 계엄 당일 전반적인 작전을 지시한 것은 김용현 국방부 장관이었지만, 윤 대통령 역시 특전사 707 특임단의 현 위치를 묻는 등 직접 전화를 해왔다고 답했다. 최종적인 지휘 책임이 대통령에게 있다는 것이 명백해진 것이다. 그나마 다행스러운 것은 당일 현장에 투입된 장병들에게 실탄 등의 살상 무기는 개별적으로 지급되지 않았으며, 시민들을 향해 무력을 사용할 의사는 없었다는 것이었다.

마지막으로 곽종근 특전사령관 본인이 임무를 수행하던 도중 국회의원을 끌어내라는 명령을 받게 되었는데, 이때 불법적인 명령임을 깨닫고, 극심한 갈등 끝에 항명(抗命)이라는 용기 있는 선택을 했다는 사실도 알게 되었다. 나는 특히 계엄 당일, 헬기를 타고 국회 본회의장까지 진입하려 했던 707 특수임무단이 비상계엄 해제안이 가결된 직후, 5~10분도 안 돼서 바로 철수한 것이 의아했는데, 바로 그때가 곽 사령관이 군인 양심에 따라 임무 수행을 포기했던 결정적인 순간이었다는 것을 알게 되었다. 나도 같은 장군 출신으로 그때의 심경이 어땠을까를 생각하니 만감이 교차했다. 무엇보다 고마운 마음이 앞섰다. 특전사가 초기에는 계엄에 동조하는 모습 같았지만, 뒤늦게라도 스스로의 잘못을 깨닫고, 엄청난 압력 속에서도 용기를 내어 올바른 길을 선택해준 것이기 때문이다.

계엄 핵심부대들의 도미노 항복

곽 사령관의 진실된 답변은 유튜브 라이브 방송을 타고 생생하게 중계되었다. MBC와 오마이TV뿐 아니라 JTBC 등 여러 언론에서 큰 관심을 보였고, 관련 보도도 실시간으로 퍼져나가기 시작했다. 이후 계엄 상황에 미친 파급력도 상당했는데, 효과는 바로 나타났다.

특전사령관에 대한 현장 질의를 끝내고 수방사로 향하던 길이었다. 그런데 30~40분쯤 지났을까, 수방사 사령부 참모에게 전화가 걸려왔다. 특전사령관과의 질의를 생중계로 지켜봤다면서, 수방사에도 와달라고 했다. 해당 방송을 보고 수방사령관과 참모들이 함께 의논한 결과, 수방사령관도 관련 입장을 밝히는 것이 유리하다고 판단한 것이다. 계엄군에 대한 국민의 인식이 최악으로 치닫고 있으니, 어떻게든 빠져나갈 구멍을 찾고 싶었던 모양이다. 우리로서는 더없이 반가운 일이었다.

수방사에 도착하니 수방사령관과 참모가 정문에 서서 기다리고 있었다. 깎듯이 예우를 갖추고, 수방사령관이 대기하고 있는 장병 휴게실로 안내해주겠다고 했다. 특전사에서 20여 분간 특전사령관을 기다렸던 상황과 대조적이었다.

그를 따라가면서 다시 유튜브 생중계를 시작했다. 휴게소 안으로 들어가니, 잔뜩 긴장한 모습의 이진우 수방사령관이 거수경례를 해왔다. 나는 특전사에서 진행했던 대로 세 가지 핵심 내용을 중심으로 질의를 진행했다. 이진우 사령관도 모든 질문에 성실하게 답했지만, 곽종근 사령관과는 약간의 온도 차이가 느껴졌다. 곽종근 특전사령관은 곧바로 계엄이 불법임을 인정하고 국민들께 사과를 했지만, 이진우 수방사령관의 입장은 애매했다. 국민보다는 자신의 명령을 따른 부하들에게 미안함을 전했다.

12월 6일 이진우 수방사령관 현안 질의 주요 내용
김병주: 국회로 병력 보내며 내린 지시는?
이진우: 시민과 장병이 다치면 안 되기 때문에 총기는 차량에 두고 빈

몸으로 임무를 수행하라고 현장에서 지시했다.

김병주: 임무는 무엇인가?

이진우: 수방사의 기본 임무가 국가중요시설에 대한 경계라서 인원 통제를 지시했다.

김병주: 사령관은 현장에서 누구의 지시를 받았나?

이진우: 처음엔 국방장관(당시 김용현)의 지시를 받았다. 이후 계엄사령관에게도 전화가 걸려와 현장 상황을 보고했다.

김병주: 대통령의 지시나 전화는 있었나?

이진우: 밤 12시쯤 한 번 정도 전화가 왔다. 현장 상황이 어떤지 물어봤다.

김병주: 국회에서 계엄 해제 결의안이 가결된 이후 수방사 병력도 철수했는데, 누구의 결심인가?

이진우: 부대 차량은 인파가 많아 바로 빠져나갈 수 없는 상황이니 특전사 병력과 같은 방향으로 일단 철수하라고 지시했다.

김병주: 국방장관이나 계엄사령관의 지시를 받고 철수했나?

이진우: 지시를 받고 철수한 건 아니다.

김병주: 처음 출동하라고 했을 때 위헌·위법적이란 생각은 안 했나?

이진우: 이상하고 우려되는 느낌은 있었지만, 대통령의 선포를 보고 위중하고 엄중하다는 생각을 하면서 포고령에 따라 움직였다.

김병주: 출동 자체도 잘못된 것이다. 그런 판단을 사령관이 했어야 했다. 그리고 2차 계엄 가능성 우려가 나오고 있는데, 다시 임무가 내려진다면 어떻게 하겠는가?

이진우: 수방사 장병 부모님께 사과드린다. 수방사의 기본 임무는 수

도와 시민을 지키는 일이다. 불법적 명령엔 응하지 않을 것이다.

박선원: 이번 비상계엄이 합법적이라고 생각하나?

이진우: 많이 아쉽습니다.

박선원: 국방차관, 계엄사령관이었던 육군총장도 잘못됐다고 했는데, 잘못된 것이죠?

이진우: 예.

결과적으로 수방사령관과의 인터뷰는 20여 분으로 짧게 정리됐다. 당일 오후에 갑작스럽게 국방위가 열린다고 했기 때문이다. 이날 곽종근, 이진우 두 사령관에게서 들은 답변은 계엄 진상을 밝히는 데 매우 중요한 역할을 했다. 변호사 없이 어떠한 외부 개입이나 영향도 받지 않은 최초의 진술을 확보했다는 점에서 더욱 의미가 깊었다. 모든 발언을 생중계함으로써 추후 상황을 왜곡하거나 책임을 회피하는 것을 원천적으로 차단하는 효과를 거둔 것이다.

이처럼 특전사와 수방사의 '계엄 명령 불복 선언'을 받아내고 나니, 다른 부대들의 지휘관들도 도미노처럼 줄줄이 무너지기 시작했다. 2024년 12월 9일, 김현태 707 특임단장은 "부대원들은 김용현 장관에게 이용당했다. 모든 책임은 저에게 있다"면서 "모든 잘못은 제가 지휘관으로서 내린 명령에 따른 것이며, 계엄 당시 국회의사당 진입을 명령한 것도, 헬기를 타고 가장 먼저 도착해 지휘한 것도 저입니다. 707 특수임무단의 모든 잘못은 지휘관은 제가 짊어지고 가겠습니다"라는 눈물의 기자회견을 했다.

김현태 707 특임 단장 기자회견문

707 특임단은 김용현 전 국방부 장관의 지시에 따라 움직였을 뿐이며, 그들은 오직 국가를 위해 헌신한 군인들입니다. 부대원들에게 죄를 묻지 말아주십시오. 저는 무능하고 무책임한 지휘관으로 부대원들을 사지로 내몬 사람입니다. 모든 잘못은 제가 지휘관으로서 내린 명령에 따른 것이며 계엄 당시 국회의사당 진입을 명령한 것도, 헬기를 타고 가장 먼저 도착해 지휘한 것도 저입니다. 707 특수임무단의 모든 잘못은 지휘관인 제가 짊어지고 가겠습니다. 부대원들은 국가와 국민을 위해 청춘을 바친 사람들이며 그들의 유일한 잘못은 내 무능한 명령을 따랐던 것뿐입니다.

자신의 수족과 같았던 계엄 핵심 부대들이 연이어 '계엄 불복종 선언'을 했으니, 윤석열 대통령도 더 이상 2차 계엄이라는 허황된 망상을 붙잡지 못했을 것이다. 명령은 '내리는 자'가 아니라 '따르는 자'에 의해 완성되는 것이기 때문이다.

12월 10일 다시 국방위가 열렸다. 당시 계엄 핵심 인물로 손꼽히는 김용현 국방부 장관, 노상원 전 정보사령관, 여인형 방첩사령관은 참석하지 않았지만, 김선호 장관 직무대행 국방차관을 비롯한 국방부 관계자를 포함해 조원희 사이버작전사령관, 정진팔 합동참모본부 차장 등 합참 관계자, 당시 계엄사령관을 맡았던 박안수 육군참모총장과 곽종근 특전사령관, 이진우 수방사령관, 이경민 방첩사 참모장 등 방첩사 관계자 40여 명이 대거 참석했다. 이미 곽종근, 이진우 사령관이 현장 질의를 보고 초기 진술을 해놓은 터라,

부대원들은 물론 방첩사 참모들도 순순히 불기 시작했다. 국회의원들도 특전사와 수방사의 현장 질의를 통해 사전 정보가 많아진 만큼, 더욱 구체적이고 송곳 같은 질의를 이어갔다. 베일에 가려져 있던 계엄에 대한 진상 조사가 급물살을 타기 시작한 것이다.

이로써 우리는, 상상조차 하기 싫었던 2차 계엄의 끔찍한 위협으로부터 벗어날 수 있었다. 적의 강한 의지를 꺾음으로써, 단 한 발의 총성 없이 승리하는, 손자가 그토록 갈망했던 '부전승'을 마침내 이뤄낸 것이다. 그것은 단순한 승리가 아니었다. 손자병법 〈모공〉 편에서 최고의 승리라고 칭했던 '벌모(伐謀)'의 전략을 실행하여, 상대에게 돌이킬 수 없는 치명상을 입힌 역사적 순간이었다.

6장 정보 우위로 막아선 내란
민주주의를 지킨 용간(用間)의 지혜

先知克危 乃成功之道 선지극위 내성공지도
정보 우위로 위기를 극복하는 것이 곧 성공의 길이다

지피지기, 승리의 첫걸음

손자병법에서 가장 유명한 구절은 역시 〈모공〉 편에 나오는 "지피지기 백전불태(知彼知己 百戰不殆)"이다. 나를 알고 적을 알아야 백번 싸워도 위태롭지 않다는 뜻이다. 여기서 안다는 것은 곧 정보를 갖고 있다는 것을 의미한다. 정확한 정보는 승리의 필수 조건이다. 정보 없이 세우는 전략은 모래성일 뿐이며, 손자병법의 모든 전략은 정보 수집을 전제로 한다.

그런데 나에 대한 정보는 스스로 얻을 수 있지만, 적에 대한 정보는 어떻게 얻을 것인가. 현대 사회에서 정보를 얻는 방법은 매우 다양하다. 인적 네트워크를 활용한 첩보 활동은 물론, 사이버 정보 수집, 정찰 위성과 드론 등을 활용한 영상 정보, 방대한 데이터에서 숨겨진 통찰을 추출하는 데이터 마이닝까지, 더욱 다양하고 고도화된 방법들을 통해 내가 원하는 정보를 얻을 수 있다. 일반인들도 스마트폰으로 손가락 몇 번만 터치하면 지구 반대편의 소식까지 실시간으로 알 수 있는 세상이다.

첩보 운용의 고전 손자병법, 〈용간(用間)〉의 다섯 가지 얼굴

그런데 손자의 시대는 달랐다. 이러한 기술이 존재하지 않았기 때문에 오로지 사람, 즉 첩자를 통해 정보를 수집하는 것에 의존해야 했다. 우리는 보통 첩자라고 하면 '정정당당하지 못한 방법으로 정보를 취득하는 사람'으로 생각한다. 하지만 손자에게 첩자는 전쟁에서 승리를 이끌어주는 귀중한 보배였다. 손자병법 〈용간(用間)〉 편을 보면, 첩자를 어떻게 운용해야 하는지 구체적으로 기술해놓았다.

孫子曰 凡 興師十萬 出征千里 손자왈 범 흥사십만 출정천리
무릇 10만 명의 군사를 일으켜 천 리나 되는 먼 곳으로 출정하면

百姓之費 公家之奉 日費千金 백성지비 공가지봉 일비천금
백성들의 비용과 나라의 재정 지출이 날마다 천금이나 든다.

內外騷動 怠於道路 不得操事者 七十萬家 내외소동 태어도로 부득조사자 칠십만가

나라 안팎이 소란스러워지고, 백성들은 도로에서 지쳐 일을 제대로 할 수 없는 자가 70만 가구나 된다.

相守數年 以爭一日之勝 而愛爵祿百金 不知敵之情者 상수수년 이쟁일
일지승 이애작록백금 부지적지정자

서로 여러 해 동안 대치하며 단 하루의 승리를 다투면서, 작위와 녹봉과 백금을 아까워하여 적의 실정을 알지 못하는 자는,

不仁之至也 非人之將也 非主之佐也 非勝之主也 불인지지야 비인지장야
비주지좌야 비승지주야

지극히 어질지 못함이요, 사람의 장수가 아니요, 임금의 보좌가 아니요, 승리의 주인이 아니다.

故 明君賢將 所以動而勝人 成功 出於衆者 先知也 고 명군현장 소이동이
승인 성공 출어중자 선지야

그러므로 현명한 임금과 어진 장수가 움직여서 남보다 먼저 승리하고, 성공이 여러 사람에게서 나오는 것은 먼저 아는 것이다.

先知者 不可取於鬼神 不可象於事 不可驗於度 선지자 불가취어귀신 불가
상어사 불가험어도

먼저 안다는 것은 귀신에게서 얻을 수 있는 것이 아니요, 과거의 일을 되돌아보아 알 수 있는 것이 아니요, 점쳐서 알 수 있는 것이 아니다.

必取於人 知敵之情者也 필취어인 지적지정자야

반드시 사람에게서 취해야 하니, 적의 실정을 아는 자여야 한다.

故 用間 有五 有鄕間 有內間 有反間 有死間 有生間 고 용간 유오 유향간 유내간 유반간 유사간 유생간

그러므로 첩자를 쓰는 데 다섯 가지가 있으니, 향간(鄕間)이 있고, 내간(內間)이 있고, 반간(反間)이 있고, 사간(死間)이 있고, 생간(生間)이 있다.

五間 俱起 莫知其道 是謂神紀 人君之寶也 오간 구기 막지기도 시위신기 인군지보야

다섯 가지 첩자를 동시에 일으켜 그 방법을 알 수 없게 하는 것, 이것을 신기(神紀)라 하며, 군주의 보배이다.

鄕間者 因其鄕人而用之 內間者 因其官人而用之 향간자 인기향인이용지 내간자 인기관인이용지

향간(鄕間)이란 그 지방 사람을 이용하여 첩자로 쓰는 것이요, 내간(內間)이란 그 나라의 관리를 이용하여 첩자로 쓰는 것이다.

反間者 因其敵間而用之 반간자 인기적간이용지

반간(反間)이란 적의 첩자를 이용하여 첩자로 쓰는 것이다.

死間者 爲誑事於外 令吾間 知之而傳於敵間也 사간자 위광사어외 령오간 지지이전어적간야

_{지지이전어적간야}

사간(死間)이란 거짓 정보를 일부러 흘려 우리 측 첩자로 하여금 그것을 알게 하여 적의 첩자에게 전하게 함으로써 적을 속이는 것이다. 이 첩자는 발각되면 죽음을 면치 못한다.

生間者 反報也 _{생간자 반보야}

생간(生間)이란 살아 돌아와 보고하는 첩자다.

故 三軍之事 莫親於間 賞 莫厚於間 事 莫密於間 _{고 삼군지사 막친어간 상 막후어간 사 막밀어간}

그러므로 삼군의 일에 첩자보다 더 친밀한 것이 없고, 상은 첩자보다 더 후하게 할 수 없고,

非聖智 不能用間 非仁義 不能使間 _{비성지 불능용간 비인의 불능사간}

일의 비밀은 첩자보다 더 깊은 것이 없다.

非微妙 不能得間之實 微哉微哉 無所不用間也 _{비미묘 불능득간지실 미재미재 무소불용간야}

미묘함이 아니면 첩자의 진실을 얻을 수 없다. 미묘하고 미묘하도다! 첩자를 쓰지 않는 곳이 없다.

間事 未發而先聞者 間與所告者 皆死 _{간사 미발이선문자 간여소고자 개사}

첩자 일이 발각되기 전에 먼저 소문이 나면, 첩자와 정보를 누설한

자는 모두 죽는다.

손자는 전쟁에서 이기기 위해서 정보 우위에 서야 한다는 것을 강조하며, 이렇게 중요한 정보를 얻는 데 돈을 아끼는 것은 어리석은 행동이라고 했다. 10만 대군이 천 리를 원정 나가 전쟁을 하게 되면 막대한 비용과 백성의 고통이 따르게 되는데, 정보를 얻는 데 쓰는 돈이 아깝다고 전쟁을 길게 끌고 가는 것을 어리석다고 생각한 것이다. 또한 승리를 위해서는 적보다 먼저 정보를 파악해야 하며, 이는 귀신이나 추측이 아닌 오직 사람을 통해서만 가능하다며 첩자의 중요성을 설파했다. 이때 손자는 첩자를 다섯 가지 유형으로 나눠서 설명했다.

① 향간(鄕間)은 현지 주민을 활용하는 것으로 적국 동네 사람을 정보원으로 삼는다.
② 내간(內間)은 내부 관리 매수의 방편으로 적국의 높은 자리 사람을 우리 편으로 삼는다.
③ 반간(反間)은 스파이 역이용으로 적의 스파이를 속여서 우리 정보원으로 삼는다.
④ 사간(死間)은 자폭 정보 흘리기로 거짓 정보를 일부러 흘려 적을 속인다. 발각 시 사망 위험이 크다.
⑤ 생간(生間)은 살아 돌아오는 스파이로 적진의 정보를 캐내서 무사 귀환한다.

손자의 시대에는 이 다섯 가지 첩자를 동시에 활용해서 정보를 얻되, 적에게 들키지 않게 운용하는 장수야말로 뛰어난 인재로 인정받을 수 있었다. 현대전에서도 첩자들은 '고급 정보'를 손에 넣기 위해 다양한 방식으로 움직인다. 최근 중국인 조직이 한미 연합연습 관련 정보 등 우리 군의 기밀을 캐내려고 현역 군인을 포섭했다는 보도가 있었다. 현역 장병들이 군 생활 등과 관련한 소소한 정보를 주고받는 공개 채팅방에 중국인이 군인으로 가장해 침입하고는, 구성원들에게 일대일 대화를 걸어 군사기밀을 넘기면 돈을 주겠다며 접근한 것이다.

이 과정에서 강원 양구군 일선 부대에서 복무 중인 한 현역 병사가 포섭되었고, 그쪽의 요구대로 움직였던 것으로 추측된다. 비인가 스마트폰을 사용해서 한미 연합연습 진행 계획 등 내부 자료를 촬영해 조직에 전달한 것으로 파악된 상황이다. 이 경우는 중국이 우리 쪽 군인을 활용해서 자신들이 원하는 정보를 캐내려 한 사건으로, 손자가 말한 '향간(鄕間)'에 속한다. 이런 간첩 활동은 국가 안보에 심각한 위협이 되기 때문에, 끊임없이 경계하고 보안을 철저히 해야 한다.

凡 軍之所欲擊 城之所欲攻 人之所欲殺 범 군지소욕격 성지소욕공 인지소욕살
무릇 군대가 공격하려는 바, 성을 함락시키려는 바, 사람을 죽이려는 바

必先知其守將 左右 謁者 門者 舍人之姓名 令吾間 必索知之 필선지기

<small>수장 좌우 알자 문자 사인지성명 령오간 필색지지</small>

반드시 먼저 그 수비하는 장수와 좌우에서 보좌하는 측근, 알현을 청하는 자, 문을 지키는 자, 심부름하는 사람의 성명을 우리 측 첩자에게 명하여 상세히 알아내야만 한다.

必索敵間之來間我者 因而利之 導而舍之 <small>필색적간지래간아자 인이리지 도이사지</small>
반드시 적의 첩자로 와서 우리를 염탐하는 자를 찾아내어 이익으로 꾀고, 인도하여 편안히 머물게 해야 한다.

故 反間 可得而用也 <small>고 반간 가득이용야</small>
그러므로 반간(反間)은 얻어서 쓸 수 있는 것이다.

因是而知之故 鄕間 內間 可得而使也 <small>인시이지지고 향간 내간 가득이사야</small>
이러한 방법으로 적정을 알게 되므로, 향간(鄕間)과 내간(內間)을 얻어서 부릴 수 있는 것이다.

因是而知之故 死間 爲誑事 可使告敵 <small>인시이지지고 사간 위광사 가사고적</small>
사간(死間)은 거짓 정보를 만들어 적에게 알리게 할 수 있다.

因是而知之故 生間 可使如期 <small>인시이지지고 생간 가사여기</small>
생간(生間)은 약속한 기한에 맞춰 (정보를) 보고하게 할 수 있다.

五間之事 主必知之 知之必在於反間 <small>오간지사 주필지지 지지필재어반간</small>

다섯 가지 첩자 운용의 핵심은 주군이 반드시 알아야 하며, 그것을 아는 것은 반드시 반간(反間)에 달려 있다.

故 反間 不可不厚也 고 반간 불가불후야
그러므로 반간(反間)에게는 후하게 대하지 않을 수 없다.

昔 殷之興也 伊摯在夏 周之興也 呂牙在殷 석 은지흥야 이지재하 주지흥야 여아재은
옛날 은나라가 흥성할 때 이윤(伊尹)은 하나라에 있었고, 주나라가 흥성할 때 여아(呂牙, 강태공)는 은나라에 있었다.

故 明君賢將 能以上智 爲間者 必成大功 고 명군현장 능이상지 위간자 필성대공
그러므로 현명한 군주와 어진 장수는 뛰어난 지혜로써 첩자를 부리는 자라야 반드시 큰 공을 이룰 수 있다.

此 兵之要 三軍之所恃而動也 차 병지요 삼군지소시이동야
이것이 용병의 요체이며, 삼군이 믿고 움직이는 바다.

손자는 첩자를 운용하는 것을 군의 가장 중요하고 은밀한 업무라고 강조하며, 첩자들에게 후한 보상을 해야 한다고 강조했다. 지혜와 인의(仁義)가 없는 장수는 첩자를 제대로 활용하기 어렵고, 미묘한 통찰력 없이는 정보의 진실성을 파악하기 힘들다고도 했다. 또한 정보 누설은 첩자와 보고자 모두의 죽음을 초래하며, 군 전체

의 실패로 이어질 수 있기에 철저한 보안이 필수라고 강조했다. 또한 전쟁을 하기 전에 공격하고자 하는 대상의 지휘관이나 주변 인물 정보 등을 꼭 알아야 한다고 했다. 이때 적의 첩자를 역이용하는 '반간'을 통해 적의 상황을 상세히 파악하는 것이 승리의 핵심이다. 반간을 통해 얻은 정보를 바탕으로 다른 유형의 첩자 즉, 향간과 내간, 사간, 생간을 효과적으로 활용할 수 있기 때문이다. 따라서 다섯 가지 첩보 활동의 핵심은 반간 운용에 있으며, 반간을 후하게 대우해야만 성공적인 정보 획득이 가능하다는 것을 되새길 필요가 있다.

정보의 위력을 보여준 현대전

현대 사회에서도 반간 전략은 정보전의 중요한 축을 이룬다. 예를 들어, 산업 스파이를 역으로 포섭한 후, 경쟁사의 허위 정보를 흘려 혼란을 야기하거나, 해킹 그룹에 침투한 뒤 그들의 정보를 빼내 역으로 공격하는 방식 등이다. 또한 테러 조직에 잠입한 정보원을 역이용하여 그들의 계획을 무산시키거나, 정치 공작 과정에서 상대방의 내부 고발자를 포섭한 후, 허위 정보를 유포하고 여론을 조작하는 방법 역시 반간 전략의 현대적인 변용이라 할 수 있다. 이처럼 적의 정보 자산을 역으로 활용하는 것은 정보 우위를 확보하고 전략적 목표를 달성하는 데 여전히 강력한 힘을 발휘한다.

손자는 〈용간〉 편을 통해 정보력이 가장 강력한 무기임을 강조했다. 실제로 전쟁에서 정보의 중요성을 보여주는 역사적 사건은 많다. 가장 대표적인 것은 미드웨이 해전이다. 1942년 6월 4일부터 7일까지 미국 해군과 일본 제국 해군 간에 벌어진 미드웨이 해전은 제2차 세계대전 중 태평양 전쟁의 흐름을 바꾼 결정적인 사건으로 손꼽힌다. 당시 일본 해군은 'JN-25'라는 복잡한 암호 체계를 사용했는데, 미국은 이 암호 체계를 해독하기 위해 숙련된 암호 해독 전문가들을 동원해 많은 공을 들였다. 그 결과 미국은 '매직'이라는 암호 해독 시스템을 통해 일본 해군의 암호를 해독하는 데 성공했고, 일본 함대의 이동 경로, 작전 목표, 병력 규모 등에 대한 정보를 사전에 파악할 수 있었다. 특히, 일본군의 다음 목표가 미드웨이섬이라는 사실을 정확히 알아내고, 이를 토대로 미드웨이섬에 매복하여 일본 함대를 기습 공격하는 전략을 수립했다. 이러한 정보 우위 덕분에 미국은 수적으로 불리한 상황에서도 일본의 주력 항공모함 4척을 격침시키는 큰 승리를 거두며 태평양 전쟁의 주도권을 잡을 수 있었다.

최근 러시아-우크라이나 전쟁에서는 최첨단 기술을 활용한 정보전이 펼쳐졌다. 우크라이나는 전쟁 초반 러시아의 공격으로 통신 인프라가 파괴되어 위기를 맞이했지만, 일론 머스크가 운영하는 미국의 민간 우주탐사·항공우주기업 스페이스X로부터 위성 인터넷 서비스 '스타링크'를 지원받아 다시 안정적으로 통신망을 사용할 수 있었다. 이로써 우크라이나군은 실시간으로 정보를 주고받고, 러시아군의 움직임을 감시하며, 드론 등 최첨단 기술을 공격 수단으로 사용할 수 있었다. 전력의 열세 속에서도 정보 우위를 확보함으로써 효율적인 방어 및 반격 작전을 수행할 수 있었던 것이다.

북한 무인기 침투 사건의 교훈

정보전은 국가 간 전쟁뿐 아니라 정치, 경영 등 사회 곳곳에서 이뤄진다. 이번 12·3 내란 사태에서도 보이지 않는 정보 전쟁이 승리의 결정적 변수가 되었다. 계엄의 징후를 파악하는 것부터 헌법재판소 파면 결정에 이르기까지 정보의 흐름이 곧 판의 흐름을 결정했다. 내가 계엄 전쟁 초기부터 군 네트워크를 활용한 정보 확보에 적극적으로 나선 이유이기도 하다.

사실 나는 계엄 정국에 직면하기 전까지 그동안 긴밀히 소통해오던 군내 인맥들과의 접촉을 최대한 자제하며 거리를 두고 있었다. 그럴 수밖에 없었던 이유는 2022년 12월 26일에 있었던 '북한 무인기 침투 사건' 때문이다. 당시는 윤석열 정부가 집권한 지 7개월쯤 됐을 때인데, 북한 무인기 5대가 우리나라 상공으로 침투했다. 그중 4대는 강화도 인근 지역을, 나머지 1대는 서울 심장부 상공을 비행하다 유유히 북한으로 돌아갔다. 우리나라 영공이 그야말로 속수무책으로 뚫린 것이었다.

이 사건과 관련해 합동참모본부의 보고에서는 한 장의 비행 궤적 지도를 가져와, 북한의 무인기가 이동한 경로를 보여주었다. 무인기가 서울 종로구 상공을 비행했지만, 대통령실이 있는 용산까지는 들어오지 않았다는 설명도 덧붙였다. 하지만 나는 지도를 유심히 보다 미심쩍은 생각이 들었다. 군 시절 수많은 워게임 경험을 통해 우리나라의 비행금지구역을 머릿속에 정확히 숙지하고 있었는데, 북한 드론의 이동 경로를 보니 분명 대통령실의 비행금지구역을 침범한 것으로 보였다.

나는 의원실로 돌아와 당시 상황에 대해 조사한 후 지도 위에 무인기의 이동 추측 경로를 그려보았다. 분명 북한 무인기가 대통령실 비행금지구역을 침범한 것이 맞았다. 나는 당장 이 사실에 대한 의혹을 제기했다. 대통령실은 우리나라 안보의 중심인데, 이곳 상공이 뚫렸다면 엄청난 안보 위협이다. 재발 방지를 위해서라도 명명백백 밝혀내야 했던 것이다. 그런데 국방부와 대통령실은 극구 부인하고 나섰다. "국방부에서 아니라는데, 왜 자꾸 쓸데없는 의혹을 제기하냐"면서 나를 이적행위자로 몰고 가기 시작했다. 자신들의 잘못을 덮으려고 나를 모함하는 행태였다. 한두 번 겪는 일이 아니었지만, 또다시 기가 막혔다.

다행스럽게도 일주일이 지난 후 내가 제기한 의혹은 사실로 밝혀졌다. 군의 전비태세검열단 조사 결과, 북한 무인기가 비행금지구역을 침투한 것이 사실로 밝혀졌고, 조선일보에서 대대적으로 보도했다. 내가 확신했던 결과였다. 명백한 사실이 밝혀졌으니, 당연히 국방부와 합참이 나에게 '이적행위자'라고 의심한 것에 대해 사과할 것이라 생각했다. 하지만 그들은 사과는커녕, 자신들의 흠을 덮기 위해 나를 간첩으로 몰아가기 시작했다.

12·3 내란, 암흑 속의 정보 투쟁

먼저 당시 김은혜 대통령실 대변인이 나에 대한 공격 좌표를 찍었다. 육군 4성 장군 출신인 내가 북한 무인기 침투와 관련해 어디서 정보를 받았는지 '그 출처를 당국이 의심하고 있다'고 말한 것이다. 이 발언이 나오기 무섭게 국민의힘 당시 신원식 의원은 "북한과 내통해서 정보를 수집한 것 아니냐"는 의혹을 제기했다. 그러자 국민의힘 주호영 원내대표도 "출처가 의심이 된다"라고 문제를 제기하면서 나를 간첩으로 몰기 시작했다. 이를 계기로 극우 유튜브와 보수단체들은 다시 한번 기세를 끌어올려, 거칠게 공격해왔다. 눈 뜨고 봉변을 당하는 심정이었다.

국민의 안전을 위협하는 안보 실패를 덮기 위해, 나를 간첩으로 매도하는 저들의 악행에 정말이지 소름이 돋았다. 나처럼 4성 장군 출신이자 국방위원인 사람도 이렇게 무고하게 간첩으로 몰리는데, 일반인 중에선 억울한 일을 당한 사람이 얼마나 많았을까. 이런 일이 두 번 다시 생기지 않도록 끝까지 맞서 싸우기로 했다. 나는 각 방송사와 언론매체는 물론, 유튜브 등 SNS 플랫폼 등을 통해 '간첩 의혹'에 대해 적극 설명하기 시작했다. 국회 본회의장에서도 이 얘기를 언급하며 저들의 행태를 강하게 비판했다. 결국 나는 적극적인 해명과 설득을 통해 나에 대한 의혹을 해소하며, 국민의 공감과 신뢰를 얻을 수 있었다.

그런데 어처구니없는 일은 또 있었다. 나중에 알고 보니 방첩사와 국정원이 군 핵심 관계자들을 대상으로 광범위하게 통신 기록을 열람하고 조사했다는 것이다. 나와 통화한 적이 있는지 밝히고자 했던 것으로 보인다. 군대 내 후배들이 나와 연락을 하고 지낸다는 이유만으로도 괜한 의심을 받고 고초를 겪어야 했던 것이다. 그 이후 나는 되도록 군에서 함께 근무했던 후배들과 연락하는 것을 최대한 자제했다. 그들을 아끼는 선배로서 미안한 마음이 컸기에, 당분간 연락을 하지 않는 것이 그들을 위하는 길이라 생각했다. 정치인으로서 감내해야 할 일이었다.

하지만 계엄 징후가 감지된 이후에는 생각이 달라졌다. 이것은 나의 사사로운 개인감정으로 움직일 일이 아니었다. 계엄은 그야말로 중대한 국가적 위기이자, 대한민국 민주주의의 위기 아닌가. 계엄을 막는 것보다 더 중요한 일은 없었다. 이에 나는 군대뿐 아니라 내가 가진 모든 네트워크를 가동해 계엄 관련 정보들을 모으기 시작했다.

이를 바탕으로 나는 '군대 내 충암파 인사들의 행적'과 '방첩사의 대대적인 계엄 훈련 상황', '김용현 경호처장과 방첩·수방·특전사령관의 비밀 회동' 등 비상계엄의 다양한 징후들을 포착할 수 있었다. 또한 비상계엄 당일에는 박안수 계엄사령관이 하루 전에 서울로 올라와 있었고, 당일 오후부터 국방부 분위기가 심상치 않았다는 것, 합동참모본부에서 각 군단장들을 대상으로 긴급 화상 회의를 위해 대기하고 있다는 것까지 사전에 알 수 있었다. 비상계엄 해제가 임박했을 때, 특전사 대원들이 헬기를 타고 여의도로 오고 있다는 것도 미리 파악할 수 있었다. 의원들에게 사전 정보를 알림으로써 미리 대비하고, 안전을 확보할 수 있게 한 것이다. 이처럼 중요한 단서가 되어준 정보들이 있었기에 계엄 진행을 빠르게 알아차리고, 또한 비상계엄 발동 6시간 만에 해제할 수 있었다. 정보가 곧 계엄 저지의 중요한 근간이었다.

2차 계엄 위기, 정보가 만들어낸 역전극

비상계엄을 성공적으로 막아낸 이후에는 더 치열한 정보전을 펼쳐야 했다. 2차 비상계엄의 가능성을 조기에 진압하고, 12·3 비상계엄의 정확한 진상을 파악하기 위해서였다. 모든 상황이 긴박하게 돌아가던 그때, 나는 2차 계엄의 위기를 막고 정보전에서 우위를 점할 결정적 기회를 만들었다. 바로 박선원 의원과 함께 맨몸으로 특전사를 찾아가, 곽종근 전 특전사령관으로부터 "2차 계엄에 동조하지 않겠다"는 다짐을 받아낸 것이다.

당시 곽 전 사령관의 발언은 유튜브 라이브를 통해 생중계되었고, 이후 수방사를 포함한 계엄 핵심 부대들이 연달아 '계엄 명령에 불복하겠다'는 선언을 했다. 상황이 이렇게 되자 군 내부에서는 서로 앞다투어 계엄 전후에 있었던 이상 징후와 관련 정보들을 제보하기 시작했다. 나의 개인 전화뿐 아니라 의원실 전화기에 불이 붙을 지경이었다. 많게는 하루에 100여 건에 가까운 제보가 들어올 정도였다. 특전사로부터 항복을 받아낸 것이 2차 계엄을 저지하는 데 결정적인 역할을 했을 뿐 아니라, 정보 우위를 확보하는 발판이 된 셈이다.

이를 토대로 12월 11일부터는 '12·3 계엄 사태' 진상 규명과 책임자 처벌을 위한 대국민 제보센터를 운영하기 시작했다. 박선원 의원이 센터장을 맡았고, 민주당 소속 전문 상담가들이 상주해 제보를 받았다. 또한 예비역 장성과 전직 국정원 직원 등이 자문위원으로 참여해 제보 내용에 대해 검수했다. 당연히 제보자의 신분과 신원, 신변은 철저히 보장됐다. 이는 국민 한 사람 한 사람을 내란 사태를 밝히는 정보 요원으로 도움을 받기 위함이었고, 실제로 그 효과는 상당했다.

내란에 이용당한 북파공작부대의 진실

제보를 받은 내용 중 특히 12·3 내란 사태의 판을 뒤흔들었던 내용들은 무엇이었을까. 가장 먼저 주목할 부분은 대한민국 육군의 첩보 부대 정보사령부, 그중에서도 HID와 관련된 제보들이다. 북파공작 부대로 알려진 HID는 한국전쟁 당시 창설된 이후 지금까지 극도의 비밀 속에 운영된 조직이다. 일반 국민은 물론 군 내부에서도 일부 고위 관계자들만 그 존재를 알 정도로 철저히 비밀에 싸여 있던 조직이다.

 HID 대원들은 주로 북파 공작, 요인 암살, 시설 파괴 등 국가안보상 중대하고 위험한 임무들을 수행해왔으며, 임무 특성상 자신의 신분을 철저히 은폐해야 했다. 만약의 상황에 대비해 가족들에게조차 자신의 소속을 밝히지 못하는 경우가 많았을 정도다. 이처럼 절대 보안을 유지해온 HID가 이번 계엄 사태에 핵심 조직으로 동원되었다는 사실뿐 아니라, 그들이 구체적으로 어떤 임무를 수행하려 했는지 제보를 통해 알 수 있었던 것이 가장 큰 수확이었다.

 몇 가지 구체적인 내용들을 짚어보면 이렇다.

 ① HID 부대원 중 10년 이상 특수 무술을 연마해온 베테랑 5명과

이밖에 블랙요원 등 총 30명 정도가 차출되었다.
② 이들은 정식 지휘 체계를 통하지 않고 점조직처럼 비밀리에 모집됐고, 이 과정에서 호남 출신은 배제됐다.
③ 이들은 12·3 비상계엄 당일 수도권 모처 본부에 집결했고, 이튿날 해산했다.
④ 이들은 선관위 직원들을 체포하는 임무를 맡았다.
⑤ 추후 추가 제보로 확인된 이들의 임무는 체포 시 선관위 직원들이 저항하면 제압한 뒤, 케이블타이로 포박하고 두건까지 씌워 B1 벙커로 이송하는 것이었다.

이러한 제보들에 대해 정확한 팩트 확인을 하기까지 상당한 시일이 필요했지만, 적어도 한 가지는 분명해 보였다. 12·3 내란 사태에서 HID가 적극적인 역할 수행을 준비하고 있었다는 사실 말이다.

나는 한시라도 빨리 HID와 관련된 제보의 사실 여부를 확인하고, 혹시 모를 추가 임무 수행을 전면 중단할 수 있도록 조처를 하는 것이 급선무라고 판단했다. 윤석열이 대통령직에서 파면되지 않은 이상 계엄의 가능성은 사라지지 않았고, 비밀 점조직으로 운영되는 블랙요원들이 계속해서 임무 수행에 동원될 수 있었기 때문이다.

국방위 청문회, 감춰진 진실을 끌어내다

이를 막을 수 있는 기회가 곧 찾아왔다. 2024년 12월 10일, 국회 국방위원회 전체회의가 열린 것이다. 이 자리엔 문상호 당시 정보사령관이 증인으로 출석했다. 이날 나의 작전은 내가 가진 정보를 바탕으로 압박 질의를 하는 것이었다. 국민이 궁금해하는 진실을 밝히기 위해서였다.

먼저 제보받은 내용을 토대로 12·3 계엄 당일 HID 부대원 등 정보사 요원 약 30명이 왜 수도권 모처 있었는지 물었다. 나는 이미 제보받은 내용을 교차 검증하면서 당일 블랙 요원들이 대기하고 있다는 것을 알고 있었는데, 문 사령관은 거짓에 다름없는 답변을 했다. 하루 전인 12월 9일 〈MBC 김종배의 시선집중〉과 민주당 최고위원회의를 통해 이미 사실로 확인된 내용을 공개했었는데도, 문 사령관은 뻔뻔하게 모른 척했다. 예상과 달리 일단 발뺌하고 보자는 모습에 크게 실망했다.

일단 구체적인 정보를 알고 있었기에 어디까지 거짓말을 할 수 있을지 두고 보자는 마음이 들었다. 차분하게 다음 질의 순서를 기다렸고, 오후 질의 땐 이미 모든 사실을 알고 있다는 듯 좀 더 구체적으로 질문했다. "HID 소속 부대 출신 7명(간부 2명 포함)이 판교에서 대기하고 있었죠?"라고 묻자, 문 사령관은 비슷한 수치를 짚어낸 것에 크게 당황했고, 결국 사실을 인정했다. "특수요원은 5명(간부 제외)"이라고 정확한 수치까지 밝혔다. 만약 사전에 충분한 정보를 알고 있지 못했다면 이 같은 소득은 없었을 것이다.

손자병법의 10대 원리 중 '先知原理(선지원리)'라는 것이 있다.

成功出於衆者 先知也 성공출어중자 선지야
여러 사람보다 뛰어나게 성공하는 것은 먼저 알기 때문이다.

정보 우위의 중요성을 설명한 이 말은 반드시 적의 상황과 아군의 상황 등을 파악한 후 계획을 결정하고 행동에 옮겨야 한다는 뜻이다. 어떻게든 빠져나갈 구멍만 찾고 있던 당시 문상호 사령관에게서 자백에 가까운 진술을 얻어낼 수 있었던 비결이 바로 여기에 있었던 것이다.

부전이굴인지병, 싸우지 않고 굴복시키다

민주당 이광희 의원으로부터 HID와 관련해 또 하나의 충격적인 제보를 전해 들었다. 내란 세력들이 비상계엄의 명분을 확보하기 위해서 국가 비상사태에 준하는 테러를 자행하려 한다는 내용이었다. 계엄에 동원된 블랙요원들이 있었는데, 그들에게 이런 명령이 내려졌다는 것이다.

"탄핵안 가결 후 비상계엄이 장기화될 경우 북한군으로 위장해 청주공항과 성주 사드 기지, 대구공항 등 주요 국가 시설을 폭파하라."

직접 듣고도 도저히 믿을 수가 없는 제보여서 내 귀를 의심했다. 하지만 이 경우 제보의 신빙성을 촘촘하게 따질 시간이 없었다. 단 1%라도 사실일 가능성이 있다면 어떻게든 미리 알리고, 무고한 국민이 다칠 수 있는 사고를 막아야 했다. 더구나 해당 제보자는 C4 폭탄을 소지하고 청주공항 인근에 대기 중이었다는 내용을 구체적으로 밝히기까지 했다.

　테러 장소로 꼽힌 기관들을 살펴보니 목표 대상이 된 이유를 추정할 수 있었다. 청주공항의 경우 F-35A 스텔스 전투기 등 핵심 전력이 배치된 공군기지였고, 사드 기지는 미국의 미사일 방어 체계의 핵심 자산이 아닌가. 대구공항의 경우도 주요 거점 공항으로서 사회적 혼란을 야기할 수 있다는 점이 고려되었을 것이다. 만약 이 기관들을 대상으로 실제 테러가 이뤄지면 군사적 손실을 넘어 대한민국의 방위와 국제적 신뢰도를 근본적으로 흔들어 놓을 것이 자명했다.

　나는 관련 정보들을 수집하며 팩트 확인에 나섰다. 군 네트워크를 통해 추가적인 정보를 수집했고, '서울의 봄' 팀 의원들이 각기 다른 루트로 확보한 제보들과 크로스 체크도 해나갔다. 그런데 갈수록 마음이 조급해졌다. 블랙요원은 국가의 비밀공작을 수행하는 최정예 요원으로, 명령 체계 또한 굉장히 엄격하다. 블랙요원의 조직 특성상 한번 명령이 떨어지면, 명령권자가 직접 해제하지 않는 한 그 명령이 계속 유효하다고 알려져 있다. 이른바 '스탠딩 오더'다.

　그런데 대통령 윤석열이나 김용현 전 국방부 장관의 경우 이미 구속된 상황이었기에 블랙요원들이 지령 해제를 받지 못하고 무장을 유지한 채 활동을 하고 있을 가능성이 컸다. 복귀하지 않은 블랙요원이나 그들의 첩보 조직(HID 출신 OB 또는 탈북자나 조선족)들이 임무 수행을 위해 언제 테러를 저지를지 모르는 일이었다. 만약 실제 테러가 일어나게 되면, 얼마나 많은 사람이 희생되고 사회에 혼란이 올지 가늠할 수 없었다. 제보 내용이 100% 사실이 아닐지라도, 또 음모론이라는 오해를 받을지라도 공개 논의가 필요하다고 보았다.

물론 고민은 있었다. 특히 사드 기지 폭파는 곧 한미동맹 파탄을 의미하는 것이라 할 수 있는데, 사실 확인도 전에 이런 정보를 공개하는 것이 국익 차원에서 맞는 일인가 판단이 잘 서지 않았다. 하지만 국민의 안전을 최우선 가치로 두니 망설일 게 없었다. 국민에게 테러 위험성을 미리 알리는 동시에 블랙요원이나 그들의 산하 조직에게 "하루빨리 복귀해서 무기를 반납하라"는 공개 메시지를 전하는 것이 최선이었기 때문이다.

이와 같은 내용으로 다시 한번 당 차원에서 토의를 가진 후 결국 제보를 공개하기로 결정했다. 국민이 또 한 번 큰 충격을 받을 생각을 하니 가슴이 아팠다. 하지만 비밀스럽게 움직이는 블랙요원들에게 테러 임무 중단이라는 임무 종료를 설득할 수 있는 유일한 방법은 공론화였기 때문에 다른 선택의 여지가 없었다.

그날 마침 법사위원회가 열릴 예정이었고 국방부 차관이 출석 예정이었다. 법사위원 중 1명이 국방부 차관에게 질의해서 블랙요원들의 복귀를 명하도록 질의를 할 필요가 있었다. 그래서 법사위 소속인 전현희 최고위원이 먼저 공개적으로 질의를 했다. 블랙요원들에게 "더 이상 임무 수행을 할 필요가 없다. 빨리 복귀해야 한다"는 메시지를 전하는 것이 중요했다. 전현희 최고위원의 질의를 시작으로 우리는 단순한 정보전을 넘어 여론전에 뛰어들게 되었다. 나는 〈겸손은 힘들다, 뉴스 공장〉, 〈매불쇼〉 등 영향력이 높은 유튜브 채널에 연달아 출연하며 블랙요원 테러와 관련된 의혹을 공격적으로 알리기 시작했다.

　방송에 출연할수록 더 많은 제보가 쏟아져 들어왔다. 블랙요원들도 우리의 방송을 듣고 연락을 해왔다. 불법적인 명령에 분노를 숨기지 못한 채 고발을 해오는 요원들도 있었다. 그들은 양심고백을 할 테니 자신들이 제발 정치적 목적에 활용되지 않도록 도와달라고 호소했다. 하지만 정작 도움을 받은 건 우리였다. 그들이 용기를 내서 증언해준 덕분에 '믿기 힘든 제보'는 '정확한 정보'로서 가치를 갖게 되었고, 우리는 그 '정보'를 통해 내란 세력이 얼마나 극악무도하게 계엄을 준비해 왔는지, 수사의 근거를 마련할 수 있었다.

　어찌 보면 이번 작전은 손자병법 〈모공(謀攻)〉편의 핵심 사상이라 할 수 있는 '부전이굴인지병 선지선자야(不戰而屈人之兵 善之善者也)'를 잘 응용한 것이라 할 수 있다. 우리는 공개적인 문제 제기와 여론의 압력을 통해 적의 군사로 동원된 블랙요원 대원들의 계획을 중단시키고 무기를 반납하도록 만들었다. 싸우지 않고 적의 군사를 굴복시키는 것이 최상의 계책이라고 했는데, 직접적인 물리적 충돌 없이 정보 공개와 언론 활용, 여론 형성 등의 비폭력적인 방법을 통해 문제를 해결했으니, 손자의 가르침에 또 한번 충실했다고 할 수 있다.

하지만 아직도 안타깝다. 이런 수많은 의혹이 있음에도 아직도 내란 수사에 속도가 붙지 않고 있다. 하루빨리 정확한 진상 조사와 수사가 이루어져 국민의 뿌리 깊은 의혹이 해소되고, 관련자들이 제대로 처벌받기를 바란다.

7장 음모론인가 첩보인가
정보를 검증하는 과정의 중요함

先知卽力 主動應變之基 선지즉력 주동응변지기
꿰뚫어 알면 곧 힘이요, 흐름을 읽어야 능히 대처하리라

벙커 그리고 위험한 제보

계엄 정국을 지나오면서 '음모론'의 중심에 섰던 적이 있다. 그 발단이 된 것은 한 통의 제보 전화였다. 전화를 건 사람은 〈겸손은 힘들다, 뉴스공장〉 김어준 공장장의 최측근이었다. 그는 "공장장이 나에게 긴급히 제보할 내용이 있어서 직접 만나고 싶어 한다"는 메시지를 전했다. 전화로 제보할 순 없느냐고 되물었는데, 꼭 만나서 얘기하고 싶다는 답변을 들었다. 중대한 제보일 것이라는 판단이 들어서 곧 김어준 씨가 있는 벙커로 향했다. 벙커에 도착하니 나에게 전화를 준 사람이 건물 밖에 나와서 기다리고 있었다. 철저한 보안을 유지해야 한다면서 미팅 장소를 다른 곳으로 안내하겠다고 했다. 동시에 도청의 위험이 있으니 나의 휴대전화를 잠

시 맡아두겠다고도 했다. 다소 어리둥절한 상황이었지만 요청에 순순히 응했다. 그렇게 안내해주는 사람을 따라서 벙커 뒤 후미진 곳으로 한참 걸어가서야 김어준 공장장을 만날 수 있었다. 늘 여유가 넘치던 공장장이 그날은 확실히 경직된 모습이었는데, 곧 그 이유를 알게 되었다. 다음은 공장장이 나에게 직접 제보한 내용을 요약한 것이다.

믿을 수 없는 제보, 멈출 수 없는 추적

계엄 직후 공장장은 한 통의 제보 전화를 받았다. 제보자는 김어준 공장장을 타깃으로 하는 암살조가 가동되었으니 즉시 피신하라고 전했다. 또한 조국, 양정철 그리고 한동훈 역시 암살조의 목표 대상이며, 이들을 모두 체포 혹은 암살한 후 북한의 소행으로 위장하려 한다는 얘기도 함께 전했다고 했다.

자신이 직접 듣고도 믿기지 않는 내용이라면서 나에게 제보가 사실일 가능성이 있는지 물었다. 나는 처음엔 당연히 그럴 리 없다고 답했다. 하지만 만일의 경우를 생각해서 내가 가진 모든 네트워크를 활용해 팩트 체크에 들어갔다. 나는 모든 것이 허위 제보이길 바랐지만, 추적할수록 사실일 가능성이 커 보였다. 블랙요원들이 동원된 증거들이 하나둘 잡히기 시작했고, 미국 측에서도 "북한 도발 위장 작전의 가능성"에 대해 고려하고 있다는 정황이 포착됐기 때문이다. 나는 즉시 뉴스공장 측에 '제보가 사실일 가능성이 크다'는 의견을 전달했다. 동시에 언론을 통해 '암살조 가동' 의혹을 알리기 시작했다.

이는 적의 작전을 미리 알고 손을 써서 적군을 무력하게 만들기 위함이었다. 이는 손자병법에 나오는 다음 구절과 일맥상통하는 전략이다.

凡先處戰地而待敵者 佚 범선처전지이대적자 일
무릇 전쟁에서 먼저 유리한 지점을 확보하고 편안하게 적을 기다리는 자는 편안하다.

後處戰地而趨戰者 勞 후처전지이추전자 로
뒤늦게 전쟁터에 도착하여 서둘러 싸우는 자는 피로하다.

故善戰者 致人而不致於人 고선전자 치인이불치어인
그러므로 싸움을 잘하는 자는 적을 이끌어오는 것이지, 적에게 이끌려 가지 않는다.

내가 암살조와 관련된 내용으로 여론전을 펼치는 사이 김어준 공장장도 가세했다. 당시만 해도 2차 계엄의 잔불이 남아 있었기 때문에, 보다 적극적으로 방어에 나서야 한다고 판단했던 모양이다. 그는 국회 과학기술정보방송통신위원회 현안 질의에 자진 출석해 자신이 계엄 직후 제보받은 내용을 공개했다. 나에게 했던 이야기 그대로 국회에서 진술한 것이다. 그리고 마지막에는 이런 말도 덧붙였다.

2024년 12월 13일, 국회 과기방통위원회 긴급 현안 질의 김어준 발언

(제가 제보받은 내용 중) 중요하다고 생각되는, 공개해야 한다고 생각하는 것은 다 말하였고, 그 사실 관계에 관한 것은 김병주 의원과 박선원 의원에게 확인해보시는 것이 보다 정확할 것 같습니다.

예상치 못한 암초, 음모론

여기서부터 예상치 못했던 문제가 시작됐다. 김어준 공장장의 과방위 진술이 생중계된 후, 의원실로 항의와 비난 전화가 빗발치기 시작한 것이다. 반대파는 물론 나의 지지자들까지 "김병주 의원이 왜 김어준과 함께 음모론을 퍼뜨리냐"면서 실망감을 드러냈다. 나로서는 제보의 신빙성을 최대한 검토한 후였지만, 순식간에 음모론 선동자로 매도되기 시작했다. 제보 내용이 워낙 충격적인 데다, 진보 쪽에서 압도적 영향력을 행사하고 있는 김어준 씨와 관련된 사건이었기 때문에 음모론으로 치부되기 더 쉬웠던 모양이다.

상황은 충분히 납득이 갔지만, 민주당 내에서까지 부정적인 반응이 나오기 시작하면서 곤혹스러운 마음이 들었다. 내란 세력과의 치열한 정보전에서 승기를 잡았다고 생각했는데, 오히려 발목을 잡힌 게 아닌가 싶은 기분도 들었다. 정보의 진실성과 상관없이 사람들의 오해와 편견으로 인해 '정보의 가치'가 평가절하될 수 있다는 사실을 깨달았다. 하지만 나는 '음모론 의혹의 불길'이 곧 사그라들 것을 잘 알고 있었다. 제보 내용의 신빙성이 꽤 높다는 것을 확신하고 있었기 때문이다. 실제로 김어준 공장장의 제보 내용 중 일부가 사실로 밝혀지면서, 음모론 의혹은 자연스럽게 사그라들었다.

이것은 구체적이고 믿을만한 사전 정보가 얼마나 많은 이점을 갖는지를 잘 보여준다. 실제로 진실한 정보는 아래와 같은 이유로 정보전의 막강한 무기가 된다.

① 예상치 못한 상황에서도 당황하지 않고 위기를 관리할 수 있도록 해준다.
② 이미 다양한 정보가 있기에 상황에 맞는 신속한 대응이 가능하다.
③ 무엇보다 상황과 결과를 유리하게 이끌어갈 수 있기에 혹여나 '정치적인 의혹 제기 아니냐'는 의심의 눈초리로 바라보는 이들에게까지 '신뢰감'을 줄 수 있다.

이처럼 진실된 정보는 그 어떤 무기보다 강력한 힘을 발휘한다. 예상치 못한 위기 상황에서도 침착하게 대처하고, 신속하고 정확한 판단을 내려 상황을 유리하게 이끌어갈 수 있도록 돕는다. 더 나아가 단순히 개인이나 특정 집단의 이익을 넘어, 사회 전체의 혼란을 방지하고 올바른 방향으로 나아갈 수 있도록 이끄는 나침반과 같은 역할을 수행한다. 이것이 우리가 전쟁에서 쉽게 이기기 위해 정보의 획득과 검증에 끊임없는 노력을 기울여야 하는 명분이자, 손자가 '간첩'의 중요성을 설파하며 정보 우위에 설 것을 강조한 이유이기도 하다.

8장　나쁜 명령을 따라야 하는가
군인의 딜레마, '항명'과 민주주의

君命有所不受 군명유소불수
임금의 명령이라도 따르지 않아야 할 때가 있다

쿠데타의 그림자: 30사단에서 마주한 항명의 역사

군인에게는 한 가지 딜레마가 따라다닌다. "명령이라면 무조건 복종할 것인가. 명령일지언정 만약 그것이 불의라면 항명할 것인가." 여기서 항명이란 명령에 항거하는 행위를 말한다. 나 역시 군 복무를 할 때 이 문제에 대해 깊이 고심해본 적이 있다.

2013년, 30사단장에 처음 부임했을 때 일이다. 부대 사정을 파악하기 위해 역사를 연구하다 한 가지 사실을 알게 되었다. 12·12 쿠데타 당시 계엄군으로부터 부대 출동 명령을 받았다는 것이었다. 30사단은 일산 덕양구에 자리하고 있기 때문에 권력의 심장부인 청와대까지 불과 20분밖에 걸리지 않았다. 그만큼 쿠데타에 동원되기 쉬웠던 것이다. 당시 사단장은 출동하라는 명령을 받고 크게 우왕좌왕했던 것으로 전해 들었다. 같은 사단장의 입장에서 당시 그가 얼마나 고뇌에 휩싸였을지 조금은 알 것도 같았다. 그리고 만약 똑같은 명령이 나에게 내려온다면, 어떻게 판단하고 행동해야 할지 고민에 잠겼다. 군인으로서 명령은 반드시 따라야 하는 것이지만, 12·12 쿠데타처럼 불법적인 것이라면 기꺼이 항명하고 정의에 편에 설 수 있어야 한다고 생각했다. 최소한 불법적이고 부당한 명령에 대해서는 소신 있게 거부해서, 역사의 죄인이 되지 말아야겠다는 인식을 다시 한번 다지기도 했다. 그런데 이를 가능하게 하려면 어떤 노력이 필요할까?

손자에게 길을 묻다: 항명의 지혜

길이 막히면 나는 〈손자병법〉을 펼친다. 〈손자병법〉은 군사 전략서만이 아니라 군 리더들이 고민에 빠지기 쉬운 부분까지 다루고 있다. 여기엔 항명과 관련된 부분도 있다. 바로 〈지형(地形)〉 편에 나오는 대목이다.

> **戰道必勝 主曰無戰 必戰可也** 전도필승 주왈무전 필전가야
> 군주가 "싸우지 말라"고 명했더라도 반드시 이길 수 있는 싸움이라면 싸워도 좋다.

> **戰道不勝 主曰必戰 無戰可也** 전도불승 주왈필전 무전가야
> 군주가 "반드시 싸워라"고 명했더라도 이길 수 없는 싸움이라면

싸우지 않아도 좋다.

손자는 군주의 명령이라 하더라도 전쟁에서 이기기 위해선 그 명령을 따르지 않을 수 있다고 강조했다. 손자가 살았던 시대에는 통신이 발전하지 않았기 때문에, 왕의 명령을 전장까지 전달하기가 쉽지 않았다. 왕이 있는 곳에서 전장은 멀리 떨어져 있기 쉬웠고, 그곳까지 명령을 전달하려면 말을 타거나 도보로 이동하는 수밖에 없었다. 거리에 따라서는 며칠이나 몇 주가 걸릴지도 모를 일이었다. 그사이 전장 상황이 어떻게 변할지 누가 알겠는가.

그래서 손자는 전장에서 왕의 명령을 받았더라도, 그때의 현장 상황과 맞지 않다면 굳이 따르지 않아도 된다는 것을 강조했다. 국민과 국가를 위해 전쟁을 할 때는 단지 왕의 명령이 아니라 이기는 명령을 따라야 한다는 것이다. 전쟁에서 이기는 것만이 곧 왕과 국가를 위하는 일이기 때문이다. 전쟁에서 지면 돌이킬 수 없고, 백성들에게 크나큰 고통을 안기게 된다. 장수의 도(道)란 '오직 백성을 보호하여 군주의 이익에 부합'하는 데 있다. 〈구변(九變)〉편에도 같은 맥락의 이야기가 나온다.

道有所不由 도유소불유
길이 있어도 가지 않아야 할 곳이 있다.

軍有所不擊 군유소불격
군대가 있어도 공격하지 않아야 할 곳이 있다.

城有所不攻 성유소불공

　　성이 있어도 공격하지 않아야 할 곳이 있다.

　　地有所不爭 지유소불쟁

　　땅이 있어도 다투지 않아야 할 곳이 있다.

　　君命有所不受 군명유소불수

　　임금의 명령이라도 따르지 않아야 할 때가 있다.

이 구절에서의 핵심은 장수가 전쟁에서 이기려면 융통성을 발휘해서 불리한 상황을 피하고, 어떻게든 자신에게 유리한 상황을 만들어야 한다는 것이다. 즉, 전쟁에서 승리하기 위해서는 맹목적으로 공격하거나 명령에만 의지하는 것이 아니라, 현장에서 상황을 정확히 판단하고 전략적으로 행동하는 것이 중요하다. 임금의 명령이라도 상황에 따라서는 따르지 않아야 할 때가 있음을 명확하게 기술한 것이다.

이순신, 역사가 증명한 항명의 가치

이런 손자의 가르침을 충실히 따른 인물이 있다. 바로 이순신 장군이다. 1597년 1월, 일본군의 간첩이었던 요시라는 일본 수군이 곧 조선을 침공할 것이라는 거짓 정보를 조선 조정에 흘렸다. 선조는 이 정보를 믿고 이순신에게 부산 앞바다로 나아가, 일본 수군을 공격하라는 명령을 내렸다. 하지만 이순신 장군은 요시라의 정보를 신뢰할 수 없다고 판단했다. 또한 부산 앞바다처럼 광활한 곳에 가서 무리한 공격을 하면 조선 수군에 큰 피해를 줄 수 있다고 생각해 결국 선조의 명령을 따르지 않았다. 군주가 명령해도 현장 지휘관은 전장에 나가지 않을 수 있다는 손자병법의 교훈을 따른 것이다. 백성과 군주를 위해 기꺼이 항명한 것이라 할 수 있다.

하지만 선조는 이순신이 자신의 명령에 따르지 않은 것에 크게 분노했고, 곧바로 경질했다. 심지어 이순신을 체포해 한양으로 압송한 후 사형을 선고했다. 하지만 대신들이 간곡하게 탄원한 덕분에 선조는 이순신의 사형을 면하고 백의종군을 명령했다. 이후 이순신의 후임이었던 원균이 칠천량 해전에서 궤멸되자, 선조는 다시 이순신을 삼도수군통제사로 임명했다.

그런데 항명으로 천신만고를 겪은 이순신은 삼도수군통제사로 돌아와서 또 한 번의 위기를 맞이한다. 선조가 칠천량 해전에서 패한 조선 수군의 전투력이 바다 수준으로 떨어졌으니 조선 수군을 완전히 폐지하고, 육군에 합류하라고 명령을 내린 것이다. 하지만 이순신은 이 명령을 따를 수 없었다. 당시 이순신은 수군 폐지는 조선의 바다를 포기하는 것이며, 이는 곧 조선 전체를 포기하는 것과 같다고 판단했다. 이에 선조에게 "신에게는 아직 12척의 배가 남아 있사옵니다. 죽을힘을 다하여 싸운다면 능히 대적할 수 있사옵니다"라는 내용의 장계를 올렸다. 선조에게 국가와 백성을 위해서 부당한 명령을 거두어달라고 간곡히 청한 것이다. 어쩌면 또 한 번의 항명으로 목숨을 잃을 수 있는 상황이었음에도, 기꺼이 국가와 백성을 위해 용기 있는 선택을 했다.

> 進不求名 退不避罪 唯民是保而利合於主 國之寶也 _{진불구명 퇴불피죄 유민시보이리합어주 국지보야}
>
> 나아가서는 명예를 구하지 않고, 물러나서는 죄를 피하지 않으며, 오직 백성을 보존하는 것만을 생각하고, 이로움이 임금에게 맞춰지도록 하는 사람, 이가 나라의 보배다.

손자가 위에서 강조한 것처럼, 이순신 장군과 같은 장수야말로 나라의 귀한 보배였다.

습관처럼 체화된 헌법적 사고

손자병법을 통해 나는 한 가지 중요한 통찰을 얻었다. 명령을 받아들일 때 절대적으로 지켜야 할 가치, 도(道)에 대해서 다시 생각해 볼 기회를 갖게 된 것이다. 이순신 장군의 도(道)가 '국가와 백성을 위하는 일'이었다면, 내가 명령을 수행하는 데 있어서 지켜야 할 도(道)는 헌법과 법이었다.

손자가 살았던 시대와 달리 우리나라는 법치 국가다. 법치 국가에서는 모든 일을 법에 근거해야 한다. 이에 따라 나는 어떤 명령이 주어졌을 때 헌법과 법의 테두리에 맞는지 그렇지 않은지를 판단하면 되는 것이었다. 그런데 이것은 저절로 되는 것이 아니다. 평소에 헌법적 사고로 정확히 상황 파악을 할 수 있는 능력을 키워야 한다. 이에 나는 30사단장 시절부터 어떤 의사결정을 하더라도 꼭 '법무 참모'의 의견을 구했다. 군에서는 사단장급 이상부터 법무 참모가 편성돼 있기 때문에 필요할 때 도움을 받을 수 있다. 나는 하다못해 작전을 수립할 때 표적 처리 회의 즉, 전시에 어떤 표적을 때리는 것이 좋을지를 결정할 때도 법무 참모를 참여시켰다. 그대로 작전을 수행할 경우 국제법상 아무 문제가 없는지까지 고려하기 위함이었다. 이런 과정을 반복한 결과 나는 어떤 임무를 수행하더라도, 헌법의 범위 내에서 사고하고 판단하는 것을 습관화할 수 있었다.

12·3 비상계엄, 침묵한 자들의 책임

30사단장 시절에 이런 고민을 치열하게 거쳤었기에 12·3 비상계엄을 지켜보며 더욱 안타까운 마음이 들었다. 대통령 윤석열이 비상계엄을 하려고 했을 때, 국무위원들 중 이순신 장군 같은 사람이 한 명이라도 있었으면 어땠을까. 잘못된 명령이라고, 절대 해서는 안 된다고 자신의 직을 걸고 말리는 사람이 한 사람이라도 있었으면 나라가 이 지경까지 오지는 않았을 거다.

하지만 당시 정진석 대통령 비서실장과 한덕수 국무총리를 비롯해 그 어떤 국무위원도 자신의 직을 걸고 항의하지 않았다. 대통령 윤석열이 계엄을 선포했을 때, 온 국민이 말이 안 되는 불법적인 계엄이라는 것을 알았다. 그런데 정작 고위공직자들은 비상식적인 불법 계엄을 방치했다. 말로는 반대했다지만, 실제 행동으로는 아무엇도 하지 않았다. 자신의 안위를 위해 사실상 암묵적 동의를 한 것이다. 이는 나라가 어떻게 되든 상관없다는 태도가 아닌가.

계엄에 가담했던 사령관들 역시 마찬가지다. 12·3 내란 수사 과정을 지켜보니 대통령 윤석열은 적어도 2024년 3월부터 당시 김용현 국방부 장관과 계엄을 논의했을 것으로 보인다. 또한 당시 여인형 방첩사령관, 곽종근 특전사령관, 이진우 수방사령관을 대통령 관저 등에서 만나 비상계엄을 논의한 것으로 알려졌다. 그때 누구 한 명이라도 직을 걸고라도 막아야 했던 일이건만, 단 한 명도 항거한 사람이 없었다. 같은 군 장성 출신으로서 너무나 부끄러웠다. 이것은 너무나 큰 국가적 비극이다.

그나마 다행인 것은 12·3 비상계엄 선포 당시 계엄과 관련된 모든 업무를 거부하며 자신의 직을 던진 고위급 공직자가 있다는 사실이다. 바로 류혁 전 법무부 감찰관이다. 그는 대통령 윤석열의 비상계엄 선포 시 법무부 회의 소집을 받았을 때 이를 거부했다. 회의에 참가하면 곧 비상계엄에 동조하는 것이기 때문에 곧바로 자리를 박차고 나와 사직서를 쓴 것이다. 또한 해당 조치가 위법하며 내란죄에 해당할 수 있다고 공개적으로 비판했다. 당시는 정부가 비상계엄을 해제하기 전이라 어떤 위험이 닥칠지 모르는 상황이었다. 그럼에도 불구하고 그는 '아무리 여야가 극한 대립을 해도 계엄은 있을 수 없는 일이다'라면서 단호히 거부한 것이다. 추후 그는 한 인터뷰를 통해 자신이 단호하게 사표를 던진 이유에 대해 이렇게 설명했다.

한국일보 〈조태성의 이슈메이커〉, 류혁 전 법무부 감찰관 인터뷰 중에서
비상계엄이 선포되고 라디오 뉴스 속보를 들으니 '아, 진짜구나' 싶었습니다. 고민하던 중에 1979년 전두환·노태우 등 하나회 장성들의 12·12 군사 반란에 대한 대법원 판결이 생각났습니다. 계엄의 불법성에 대한 확신을 가졌기 때문에 바로 사표를 결심했습니다.

대통령 윤석열의 명령을 거부한 또 한 명의 고위공직자가 있다. 바로 국회 내란혐의진상규명국정조사특별위원회(이하 내란국조특위) 청문회에서 소신 있는 발언을 해 화제를 모았던 홍장원 전 국가정보원 1차장이다. 사실 12·3 내란 사태가 발생하기 이전에는 홍장원 전 1차장이 요주의 인물이었다. 대통령 윤석열의 최측근 인사로, 국정원 주도의 "북한군 러시아 파병설"과 "우크라이나 파병"의 중심에 있는 인물이었기 때문이다. 실제로 그는 대통령의 신임을 얻어 합참 정보부장을 이끌고 우크라이나에 다녀오기도 했다. 본인 스스로 "대통령을 좋아했고 어떤 명령이든 따르고 싶었다"라고 말하기도 했다.

그런데 계엄 당일 대통령으로부터 직접 전화 명령을 받았음에도, 그는 결국 명령에 따르지 않았다. 당시 그가 받은 명령은 크게 두 가지였다. 대공수사권을 줄 테니 자금과 인력을 모두 동원해 방첩사령부를 지원하라는 것. 그리고 이재명 더불어민주당, 한동훈 국민의힘 대표 등 자신이 반국가 세력이라 말하는 주요 인사들을 싹 다 잡아들여서 정리하라는 것이었다. 홍장원 전 1차장은 나중에 체포 리스트를 받아 적으면서, 이 명령을 도저히 받아들이기 힘들었다고 했다. 그날 자신의 심정에 대해 구체적으로 증언한 내용은 이렇다.

2025년 1월 22일, 국회 내란 혐의 진상규명 청문회 중 홍장원 발언
저 대통령 좋아했습니다. 시키는 일 다 하고 싶었습니다. 그런데 그 명단을 보니까 그것은 안 되겠더라고요. 예를 들어서 위원장님 집에 가셔서 편안하게 가족들과 저녁 식사하고 TV 보시는데 방첩사 수사관과 국정원 조사관들이 뛰어들어서 수갑 채워서 벙커에 갖다 넣었다. 대한민국이 그러면 안 되는 것 아닙니까? 그런 일이 매일매일 일어나는 나라가 있습니다. 어디? 북한. 그런 일을 매일매일 하는 기관이 있습니다. 어디? 북한 보위부. 이상입니다.

대통령이 그에게 대공 수사권을 준다는 것은 결국 국정원 원장 자리를 약속한 의중일 수 있다. 만약 그가 나라보다 자신의 사익을 더 앞세웠다면 대통령의 지시에 순응했을 것이다. 하지만 그는 헌법을 따랐다. 그것은 곧 상식과 합리 그리고 정의를 따르는 일이었다. 명령을 내린 자가 제아무리 대통령이라고 해도, 도저히 해서는 안 되는 일에 대해 분명한 선을 그은 것이다. 결과적으로 홍장원 전 1차장은 명령을 따르지 않아 보직 해임되었고, 결국 사직서를 제출해야 했다. 국정원 2인자였던 그가 항명의 대가를 고스란히 감내한 것이다. 자연인의 신분이 된 그는 국가와 민주주의를 위해서 거침없이 진실을 말했지만, 온갖 '거짓 증언 의혹'에 시달리며 고초를 겪어야 했다.

그런데 정말 아이러니하게도 이런 사명감 있는 태도가 결국 그가 평생 몸담았던 국정원을 살렸다. 특전사와 방첩사 등과 같이 내란에 직접적으로 가담하지 않았기에 국정원은 겨우 '구속 수사의 피바람'을 면할 수 있었던 것이다. 국가와 민주주의의 가치를 개인의 충성보다 앞세운 홍장원 전 1차장의 양심선언. 그것은 분명 오랫동안 조국을 위해 일해온 자의 깊은 애국심이었다.

이처럼 류혁 전 감찰관과 홍장원 전 1차장은 평소 법과 규정에 대한 확고한 신념, 즉 헌법 정신이 투철한 인물이었음을 알 수 있다. 비상계엄 당시 다수의 군 장성들이 헌법 정신에 위배된 부당한 명령에 제대로 항거하지 못했다는 사실이 더 큰 아쉬움으로 남는 이유다.

계엄의 밤, 소극적 항명의 연대: 군인 정신은 꺼지지 않았다

다행스럽게도 계엄의 밤, 군인 정신은 완전히 꺼지지 않았다. 작전에 투입된 일부 군인들은 나름의 방식으로 항명하는 모습을 보였기 때문이다. 불법적인 명령에 단호하게 대처한 첫 번째 인물은 바로 조성현 수방사 제1경비단장이다.

그는 계엄 당일 밤, 이진우 수방사령관으로부터 국회 출동을 명령받았다. 하지만 평소와 다르게 임무가 불명확한 것이 이상했다. 다소 싸한 느낌을 안고 국회에 도착했는데, 그때야 이진우 사령관으로부터 구체적인 지시를 받게 되었다. '국회 본청에 진입하여 국회의원을 외부로 끌어내라'는 명령이었다. 그는 이 비상식적인 명령에 당황하며 즉시 사령관에게 전화하여 "우리가 할 수 있는 역할이 아니고 단독으로 수행할 수 없는 일"이라고 항의했다. 특수전사령관과의 소통 및 재검토를 요청한 것이다. 또한 12월 4일 0시 48분경 국회로 향하는 후속 부대에게 '서강대교를 넘지 말라'라고 지시하기도 했다. 임무의 목적이 불분명했고, 평소에 생각하지 못했던 비정상적인 명령이었기 때문에 따를 수 없었다는 것이다. 또한 국회 앞에서 시민들이 계엄군의 행위를 막는 모습을 보고 잘못된 상황임을 깨달아 부하들을 대기시켰다고 했다. 덕분에 더 큰 혼란을 막을 수 있었다.

김형기 특전사 1특전대대장(중령) 역시 계엄 당일 1공수특전여단장(준장)으로부터 '국회 담을 넘고 들어가 의원들을 끌어내라'는 지시를 받았다고 했다. 하지만 그는 명령의 위법함을 느끼고 따르지 않았다. 또한 국회 봉쇄 및 시민 강제 진압 지시에도 정당성에 의문을 제기하며 거부했다. 정상적 사고를 하는 군인이라면 한 눈에 보더라도 정당한 지시·명령이 아님을 알아차렸을 것이라는 말이다. 특히 김형기 1특전대대장은 윤석열 내란 우두머리 혐의 재판에 증인으로 출석해 "사람에게 충성하지 않는다"라고 발언했다. 검사 시절의 윤석열을 일약 스타덤에 오르게 한 발언을 고스란히 되돌려준 것이다.

김문상 전 수방사 작전처장은 계엄군 헬기가 사전 승인 없이 서울에 진입하려고 한 것을 세 차례나 거부하며, 합참과 육군본부의 승인을 거치도록 조치했다. 이로 인해 계엄군의 국회 출동은 최소 40분 이상 지연되었고, 불법적인 비상계엄의 실행에 큰 차질을 빚었다.

세 사람 모두 '군의 정치적 중립성'과 '헌법 수호 정신'을 실천해 비상계엄을 적극적으로 막아내는 데 큰 역할을 했다. 특히 '명령 거부'라는 어려운 선택을 통해 '진정한 리더십'을 증명한 사례로 평가받을 만하다. 그들은 군인으로서의 양심과 국가에 대한 충성을 저버리지 않았다. 바로 그것이 위기의 민주주의를 지켰다.

적개심 없는 군대: 총칼은 국민을 향하지 않았다

현장에 동원된 수많은 장병들도 각자의 방식대로 소극적 항명에 나섰다. 포고령 발표 후 국회에 진입한 계엄군들은 일반인과 신체 접촉 등이 일어나면 곧바로 뒤로 물러서며 무력 사용을 자제하거나 피하는 모습을 보였다. 국회의사당에 동원됐던 한 계엄군이 철수하며 허리 숙여 "죄송하다"라고 사과하는 모습이 포착되어 화제를 모으기도 했다.

이날 여러 소셜 미디어에는 무력 사용과 진압을 하지 않은 계엄군에 감사 인사를 하는 시민들 인사말이 속속 올라오면서 언론의 주목을 받기도 했다. 민주당 보좌진들에 의해 막히기도 했지만, 대테러전 훈련에 익숙한 707특임대가 본회의장에 진입하지 않은 모습만 봐도 국회 내부 피해를 최소화하면서 계엄사 명령을 이행하려 했다는 큰 그림을 읽을 수 있다. 현장 지휘관들이 '절대 민간인 다치지 않게 하라'고 당부했고, 장병들도 그 지시에 잘 따랐기에 최악의 불상사를 막을 수 있었다. 어떻게 계엄군은 단 한 명의 일탈자 없이 계엄에 소극적 항명을 할 수 있었던 걸까.

故殺適者 怒也 取敵之利者 貨也 고살적자 노야 취적지리자 화야
적을 죽이는 것을 사기 또는 적개심으로 하고, 적에게 이득을 취하는 것을 재물로 한다.

전쟁에서 빠른 승리를 이끌어내기 위해 꼭 갖춰야 할 무기, 하지만 계엄 당일 계엄군에게는 없었던 것. 그것은 총도 칼도 아닌 병사들의 사기와 적개심이었다. 병사들이 적군에 대한 적개심을 가지고 싸우는 것보다 더 강한 무기는 없다. 계엄의 밤, 계엄군에게는 바로 그 적개심이 없었다. 자유민주주의를 수호하기 위해 맨몸으로 국회에 모인 시민들은 군인들의 적이 아니라 부모이자 형제, 그리고 이웃이었기 때문이다. 군인들이 애국의 마음으로 목숨 바쳐 지켜야 할 바로 그 국민이었다. 또한 자신들이 끝까지 따라야 할 것은 결국 국민의 명령임을 너무나 잘 알고 있었기에, 모두 한마음으로 기적을 이뤄낼 수 있었다.

만약 그날 밤 국회에 투입된 수백 명의 장병 중 단 한 명이라도 이상 행동을 보였다면, 군중 심리에 의해 어떤 끔찍한 일이 벌어졌을지 생각만으로도 아찔하다. 아마도 5·18 광주 민주화운동 때와 비슷한 상황이 벌어졌거나 더 큰 비극을 맞이했을 것이다. 비록 12·3 비상계엄은 아무 사고 없이 끝났지만, 이런 일이 또다시 반복되지 않을 거란 보장이 없기에 우리는 다시 제대로 된 군인 정신을 무장하고, 미흡한 제도와 시스템을 보완해야 한다.

끝나지 않은 숙제, 군의 정치적 중립

우리 군은 현재 정치적 중립이라는 벽에 갇혀 있다. 과거 군부 쿠데타의 아픈 경험으로 인해 군 내부에 정치적 중립에 대한 강한 의식이 자리 잡은 것은 당연한 일이다. 하지만 이 인식이 지나쳐 정치 자체에 대한 무관심으로 이어지는 것은 심각한 문제다. 식사 자리에서조차 정치 이야기가 금기시되고, 정치 인사와의 만남조차 방첩부대의 의심을 받는 분위기 속에서는 올바른 정치적 판단력을 키울 수 없다.

정치적 중립은 정치에 대한 무지가 아니라 깊이 있는 이해와 통찰을 바탕으로 확립될 때 비로소 그 의미를 가진다. 이번 비상계엄 사태는 군의 정치적 무관심이 얼마나 위험한 결과를 초래할 수 있는지 여실히 보여주었다. 이미 수개월 전부터 계엄 가능성이 여러 차례 제기되었음에도 불구하고, 군 수뇌부는 이에 대한 대비책을 마련하지 못했다. 법무팀의 도움을 받아 계엄 명령의 합법성을 미리 검토할 수 있었음에도 불구하고, 마치 전혀 예상치 못했다는 듯 혼란스러워하는 모습은 군의 정치적 무지를 적나라하게 드러냈다. 정치에 무지하면 외부 세력에 의해 쉽게 이용당할 수 있다. 이제 이 사실을 군 스스로 깨달아야 한다.

12·3 비상계엄을 계기로 군 내부의 변화가 절실하다. 국방TV와 국방일보를 통해 정치 관련 뉴스와 국방 관련 법안 심의 내용, 국방위원회 현안 질의, 국방 관련 청문회 등을 적극적으로 보도해야 한다. 전체 중계가 어렵다면 하이라이트 방송이나 여야 국방위

위원들의 토론 방송이라도 편성해야 한다. 군인들이 정치에 대한 균형 잡힌 시각과 전반적인 이해도를 높일 수 있도록 해야 하기 때문이다. 현재 국방TV와 국방일보가 단순히 군 수뇌부의 홍보 수단으로 기능하는 방식에서 벗어나, 군 구성원들의 정치적 소양을 함양하는 교육의 장으로 거듭나야 한다.

12·3 내란 사태를 통해 우리는 군의 정치적 무관심이 국가 안보에 얼마나 심각한 위협이 될 수 있는지 뼈저리게 경험했다. 군은 정치적 중립성을 견지해야 하지만 이는 정치적 무지에서 비롯된 것이 아니라, 정치에 대한 깊은 이해를 바탕으로 확립되어야 한다. 이것이 실현될 때 앞으로 우리 군은 정치적 균형 감각과 민주적 가치에 대한 올바른 인식을 함양하여 어떠한 정치적 격변 속에서도 흔들리지 않고 국민의 신뢰를 받는 진정한 민주주의의 수호자로 거듭날 수 있을 것이다.

9장 빛은 어둠을 이긴다
함께 든 응원봉으로 어둠의 세력을 몰아내다

可與之死 可與之生 가여지사 가여지생

가히 함께 죽을 수 있고, 가히 함께 살 수 있다

응원봉, 새로운 저항의 빛

손자병법은 그저 오래된 병법서가 아니다. 당대의 민주주의를 고민하기 위해서도 나는 손자병법의 가르침을 찾는다. 지난겨울과 봄, 가장 많이 되뇌었던 손자병법의 구절이 있다.

> 合而爲一 則不可分 不可分 則可與戰矣 합이위일 즉불가분 불가분 즉가여전의
> 합하여 한 덩어리를 이루면, 반드시 싸울 수 없는 형세를 만든다.

흩어진 물방울은 작은 존재에 불과하지만, 내란 사태에 저항하고자 기꺼이 광장과 거리로 나온 시민들은 스스로 거대한 흐름으로 하나가 되어 어떤 권력도 맞설 수 없는 강력한 대오를 만들었다.

가장 어두운 시간이야말로 별들이 가장 밝게 빛나는 시간이라고 했던가. 12·3 비상계엄의 어둠 속 가장 빛난 별은 다름 아닌 응원봉을 든 국민이었다. 합하여 한 덩어리를 이룬 국민은 감히 저들이 맞서 싸울 엄두를 내지 못하도록 밝게 빛났다.

'윤석열 탄핵소추안 1차 표결'이 예정됐던 12월 7일. 대통령 윤석열 탄핵을 지지하기 위해 수많은 국민이 거리로 쏟아져 나왔다. 자신의 생업과 일상을 잠시 미루고 국회대로를 가득 메운 백만 명의 인파였다. 이들은 헌법을 무시하고 국민을 배신한 윤석열 대통령을 끌어내리기 위해 한마음으로 나섰다. 추운 칼바람도 한풀 꺾일 그런 시위의 물결이었다. 5·18 민주화운동과 박근혜 대통령 탄핵을 위한 촛불 시위에 이어 또 한 번의 전민 민주항쟁이 일어난 것이다.

과거 5·18 민주화운동에서 학생과 노동자들이 짱돌과 화염병을 들고 민주주의를 외쳤고, 박근혜 탄핵 집회 때는 많은 시민이 촛불을 들고 나섰다. 자신을 태워 주변과 공간을 밝히는 '헌신'의 상징이었던 촛불은 평화로운 시위의 상징으로 전 세계에 각인되었다.

이번 겨울 시민들은 촛불에서 한걸음 또 진화했다. '윤석열 탄핵 집회'에는 2030 여성들이 대거 참여해 새로운 물결을 이뤘는데, 특히 눈에 띈 것은 그들의 손에 들린 형형색색의 응원봉이었다. 사실 처음엔 응원봉이 뭔지 몰랐다. 나중에 좋아하는 가수를 응원하는 도구라는 설명을 들었지만, 내 눈엔 그저 불빛 나는 장난감으로 보였다. 알고 보니 응원봉에는 꽤 깊은 의미가 있었다. 어두운 공연장에서 빛을 밝혀 좋아하는 아티스트를 응원하며 팬덤의 존재감을 드러내고, 팬덤 내 소통과 연대 의식을 강화하는 매개체였다.

공연장 대신 시위 현장에 등장한 응원봉은 새로운 상황과 만나며 의미가 크게 확장되었다. 어둠을 밝히듯 헌법 수호와 민주주의를 염원하는 간절한 마음의 상징이 된 것이다. 과거 횃불과 촛불이 시대정신과 민주주의를 향한 뜨거운 열망을 표현했듯, 응원봉은 2030 여성들을 중심으로 젊은 세대의 창의적이고 평화적인 저항 방식을 상징했다. 그렇게 자유와 정의를 향한 시민들의 뜨거운 열망을 하나로 모았다. 그리고 끝내 그 소중한 빛으로 윤석열 탄핵부터 파면까지 성공적으로 이끌어냈다. 이른바 '빛의 혁명'이다.

새로운 역사의 이름 '빛의 혁명'

응원봉 시위에 '빛의 혁명'이라고 이름 붙인 것은 이재명 당시 민주당 대표였다. 탄핵 의결이 난 뒤 열린 첫 최고위원회의에서 이재명 대표가 먼저 화두를 던졌다. "민주주의를 지키기 위해 이렇게 많은 사람이 모인 것을 역사는 어떻게 부르겠느냐"라고 물은 것이다. 의원들 사이에서 '응원봉 혁명' 등 여러 가지 의견이 오갔지만 모두가 주목한 건 SNS를 통해 회자되고 있던 하나의 말, '빛의 혁명'이었다. 이후 이재명 대표는 집회에 참여할 때마다 수많은 관중 앞에서 '우리가 빛의 혁명을 이루고 있다'는 얘기를 자주 했다. 내부적으로도 "빛고을(光州) 광주에서 시작된 그 주먹밥의 흐름이 지금 여의도로 이어지는 것"이라고 여러 번 강조했다. 그렇게 12·3 내란에 대한 시민 항쟁은 '빛의 혁명'으로 불리게 되었다.

　　나도 탄핵 집회를 나갈 때마다 응원봉을 들었다. 막내 비서관에게 아이돌 그룹의 응원봉을 구해달라고 부탁했다. 광장에 나온 2030 젊은 친구들과 가깝게 호흡하며, 한마음으로 시위에 참여하고 싶었기 때문이다. 한 번은 응원봉을 든 채로 무대에 올라가 짧은 연설을 하기도 했다. 자신들과 똑같이 아이돌 그룹의 응원봉을 든 국회의원이 친근하게 느껴졌는지, 현장의 반응은 어느 때보다 뜨거웠다. 나는 빛의 혁명을 이루는 젊은 세대들에게 뜨거운 가슴으로 외쳤다. "5·18 민주화운동 때는 횃불 혁명이었습니다. 박근혜 탄핵 때는 촛불 혁명이었습니다. 이번 윤석열 파면은 응원봉의 빛의 혁명입니다. 여러분들이 빛의 혁명의 영웅들입니다."

　　2030을 비롯해 수많은 시민의 빛나는 용기와 헌신을 목격하며, 나는 문득 궁금해졌다. 어떻게 이런 빛의 혁명이 펼쳐질 수 있었던 걸까. 내가 생각하기에 '빛의 혁명'이 성공할 수 있었던 결정적인 힘 세 가지는 다음과 같다.

① 자발적인 연대와 능동적인 조직력
'빛의 혁명' 시위대는 특정 주도 세력 없이, 온라인을 중심으로 2030 여성들을 비롯해 다양한 시민들이 자발적으로 연결되어 형성되었다. 이들은 SNS나 온라인 커뮤니티 등을 통해 유기적으로 소통하며 시위 참여를 독려하고 필요한 정보를 공유했다. 또한 상황별 대처 방안을 스스로 논의하고 결정했다.

이러한 자발적인 연대는 남태령 트랙터 시위에서 극명하게 드러났다. 한 유튜브 채널을 통해 경찰에 고립된 농민들의 소식이 전해지자, 탄핵 집회에 참여했던 시민들이 응원봉을 들고 남태령으로 향했다. 늦은 밤, 수천 명의 시민이 운집하여 농민들과 함께 밤샘 연좌시위를 벌였고, 미처 그 자리에 함께하지 못한 이들은 그들을 응원하기 위해 자발적으로 식량과 물품을 지원하며 끈끈한 연대의 힘을 보여줬다. 특히 추위에 떠는 시위대를 위해 백만 원이 넘는 난방 버스를 지원한 이들이 있었는데, 이는 단순한 물질적 지원을 넘어 뜨거운 연대의 마음을 보여주는 감동적인 사례였다. 민주주의를 지키겠다는 하나된 마음으로 수평적인 연대를 이루고, 그것을 바탕으로 거대한 시민의 힘을 발휘한 것이 '빛의 혁명'의 핵심이었다.

② 평화롭고 창의적인 저항 문화의 탄생

'빛의 혁명' 시위는 과거 투쟁 방식과 확연히 달랐다. 젊은 세대의 문화적 감수성이 돋보이는 평화롭고 창의적인 저항 방식을 선보였다. 어둠 속에서 형형색색으로 빛나는 응원봉의 물결은 별빛처럼 아름다운 광경을 연출하며, 참여한 시민들의 마음을 하나로 묶었다. 음악 역시 변화했다. 안치환의 '광야에서', 양희은의 '아침이슬'과 같은 민중가요 대신 소녀시대의 '다시 만난 세계'가 울려 퍼졌다. '다시 만난 세계'는 2016년 이화여대 시위에서 새로이 투쟁가로 떠오른 곡이라고 했다. '윤석열 탄핵소추안'이 가결되던 날, 국회 앞에 크게 울려 퍼진 '다시 만난 세계'는 나에게도 큰 감동으로 다가왔다. 요즘은 일부러 다시 찾아서 들을 정도로 푹 빠지게 되었다. 들을 때마다 시민들과 함께했던 광장의 감동이 되살아난다. 투쟁가의 세대교체가 이뤄진 것이다.

이러한 변화는 집회 깃발에서도 두드러졌다. 투쟁 주체들의 소속을 알리거나 구호를 적어놓은 단순한 깃발들이 대세이던 이전 시위와 달리, '빛의 혁명'의 광장에는 다채롭고 이색적이며 심지어 재미있는 깃발들이 휘날렸다. "OTT 뭐 볼지 못 고르는 사람들 연합회", "순댓국에 순대 빼고 먹기 연합", "덜 볶은 들기름 해방 전선", "MZ세대에 감동받은 X세대 연합", "전국 얼죽아 협회" 등 지극히 개인적인 유머나 취향, 톡톡 튀는 개성을 담고 있다. 거창한 구호 대신 평범한 일상을 공유하고, 취미나 특기를 내세워 새로운 '연합'과 '연대'를 제안하는 소통의 도구였다. 이는 특정 정치색보다는 당시 정부와 여당에 대한 보편적인 분노를 위트와 유머를 담아 표현한 젊은 세대의 창의적인 방식이었다. '흥'의 민족답게 '빛의 혁명'은 시위와 투쟁마저도 새로운 문화적 활력과 흥으로 채워나갔다.

"내가 춤출 수 없다면 그런 혁명에는 동참하지 않을 것이다." 미국의 대표적인 아나키스트이자 혁명가인 엠마 골드만이 한 말이다. 혁명은 본질적으로 참여한 각자가 주체가 되어야 하고, 참여한 모두가 기꺼이 춤출 수 있어야 한다는 의미다. 2024년 대한민국에서 2030 여성이 주체가 됨으로써 혁명은 그 본질에 더욱 가까워졌다. 2030 여성들은 응원봉의 빛나는 물결 속에서, '다시 만난 세계'의 울림 속에서, 그리고 재치 넘치는 깃발들의 향연 속에서 새로운 세상을 꿈꿨다. 그들의 평화롭고 창의적인 저항 문화는 억압적인 현실 속에서도 춤추고 노래하며 즐겁게 연대하는 혁명의 새로운 가능성을 활짝 열어젖혔다.

③ 불굴의 의지와 따뜻한 연대

영하의 혹독한 추위 속에서도 굴하지 않고 매일 같이 탄핵 시위에 참여했던 시민들의 불굴의 의지는 '빛의 혁명'을 굳건히 지탱하는 강력한 힘이었다. 특히 한남동 대로 위에서 얇은 은박 담요 한 장에 의지한 채 밤새 눈을 맞으며 '윤석열 구속'을 외친 사람들의 모습은 이번 투쟁의 대표적인 상징이 될 정도로 장엄하고 아름다웠다. 이들 '키세스단'의 모습을 보며 역시 손자병법의 한 구절이 떠올랐다.

> 投之亡地而後存 투지망지이후존
> 군사들을 멸망할 수밖에 없는 땅에 던져 넣으면 오히려 살기 위해 필사적으로 싸워 살아남는다.

> 陷之死地而後生 함지사지이후생
> 군사들을 죽을 수밖에 없는 땅에 빠뜨리면 오히려 죽을 각오로 싸우기 때문에 온전하게 살아 돌아온다.

이는 손자병법 구지(九地) 편에 나오는 말로, 그 어떠한 시련 속에서도 포기하지 않고 민주주의를 지키겠다는 시민들의 간절한 의지와 잇닿는 말이었다. 키세스단의 꺾이지 않는 의지에 감동한 다른 시민들은 추위 속에서 고생하는 이들을 위해 자발적으로 핫팩, 따뜻한 음료, 방한용품 등을 아낌없이 나누며 따뜻한 연대의 마음을 전했다. 온라인 모금 운동을 통해 은박 담요를 대량으로 지원하거나, 언 몸을 녹일 수 있는 난방 버스를 흔쾌히 제공하는 등 시민들의 자발적인 도움의 손길은 키세스단을 비롯한 시위 참여자들에게 육체적, 정신적으로 큰 힘이 되었다.

　이처럼 서로를 격려하고 지지했던 따뜻한 연대의 힘과 멸망 직전의 군사처럼 필사적으로 싸워 살아남고자 했던 시민들의 불굴의 의지가 만나 '빛의 혁명'을 이루었다. 계엄과 내란이라는 어둠에서 대한민국을 구출하고 민주주의의 봄을 쟁취하기 위해 그 어느 때보다 뜨겁고 치열하게 보낸 2024년의 겨울. 먼 훗날 후세들은 지금의 우리를 기억할 것이다. 가장 어두웠던 밤, 샛별처럼 빛나 민주주의의 길을 밝힌 사람들이라고.

제2부

끝나지 않은 투쟁
굳건한 민주주의를 향하여

10장 프레임 전쟁에서 이겨야 한다
'탄핵'이 '공작'이라는 허황된 주장

虛實擊虛 避實擊虛 허실격허 피실격허
적의 약점을 파고들어, 내 강점으로 친다
적의 강점을 피하고, 약점만 골라 친다

'의원-요원' 논란, 프레임 전쟁의 시작

뼈 아픈 공격이었던 모양이다. 계엄 핵심 부대인 특전사와 수방사의 '계엄 불복 선언'으로 치명상을 입은 윤석열은 완벽히 수세에 몰렸다. 2차 계엄 시도의 희망이 꺾였고, 자신이 직접 계엄을 주도한 '내란 수괴'라는 사실도 차츰 밝혀지고 있었다. 우리가 계엄 전쟁에서 주도권을 갖고 유리하게 이끌어갈 수 있는 여건이 만들어진 것이다.

그런데 윤석열과 내란 세력이 순순히 당하고만 있을 리 없었다. 늘 그래왔던 것처럼 이번에도 황당무계한 '프레임 공격'을 시도하기 시작했다. 첫 시작점은 2025년 1월 23일 헌법재판소에서 열린 '윤석열 대통령 탄핵 재판 4차 변론'이었다. 송진호 대통령 측 변호인이 일명 '의원-요원' 논란을 일으킨 것이다.

윤석열 대통령 탄핵 재판 4차 변론 중에서
송진호 변호인: 사상자가 생길 수 있다는 판단 아래 '의원'이 아니라 '요원을 빼내라'라고 한 것을 김병주 국회의원이 '의원을, 의원들 빼내라'는 것으로 둔갑시킨 것이죠?
김용현 전 국방장관: 네, 그렇습니다.

내가 국방위 현장 질의 차원에서 곽종근 특전사령관을 만나 인터뷰한 내용 중, 곽 전 사령관이 사용한 단어를 꼬투리 잡아 공격하기 시작한 것이다. 질의 내용 앞뒤 맥락을 조금만 살펴보면, 누구나 쉽게 곽종근 전 사령관이 '의원'을 '인원'으로 잘못 말한 것을 알 수 있는데도 말이다.

2024년 12월 6일 특전사 현장 질의 중에서
곽종근 전 특전사령관: 본회의장에 들어가서 일부 들어갔던 인원들이 있고 밖에 일부 있던 인원들이 있었는데, 그 조치를 하면서 전임 장관으로부터 국회의사당 안에 있는 인원들을 요원들을 (…)
김병주 의원: 본회의장에 있는 국회의원들을 밖으로 끌어내라고 (…)

사람은 누구나 자신의 생활환경에 따라 자주 쓰는 단어가 있다. 특전사 장병의 경우 평소 자신의 전우들을 '요원' 혹은 '인원'이라 자주 부른다. 또 매일 같이 전우들과 함께 생활하다 보니 자기도 모르게 이 단어들이 입에 붙은 경우도 많다. 곽종근 전 사령관도 마찬가지였다.

곽종근 사령관의 답변을 듣던 중 그가 습관처럼 '의원'이라는 말 대신 '인원' 혹은 '요원'이라는 단어를 잘못 쓰고 있다는 걸 알아차렸다. 나는 그 내용을 다시 확인하기 위해 "본회의장 국회의원들을 밖으로 끌어내라고 지시한 것이죠?"라고 재차 물었다. 라이브 생중계 중이었기에 국민의 혼란을 막기 위해서 명확하게 확인하기 위해서였다. 그러나 윤석열 측은 앞뒤 맥락을 생략하고 곽 전 사령관의 '인원'이란 단어를 크게 부각했으며, 내가 확인차 되물은 것을 두고 '인원'을 '의원'으로 둔갑시킨 것이라며 공격하기 시작했다.

송진호 변호사가 쏘아올린 공은 윤석열의 입을 거쳐 '탄핵 공작'으로 둔갑됐다. 헌법재판소에서 열린 '탄핵 심판 6차 변론' 당일, 윤석열 대통령은 곽 전 사령관에 대한 증인 신문이 끝난 뒤 이렇게 말했다.

2025년 2월 6일, 윤석열 탄핵심판 6차 변론 도중 윤석열 전 대통령 발언 중에서

오늘 상황을 보니까 12월 6일부터 상황이 시작됐다는 생각이 강하게 들 수밖에 없습니다. 12월 6일 홍장원의 공작과 12월 6일 특전사령관의 김병주 TV 출연부터 내란 프레임과 탄핵 공작이 시작된 것으로 보입니다.

회유의 검은 손길, 진실을 덮으려 하다

이는 윤석열 대통령이 나와 홍장원 국정원 1차장을 '탄핵 공작'을 시작한 핵심 인물로 명확히 규정한 것이었다. 이처럼 윤석열이 나를 공격 대상으로 좌표를 찍자 국민의힘 의원들이 득달같이 달려들어 물어뜯기 시작했다. 그들은 김병주와 박선원이 곽종근 특전사령관을 은밀히 회유하여 거짓 증언을 하도록 부추겼다는 둥, 가스라이팅을 해서 거짓 진술을 받아냈다는 둥 터무니없는 주장을 쏟아내기 시작했다.

그러나 정작 곽종근 전 특전사령관을 회유하려고 한 건 윤석열 대통령과 내란 세력들이었다. 가령, 곽종근 전 사령관의 육사 동기라는 한 변호사는 곽 전 사령관 측에 접근한 후, 자신이 도와줄 일이 있을 거라면서 회유하려 들었다. 특히 곽 전 사령관 아내에게 내란을 일으킨 건 민주당이라고 하면서, 곽 전 사령관이 민주당에 놀아난 불쌍하고 어리석은 사람이며, 이후 군인답지 못한 군인으로 치부될 것이라고 말했다고 한다. 이것이야말로 전형적인 가스라이팅이 아닌가.

하지만 곽 전 사령관의 아내는 단호하게 대처했다. 계엄군으로 국회에 들어간 것은 잘못된 일이라면서, 남편이 잘못을 했으니 당연히 벌을 받아야 한다고 의연하게 답한 것이다. 또한 "곽 전 사령관이 자신의 명령으로 들어간 부하를 위해서라도 다 책임진다고 했다"면서 "이것은 모두 곽 전 사령관의 생각이고 가족의 입장이다"라는 뜻을 밝혔다.

그럼에도 해당 변호사는 또 한 번 "다 같이 살 수 있는 길이 있다"면서 어떻게든 "민주당이 회유했다"는 답변을 유도해내려 했다. 그러나 곽 전 사령관의 아내는 "민주당의 회유가 없었다"라고 다시 한번 명확히 답변했다. 또한 곽 전 사령관이 진술한 것은 남편 스스로의 결심이라면서 남편은 누구한테 회유당하고 그럴 사람이 아니라고 강조했다. 참군인의 아내다운 면모를 끝까지 지킨 것이다.

곽 전 사령관의 아내가 이렇게 단호하게 나올 수 있었던 것은 무엇보다 곽종근 전 사령관 본인의 뜻이 명확했기 때문이다. 실제로 곽 전 사령관은 '자신은 누구에게도 회유당한 적이 없다'는 입장을 수도 없이 밝힌 바 있다. 자신의 고교 동기 여럿이 솔직하게 양심선언을 빨리해야 한다고 조언한 것을 야당이 한 것처럼 둔갑시켰다며 강하게 반발하기도 했다. 곽종근 전 사령관은 자필로 옥중 입장문까지 써서 보냈다.

2025년 2월 14일, 곽종근 특전사령관 자수서 중에서

가. 김병주 의원 특전사 항의 방문, 유튜브 방송 관련

(…)

방송의 주제에 관하여 얘기할 때 제가 알고 있는 사실을 얘기했고, 내용에 대해 저한테 어떻게 얘기해라 이런 회유를 하거나 한 사실도 없습니다. 저는 사실을 얘기하고자 했기 때문에 회유했다고 해도 회유되지 않았을 것입니다.

※ 저의 생각 정리

가장 본질은 12·3 비상계엄의 상황과 사실을 정확하게 밝히는 것이다, 라고 생각한다. 제가 말씀드린 대통령님의 2차 통화 시 지시하신 사항은 그대로다. 저는 이를 수정하거나 철회하거나 할 일체의 그런 생각이 없다.

본질을 흐리기 위한 여러 가지 생각, 말들이 있을 수 있지만 그 본질(중심)은 변하지 않는다.

제가 자수서를 쓴 이유와 목적이기도 하다.

프레임 공격의 실패, 진실의 승리

곽종근 전 사령관의 진술에 신빙성을 더해주는 증언들도 많았다. 이상현 특전사 1공수여단장의 경우 2024년 12월 7일 중앙일보와의 인터뷰 기사를 통해 이렇게 밝혔다.

2024년 12월 7일, 이상현 특전사 1공수여단장 중앙일보 인터뷰
곽종근 사령관이 전화가 와서 '상부에서 화상회의를 하고 있는데, 국회의원들이 (계엄 해제를) 의결할 예정이니 못 하도록 문을 부숴서라도 국회의원들을 끄집어내고 안되면 전기라도 끊어'라는 지시가 있었다고 말했습니다.

김현태 특전사 707특수임무단장도 2024년 12월 9일, 국방부 청사 건너편 전쟁기념관 앞에서 기자회견을 열고 이렇게 증언했다.

2024년 12월 9일, 김현태 특전사 707특수임무단장 기자회견
김용현 전 장관은 (계엄사령부) 지휘통제실에서 '국회의원을 끌어내라'는 지시를 했고, 지휘통제실에선 이를 전달하기 급급했습니다.

이처럼 "윗선에서 의원을 끄집어내라고 지시했다"는 곽종근 전 사령관의 진술은, 여러 정황으로 보아 명백한 사실이었다. 곽종근 전 사령관 본인도 회유당한 적이 없다고 여러 차례 밝혔고, 당일 현장 질의 내용을 라이브로 생중계까지 했는데도, 국민의힘 의원들은 진실이나 사실관계는 아무 상관도 없다는 듯 계속 물고 늘어졌다. 그런 억지 주장을 보니 기가 차고 한심할 뿐이었다. 이런 행동은 내란 수괴와 한 몸이라는 것을 본인들 스스로 증명하는 것일 뿐이었다. 나는 2월 25일에 있었던 국방위 전체회의에서 국민의힘 의원들을 상대로 "정신 차려요. 내란 수괴와 한 몸인 윤상현 의원은 국방위에 있을 자격도 없어요. 치졸하다, 치졸해."라고 강력히 항의했다.

국민의힘에서 이렇게 억지를 부리는 가운데 극우 세력들도 기승을 부렸다. 마치 기다렸다는 듯이 나를 '탄핵 공작의 주범'으로 낙인찍었다. 상상조차 하기 힘든 수준의 악플과 협박 글이 온라인을 뒤덮었다. 심지어 극우 세력은 나를 '협박죄'로 고발하기도 했다. 마치 자신들의 마지막 보루였던 2차 계엄의 불씨를 우리가 완전히 꺼버린 것에 대한 앙갚음처럼 느껴졌다. 한편으론 그들의 극렬하고도 조직적인 반발을 지켜보면서, 우리가 구사했던 '벌모(伐謀)' 전략이 얼마나 뼈아픈 타격이었는지 다시 한번 실감할 수 있었다.

　아무리 발버둥 친들 진실은 결코 그들의 손바닥 안에서 가려질 수 없는 법이다. 2025년 4월 4일에 있었던 헌법재판소의 '윤석열 탄핵 심판 판결문'을 통해, 그들의 '탄핵 공작' 프레임이 명백히 거짓이었음이 밝혀졌다. 곽종근 전 특수전사령관의 진술이 진실로 받아들여지면서 나에 대한 '탄핵 공작 의혹'이 오히려 '프레임 공작'이었음이 인정된 것이다. 더불어 이 일과 관련해 내가 '협박죄'로 고발당한 사건들 모두 '범죄 구성 요건에 해당성 없어 불송치한다'라면서 '각하' 판결을 받았다.

　손자병법 '허실(虛實)' 편에는 '피실격허(避實擊虛)'라는 말이 나온다. 불리한 판을 유리하게 바꾸기 위해서 적의 허한 곳을 치라는 것이다. 윤석열 측은 자신들이 수세에 몰리자 판을 바꾸기 위해 곽 전 사령관의 '인원'이란 단어를 약점 삼아 공격하려 했다. 하지만 결국 역으로 더 크게 당하고 말았다. 허를 친 것이 본 실력이 아니라 진실을 손바닥으로 가리려는 얕은 술수였기 때문이다. 허함을 이기는 강함은 결국 진실이다. 나는 언제나 그래왔듯이, 역사의 물줄기를 바꿀 수 있는 것은 오직 진실의 힘뿐이라고 굳게 믿는다.

> ## 11장   서툴더라도 신속하게!
> 전쟁을 오래 끄는 것은 재앙이다
>
> 兵聞拙速 병문졸속
> 완벽한 승리가 아닐지라도 전쟁은 빨리 끝내라

전쟁 준비는 곳간에서부터 시작한다

전쟁의 승패를 가늠할 수 있는 가장 기본적인 요소는 무엇일까? 병력 규모 혹은 뛰어난 전략가의 지략? 장수와 병사들의 사기? 뭐가 정답일지 쉽게 답하기 어렵다. 하지만 이 질문에 고민 없이 답한 이가 있다. 이탈리아 출신으로 합스부르크 왕가에 복무한 군인이자 군사 이론가였던 라이몬도 몬테쿠콜리는 이렇게 단언했다. "전쟁을 수행하기 위해서는 첫째도 돈이고, 둘째도 돈이고, 셋째도 돈이다." 몬테쿠콜리가 말한 돈이란 전쟁을 하는 데 필요한 모든 예산을 말한다. 이 부분에 대해서는 손자도 같은 생각이었다. 손자는 전쟁을 하려면 막대한 자금부터 확보하는 것이 중요하다고 강조했다.

孫子曰 凡 用兵之法 馳車千駟 손자왈 범 용병지법 치차천사

손자가 말하길, 무릇 군대를 운용하려면 전쟁터에서 빠르게 움직이는 전차가 천 대 필요하고

革車千乘 帶甲十萬 혁차천승 대갑십만

가죽으로 덮은 수레가 천 대, 갑옷 입은 병사가 십만 명이며,

千里饋糧 則內外之費 賓客之用 膠漆之材 천리궤량 즉내외지비 빈객지용 교칠지재

천 리 먼 곳까지 군량을 보급하려면, 나라 안팎의 비용과 사신 접대에 드는 비용, 아교와 옻칠 등의 물자비용이 든다.

車甲之奉 日費千金 然後 十萬之師 擧矣 차갑지봉 일비천금 연후 십만지사 거의

그리고 전차와 갑옷의 유지 보수 비용으로 날마다 천금이 소모된다. 그런 후에야 비로소 십만 명의 군대를 동원할 수 있는 것이다.

손자가 살았던 2,500년 전에는 전쟁을 하려면 하루에 최소 천금의 돈이 필요하다고 했다. 10만 명의 무장한 군사를 운용한다고 했을 때, 전차 1,000대와 운반용 수레 1,000대는 기본으로 필요하고, 군량과 외교사절 접대비, 무기를 수리하는 보수비, 수레나 갑옷을 정비하는 비용까지 막대한 자금을 조달해야 했다. 전쟁은 결국 예산 싸움인 것이다.

계엄을 위한 예산 설계: 윤석열의 숨겨진 시나리오

윤석열 대통령도 비상계엄을 앞두고 예산을 확보하기 위해 애를 썼던 모양이다. 비상계엄이 선포된 12월 3일, 윤석열 대통령이 최상목 경제부총리에게 건넨 A4 용지, 일명 '최상목 쪽지'가 그 증거 중 하나다. 해당 문서에는 윤석열의 검은 속내가 담긴 지시 사항들이 적혀 있었는데, 핵심은 다음 세 가지였다. 비상계엄 선포와 동시에 국회 예산을 차단하여 국회 기능을 마비시키고, 국회를 대신할 위헌적인 '비상입법기구'를 준비하며, 예비비를 조속한 시일 내 충분히 확보해 보고하라는 것. 아마도 전두환 신군부처럼 국회를 무력화시킨 뒤 별도의 비상입법기구를 창설하고, 법을 마음대로 만들어서 장기독재로 가려 했던 모양이다.

만약 비상계엄이 6시간 만에 해제되지 않았더라면 어땠을까. 당시 최상목 경제부총리에게 내린 지시는 그대로 이행됐을 것이고, 대한민국은 경제 등 여러 면에서 대혼돈에 빠졌을 것이다. 국가의 재정 통제권을 포함해서 사실상의 모든 권력이 대통령에게 집중됨으로써, 국가 경제의 불확실성이 극도로 높아졌을 테니 말이다.

윤석열은 이 쪽지가 국헌 문란의 핵심 증거가 된다는 것을 잘 알았다. 탄핵심판정에서 자신은 절대로 최상목 경제부총리에게 쪽지를 건넨 적이 없다고 부인했다. 발뺌은 최상목도 마찬가지였다. 누군가로부터 쪽지를 건네받긴 했지만, 한 번 펴보지도 않고 그대로 주머니에 넣었다고 했다. 말하자면 '노-룩(No-Look) 쪽지'를 주장한 건데, 지나가던 소가 웃을 일이었다. 윤석열 대통령처럼 툭하면 격노하는 상사가 자신에게 준 쪽지를 한번 펴보지도 않고 주머니에 넣을 만큼 대범한 인물이 과연 내각에 있었을까?

민주당 소속 정일영 의원실에서 발표한 자료를 보면, 윤석열이 사용한 예비비와 계엄과의 관련성이 더욱 의심된다. 윤석열 정부는 2024년 4.2조 원의 예비비 중 1.7조 원을 사용했다. 정의원은 이 가운데 약 40%에 해당하는 6,800억 원이 국가정보원으로 흘러갔다고 추정했다. 국가안보 관련 예산이 별도로 존재하는 상황에서, 막대한 예비비를 국가정보원으로 편성한 이유가 무엇일까? 이는 단순한 예산 지원을 넘어, 비상계엄이라는 특수한 상황과 연관된 모종의 계획이 있었던 것은 아닌지 합리적으로 의심해볼 만한 대목이다.

윤석열 정부의 재정 운용은 시작부터 미덥지 않았다. 언론 보도에 따르면 집권 1년 차부터 대통령실 이전을 무리하게 진행하면서 500억 원가량의 예비비를 사용했다. 집권 2년 차인 2023년엔 외교활동 명목으로 예비비를 총 6차례 편성했다. 대부분 대통령의 해외 순방과 관련됐으며 액수는 532억 원에 달했다. 애초에 정상외교 예산으로 편성된 249억 원을 넘어서는 300억 원 정도를 추가로 쓴 셈이다. 비상금 명목의 예비비는, 그 특성상 국회의 사전 승인 없이 집행할 수 있고, 사후 보고를 통해서만 사용 내역의 확인이 가능하다. 그만큼 주머니 쌈짓돈 쓰듯 마음대로 낭비할 위험이 큰돈이다.

아니나 다를까, 2025년 윤석열 정부가 제출한 정부안 예비비는 4조 8천억 원에 달했다. 직전 연도에 예비비가 남은 상황이었음에도 불구하고, 6천억 원이나 증액 편성한 것이다. 민주당은 당연히 이를 받아들일 수 없었고 절반 정도로 삭감 조치했다. 정부 측에 예비비 사용처 등 지출 관련 근거를 명확히 제시하라고 했는데, 관련 자료를 받지 못했기 때문이다. 그런데 윤석열은 민주당의 예산 삭감 때문에 비상계엄을 할 수밖에 없다고 주장하며, 계엄의 명분과 책임을 민주당으로 돌렸다. 나중에는 아예 야당의 예비비 삭감을 빌미로, 재난 극복 예산 부족이라는 허위 정보를 유포하고 여론전을 펼치기도 했다. 이것은 국민을 바보로 아는 처사라고밖에 설명이 안 된다. 윤석열 대통령은 계엄을 염두에 두고 끊임없이 예산을 확보하려는 노력을 지속한 것으로 보인다.

졸속이 최선일 수 있다

전쟁을 경제적인 관점에서 바라볼 때 또 하나 주목해야 할 손자병법 속 문구가 있다. 바로 '병문졸속(兵聞拙速)'이다. 여기서 '졸(拙)'은 '서투르다'이고, '속(速)'은 '빠르다'는 뜻이다. 전쟁만큼은 서툴더라도 빨리 끝내는 것이 최선임을 강조하는 말이다. 일반적으로 '졸속'은 부정적인 의미로 사용되지만, 손자는 달랐다. 전쟁에서만큼은 '서툴더라도 신속하게' 전쟁을 끝내야 한다고 강조했다.

其 用戰也 貴勝 久則鈍兵挫銳 기 용전야 귀승 구즉둔병좌예
무릇 전쟁을 운용함에 있어 승리를 귀하게 여기나, 오래 끌면 병사

들은 지치고 사기는 꺾인다.

攻城則力屈 久暴師則國用 不足 공성즉력굴 구폭사즉국용 부족
성을 공격하면 힘이 고갈되고, 오랫동안 군대를 밖에 주둔시키면 나라의 재정이 부족해진다.

夫 鈍兵挫銳 屈力殫貨 則諸侯 乘其弊而起 부 둔병좌예 굴력탄화 즉제후 승기페이기
무릇 병사들이 지치고 사기가 꺾이며, 힘이 고갈되고 재물이 바닥나면, 제후들이 그 허점을 틈타 일어날 것이다.

雖有智者 不能善其後矣 수유지자 불능선기후의
비록 지혜로운 자가 있더라도 그 뒤처리를 잘할 수 없을 것이다.

故 兵聞拙速 未睹巧之久也 고 병문졸속 미도교지구야
그러므로 전쟁은 졸렬하더라도 속전속결 하는 것을 들어봤으나, 교묘하게 오래 끄는 것은 보지 못했다.

夫 兵久而國利者 未之有也 부 병구이국리자 미지유야
무릇 전쟁이 오래되어 이로운 경우는 있지 않다.

故 不盡知用兵之害者 則不能盡知用兵之利也 고 부진지용병지해자 즉불능진지용병지리야

그러므로 병사를 쓰는 것의 해로움을 충분히 알지 못하면, 병사를 쓰는 것의 이로움도 충분히 알 수 없는 것이다.

전쟁에서 이기더라도 전쟁 자체가 장기화되면 군사력은 당연히 약해질 수밖에 없다. 군대가 오랫동안 싸움터에 머물게 되면 나라의 재정이 부족해지고 국민의 고통도 커진다. 이렇게 국력이 약해지면 또 다른 적국의 침략을 받기 쉽다. 아무리 지혜로운 장수라고 해도 전쟁 후유증을 수습하기 어려우니, 전쟁은 무조건 신속하게 끝내는 것이 최선이라는 것이다. 만약 군주나 장수가 이러한 전쟁의 해로움을 모른다면, 전쟁으로 인해 얻을 수 있는 이로움도 모르는 것이니, 자격이 없는 것이라 할 수 있다.

善用兵者 役不再籍 糧不三載 取用於國 因糧於敵 故 軍食 可足也
선용병자 역불재적 량불삼재 취용어국 인량어적 고 군식 가족야

군대 운용을 잘하는 자는 군역을 두 번 다시 부과하지 않고, 군량을 세 번 실어 나르지 않는다. 군수품은 자국에서 취하고, 군량은 적에게서 조달하니 이로써 군사들의 식량을 풍족하게 할 수 있다.

國之貧於師者 遠輸 遠輸則百姓 貧 국지빈어사자 원수 원수즉백성 빈

나라가 군대 때문에 가난해지는 것은 멀리서 수송하기 때문이니, 멀리 수송하면 백성들이 가난해진다.

近師者 貴賣 貴賣則百姓 財竭 財竭則急於丘役 근사자 귀매 귀매즉백성 재

갈 재갈즉급어구역

군대 주둔지 가까운 곳에서는 물자가 비싸게 팔리니, 물자가 비싸게 팔리면 백성들의 재물이 고갈되고, 재물이 고갈되면 부역에 시달리게 된다.

力屈財彈 中原 內虛於家 百姓之費 十去其七 _{력굴재탄 중원 내허어가 백성지비 십거기칠}

힘이 고갈되고 재물이 바닥나며, 중원이 집집마다 텅 비게 되면, 백성들의 비용은 10분의 7이 소비되고,

公家之費 破軍罷馬 甲冑矢弩 戟盾蔽櫓 丘牛大車 十去其六 _{공가지비 파차파마 갑주궁시 극순모로 구우대차 십거기륙}

나라의 비용은 깨진 수레와 지친 말, 갑옷과 투구, 화살과 쇠뇌, 창과 방패, 엄폐물과 방패, 수레 끄는 소와 큰 수레 등으로 10분의 6이 소비된다.

손자가 말했듯 전쟁을 경제적으로 하려면 인력과 보급의 낭비를 최소화하고, 가능하다면 전장에서 자체 조달하거나 적의 자원을 활용하는 것이 좋다. 즉, 최소한의 자원으로 최대한의 효과를 달성하는 것이다. 특히 전쟁이 길어지면서 인력과 자원이 바닥나고, 경제의 중심지까지 망가지면 결국 국민과 나라 전체가 엄청난 손해를 볼 수밖에 없다. 이러한 최악의 상황을 막기 위해서는 무조건 전쟁을 빨리 끝내는 게 이득이다.

GDP 살인자: 비상계엄이 낳은 경제 참극

이러한 관점에서 볼 때, 비상계엄은 발동되는 순간부터 엄청난 마이너스 게임이었다. 미국의 보수 경제지 〈포브스〉가 계엄 직후에 발행한 기사는 '윤석열의 필사적인 곡예가 한국의 국내총생산(GDP) 살인자(Killer)인 이유'라고 제목을 달았다. 비상계엄이 한국 경제에 엄청난 손실을 초래할 것이라며 'GDP 살인자'라 표현한 것이다. 해당 기사 말미에는 이런 경고도 담겼다. "윤석열 대통령의 이기적인 계엄령 사태가 초래한 값비싼 대가는 한국인 5,100만 명이 시간을 두고서 장기 할부로 지불하게 될 것이다."

실제로 비상계엄 이후 한국 경제는 극도로 불안정한 상황에 놓였다. 당장 경제 성장률부터 급격히 하락했다. 한국은행은 2025년 GDP 성장률 전망치를 기존 1.9%에서 1.5%로 낮췄고, 최악의 경우 1%대 초반까지 하락할 수 있다고 경고했다. 이를 일시적 현상으로 보기도 힘들다. 국내 정치 상황이 불안해지면서 외국 자본이 빠져나가기 시작했고, 기업 투자가 지연됐으며, 소비 심리도 얼어붙었다. 코스피 지수는 급락했고, 원화 가치는 15년 만에 최저치를 기록했다. 누구보다 힘든 건 자영업자들이다. 불안정한 경제 상황 속에 소비 심리가 급격히 위축됐기 때문이다. 진짜 버티는 것 말고 할 수 있는 게 없는 경제 침체의 터널이 이어졌다.

필리핀과 태국의 사례에서 정치적 불안이 경제에 얼마나 악영향을 끼치는지 알 수 있다. 필리핀은 1972년 계엄령 선포 후 마르코스 정권이 물러날 때까지 14년간, 1인당 GDP가 단 1% 상승하는 데 그쳤다. 수치적으로는 상승이지만 사실상 마이너스 성장이라 할 수 있다. 필리핀에서 '잃어버린 14년'이라는 말이 괜히 나온 것이 아니다. 태국도 마찬가지다. 2006년과 2014년 군부 쿠데타 이후 정치적 불안정이 심화되면서 경제 성장률이 급격히 둔화됐다. 이처럼 정치적 불안은 나라 경제를 좀먹고 국민을 생활고로 밀어 넣는다.

> 故 不盡知用兵之害者 則不能盡知用兵之利也 고 부진지용병지해자 즉불능진지용병지리야
>
> 그러므로 전쟁의 해로움을 모르면, 전쟁으로 인한 이로움도 모르는 것이니, 장수가 될 자격이 없다.

이처럼 심각한 경제 위기를 초래했음에도 불구하고, 윤석열 대통령은 단 한마디의 사과도 하지 않았다. 계엄 후 그가 했던 발언들을 살펴보면 참담할 정도였다. "국민께 불안과 불편을 끼쳐 드렸다." "짧은 시간이지만 이번 계엄으로 놀라고 불안하셨을 국민 여러분께 다시 한번 사과드린다." 계엄이 초래한 극심한 사회적 혼란과 심각한 경제적 파장을 고작 '불편'이라는 단어로 축소하는 행태에 다시 분노가 치밀었다. 최소한의 염치도 없는 것이다. 자신의 안위와 사익 추구에만 몰두했던 윤석열에게 국민의 고통이 보일 리 없다. 결국, 국가 경제를 실패로 이끄는 가장 큰 위험 요소는 바로 무능하고 부패한 지도자다.

전쟁이 길어졌을 때 어떤 나쁜 결과들이 생기는지 손자가 자

세히 이야기한 부분을 읽으면서, 다시 마음이 아파왔다. 헌법재판소의 탄핵 심판이 넉 달 가까이 진행되면서, 국민이 온몸으로 견뎌야 했던 경제적인 어려움과 불안감이 다시 생생하게 느껴졌기 때문이다. 윤석열과 그 일당에게 전 국민이 손해배상을 청구한다고 해도 속이 풀리지 않을 정도다.

한편으로는 정말 불행 중 다행이라는 생각도 든다. 헌법재판소 판결이 늦어진 것만으로도 이렇게 힘든 상황을 겪어야 했는데, 만약 비상계엄을 풀지 못하고, 탄핵소추안을 통과시키지 못했다면, 그러니까 대통령 윤석열을 파면하지 못했다면 어떤 끔찍한 일이 벌어졌을까. 군부독재 체제 아래 물가는 끝없이 오르고, 평범한 사람들의 삶은 깊은 수렁에 빠졌을 것이다. 또한 자유와 민주주의라는 우리의 기본적인 가치는 심각하게 훼손되었을 것이다.

다시 생각해도 대통령 윤석열의 내란을 '123일간의 재앙'으로 끝낼 수 있었던 것은 우리 국민 모두의 천운이었다. 그리고 죽은 자가 산 자를 살렸듯, 지난 123일간 우리가 함께 겪어온 위기가, 앞으로 열릴 '진짜 대한민국'을 살릴 것이라 굳게 믿는다.

12장 적의 변화에 따라 유연하게 대처하라
극우, 민주주의의 독버섯

兵無常勢 水無常形 _{병무상세 수무상형}

군대에는 일정한 형세가 없고, 물 또한 일정한 형태가 없다

제3의 전선, 극우의 등장

夫 兵形 象水 水之形 避高而趨下 兵之形 避實而擊虛 _{부 병형 상수 수지 형 피고이추하 병지형 피실이격허}

무릇 군대의 형상은 물과 같으니, 물의 형상은 높은 곳을 피하여 낮은 곳으로 달려가고, 군대의 형상은 실한 곳을 피하여 허한 곳을 공격한다.

水 因地而制流 兵 因敵而制勝 _{수 인지이제류 병 인적이제승}

물은 땅(지형)에 따라 흐름을 만들고, 군대는 적에 따라 승리를 만든다.

故 兵無常勢 水無常形 能因敵變化 而取勝者 謂之神 고 병무상세 수무상형 능인적변화 이취승자 위지신

그러므로 군대에는 일정한 형세가 없고, 물에는 일정한 모양이 없으니, 능히 적의 변화에 따라 변화하여 승리를 취하는 자를 신이라고 일컫는다.

손자병법 〈허실(虛實)〉편에 나오는 구절로, 전쟁의 상황은 물처럼 끊임없이 변화하므로 고정된 전략에 얽매이지 않고 유연하게 대응해야 한다는 것이다. 계엄 전쟁을 치르면서 이 가르침을 뼛속 깊이 실감했다. 대통령 윤석열이 비상계엄을 한 순간부터 헌법재판소의 파면 결정이 이뤄지기까지 전쟁의 양상은 빠르게 변해갔다. 대통령 윤석열과 내란 세력의 반헌법적인 행태는 날이 갈수록 심해졌고, 급기야 헌법재판소의 탄핵 심판을 둘러싼 사회적 갈등은 '심리적 내전'과 같은 수준에 이르렀다. 총칼만 들지 않았을 뿐 첨예한 갈등이 깊어졌다. 그 가운데 우리가 이제껏 제대로 대적해보지 못한 제3의 세력이 부상했다. 바로 극우였다.

극우의 뿌리, 어둠의 역사

손자는 지피지기 백전불태(知彼知己 百戰不殆)라고 했다. 적을 알고 우리를 알아야 백번 싸워도 위태롭지 않을 수 있다. 극우들이 어떤 세력인지 제대로 알아야 할 필요가 있다.

극우의 사전적 의미는 '극단적으로 보수주의적이거나 국수주

의적인 성향, 또는 그런 성향을 가진 사람이나 세력'을 뜻한다. 정치 스펙트럼에서 가장 오른쪽에 위치하는 개념이다. 극우에 속하는 이들은 강력한 민족주의를 내세우며, 나와 다른 민족을 배척하는 극단적인 모습을 보인다. 권위주의적이며, 강력한 지도자와 질서를 맹목적으로 추종한다. 다문화주의를 거부하고, 획일화된 사회를 강요한다. 전통적인 가치만을 맹신하며, 사회 변화를 극도로 경계한다. 안보를 명분으로 개인의 자유를 억압하고, 군사력 강화에 몰두하는 경향을 보이기도 한다. 이들은 보수 우파들과는 다르다. 보수 우파는 민주주의와 법치주의를 존중할 줄 알며, 극단적인 민족주의나 권위주의를 싫어한다. 안보 문제에 대해서도 합리적으로 접근한다. 극우와 보수 우파의 분명한 선 긋기가 가능한 이유다.

보수 우파의 나쁜 변형처럼 보이는 극우 세력은 어떻게 우리나라에 뿌리내리게 되었을까? 일제강점기 말기부터 해방 직후, 한반도는 극심한 이념적 혼란을 겪었다. 이때 공산주의 세력에 대항하는 우익 단체들이 등장했다. 서북청년단과 대한청년단 등이 대표적인 예였다. 이들은 반공주의를 핵심 이념으로 삼고 미군정과 이승만 정권의 비호 아래 성장했다.

한국전쟁 이후에는 반공주의가 국가 이념의 핵심으로 자리 잡았다. 이승만, 박정희, 전두환 등 권위주의 정권은 반공주의를 명분으로 장기 집권하며 반대 세력을 탄압했다. 이 시기, 극우 세력은 권력과 결탁하여 반공주의를 강화하고, 사회적 보수주의를 내걸고 구시대적 가치를 강요했다. 또한 군부독재를 옹호하며 민주화 운동을 탄압하는 데 앞장섰다.

2000년대 이후 민주화의 진행과 함께 한국 사회가 급격한 변화를 겪으면서 극우 세력 역시 다른 방식으로 영향력을 행사하기 시작했다. 이들은 이명박·박근혜 정부를 거치면서 온라인 커뮤니티와 유튜브를 중심으로 세력을 확대했고, 문재인 정부 시기 극렬한 반정부 운동으로 영향력을 키웠다. 인터넷과 소셜 미디어를 통해 극우 성향의 온라인 커뮤니티가 형성됐고, 가짜뉴스와 혐오 발언을 퍼뜨리며 사회적 갈등을 조장했다. 또한 일부 개신교 단체들과 극우 세력 간의 연대가 강화됐고, 정치적 영향력을 확대하려는 시도가 나타났다.

대통령과 극우의 위험한 공조, 가짜뉴스 카르텔

2024년 12월 3일, 우리는 극우 세력의 준동을 목격했다. 윤석열 대통령과 그의 지지층은 어처구니없는 계엄의 명분을 만들어냈다. 민주당과 반국가 세력, 북한 및 중국 간첩, 심지어 부정선거까지 끌어들여 계엄을 정당화하려 했다. 아무런 증거 없이 허황된 주장을 들이밀고, 대화 상대로 인정하기 어려운 정도의 억지를 부렸다. 이런 빈약한 논리는 극우 사이에서 무비판적으로 수용되고, 기형적으로 증폭되었으며, 폭발적으로 전파되었다. 완전히 그들만의 세상이었다. 아래는 대통령 본인과 국민의힘 소속 국회의원, 또 이번 계엄 국면에서 극우 세력 사이에서 가장 많이 돌려본 미디어의 기사 중에서 인용한 것이다.

2024년 12월 3일, 윤석열 대통령 계엄 선포문 중에서
국회는 범죄자 집단의 소굴, 자유민주주의 체제의 전복을 기도하는 괴물이 됐다. 지금 대한민국은 당장 무너져도 이상하지 않을 정도의 풍전등화 (…) 패악질을 일삼은 망국의 원흉 반국가 세력을 반드시 척결하고 국가를 정상화시키겠다.

2024년 12월 28일, 광화문 집회 중 윤상현 국민의힘 의원 발언
대한민국을 붕괴시키는 저들(민주당)이야말로 암흑의 세력, 어둠의 세력, 내란 세력.

2024년 1월 16일, 극우 인터넷 매체 스카이데일리 기사 중에서
비상계엄 당일 계엄군은 미군과 공동작전으로 선거연수원을 급습해 중국 국적자 99명의 신병을 확보했다. (…) 체포된 중국인 간첩들은 일본 오키나와 미군기지로 이송됐다.

대통령 윤석열의 비상계엄 선포 발언 이후 내란 동조 세력이 어떻게 준동하고, 또 극우 세력이 어떻게 가짜뉴스를 만들어 유포했는지 단적으로 보여주는 말들이다. 이런 일이 반복될수록 사회적 혼란은 커져만 갔다.

극우, 파멸의 선을 넘다: 법원 테러와 막장 언어

극우 세력의 준동은 국민 주권의 상징인 국회까지 침범했다. 윤석열 대통령 지지단체 '반공청년단'은 국회 소통관에서 기자회견을 가졌는데, 충격적이게도 과거 독재 정권 시절 시위 진압의 상징이었던 '백골단'을 연상시키도록 흰색 헬멧을 착용하고 나타났다.

백골단은 1980년대와 1990년대 한국의 민주화운동 시위 현장에서 활동했던 사복 경찰 기동대를 일컫는 별칭이다. 정확한 명칭은 사복 체포조였으나, 이들이 흰색 헬멧을 착용하고 벌인 시위 진압 이상의 과격한 폭력행위 때문에 '백골단(白骨團)'이라는 섬뜩한 이름으로 불렸다. 어두운 과거의 잔재가 섬뜩한 망령으로 살아난 것 같은 극우 세력의 백골단 코스프레는 독재정권 시절의 트라우마를 건드리는 의도된 행위였다. 이 기자회견은 국민의힘 김민전 의원의 주선으로 이뤄졌는데, 공인된 정당 소속 국회의원이 독재정권의 폭력을 상징하는 집단의 이미지를 버젓이 국회 내에 선보였다는 점에서 문제적이라 할 만하다.

급기야 극우들은 헌법 파괴의 선을 넘었다. 윤석열 대통령의 체포·구속에 반대하는 시위대는 야간에 서울서부지방법원에 난입하여 심각한 폭력을 행사했다. 이들은 윤석열의 구속을 막는다며 법원에 난입하여 기물을 파손하고, 법원 직원들과 충돌하는 등 격렬한 시위를 벌였다. 이 과정에서 물리적 폭력이 발생하여 부상자가 발생하기도 했다. 법치주의의 상징인 법원에 대해 물리적 공격을 하다니…. 이것이야말로 헌정 질서를 파괴하고 민주주의를 훼손하는 극우 세력의 극단적인 민낯을 여실히 드러낸 사건이었다. 무엇보다 우려스러운 것은 12·3 내란 사태 이후 한국 극우 세력의 행태가 더 극단적이고 공격적으로 변해왔다는 점이다. 당시 소셜 미디어에 올라온 극우 세력의 말들은 '악플'이라는 말이 무색할 정도로 살의와 무분별한 폭력성을 그대로 드러냈다.

> "문형배, 정계선, 이미선(민주당 추천 헌법재판관), 야 이 개 ×× 들아 당장 멈춰라. 대통령을 탄핵하면 나한테 죽어."
> "불법 탄핵 재판을 주도한 문형배, 이미선, 정계선을 즉각 처단하자."
> "윤석열 체포에 나선 공수처에 경호처가 발포하고 사살해야 한다. 경호처는 발포하라! 발포하라! 발포하라!"

윤석열 탄핵 심판을 맡은 헌법재판관들을 협박하고, 대통령 체포에 나선 공수처를 향해 발포해야 한다며 광분하는 극우들의 막말은 한편으로 내란 세력들의 언어이기도 했다. 계엄령 포고령에 적힌 '전공의를 비롯한 의료인 처단' 조항을 생각해보라. '처단'이라는 말은 정상적인 민주사회에서 공적 언어로 쓸 수 있는 말이 아니다. 또한 12·3 내란 세력의 가담자인 노상원 전 정보사령관의 수첩에는 '수거 대상 처리안'이라는 항목에 '연평도 이송', '이동 간 적정한 곳에서 폭파', '확인 사살' 같은 메모가 적혀 있던 것으로 확인됐다. 과거 군부독재 시절에도 쉽게 쓸 수 없을 만큼 무자비한 말들로, 인간에 대한 존중을 전혀 찾아볼 수 없는 언어다.

계엄에서 계몽을? 기만적인 세계관

극우 단체들은 폭력적인 언어와 함께 기만적인 논리까지 폈다.

2월 1일, 한 개신교 우파 단체가 연 집회에서 "비상계엄은 법과 질서가 무너지면 나라가 무너진다는 것을 국민에게 알리기 위한 '계몽령'"이라는 발언이 나왔다. 이후 극우 집단에선 '계엄은 계몽'이라는 궤변이 유행처럼 확산됐다.

계몽은 '지식수준이 낮거나 인습에 젖은 사람을 가르쳐서 깨우친다'는 뜻이다. '계엄'은 명백히 국민의 기본권을 제한하고 헌정 질서를 일시적으로 정지시키는 강압적인 국가 비상조치다. 그런데 이를 '계몽', 즉 '가르쳐서 깨우침'이라는 전혀 다른 의미로 포장하는 것은 계엄의 실제 성격을 숨기고 왜곡하는 행위다. 본질을 왜곡하는 기만적인 논리에 의해 탄생한 궤변인 것이다. 이는 또한 국민을 계도 대상으로 여기고, 자신들의 주장이 옳다고 일방적으로 강요하는 오만하고 권위적인 태도를 드러낸다. 이들은 '계몽령'이라는 새로운 용어를 만들어내 계엄을 긍정적인 의미로 덧칠하려고 했다. 이런 극우 세력의 궤변은 윤석열 탄핵 심판 변호인단 입에서도 등장했다. 이른바 '계몽 간증'이다.

2025년 2월 25일, 김계리 변호사 헌법재판소 최종변론 중에서
임신·출산·육아를 하느라 몰랐던, (더불어) 민주당이 저지른 패악을, 일당독재의 파쇼 행위를 확인하고 이 사건에 뛰어들게 되었습니다. 저는 계몽되었습니다.

김계리 변호사 입에서 나온 '파쇼'라는 단어는 전체주의적이고 억압적인 정치 체제를 뜻한다. 민주적 절차에 따라 선출된 정당의 행위를 '파쇼'로 규정하다니, 역사적 맥락과 민주주의 정신을 무시한 행위라 할 수 있다. 자기들만의 세상에 갇혀서 논리도 근거도 없고, 정상적인 민주공화국의 시민으로서 공감할 수 없는 이런 이야기를 하는 행위야말로 인지부조화의 결정판이다. 무엇보다 한때 대통령이었던 자와 극우 세력이 한 덩어리라는 것을 여실히 보여주는 장면이어서 심히 개탄스럽다.

예측 불가능한 적에게 맞서는 법

극우들은 군인 출신인 내가 목숨처럼 지켜온 가치들 즉, 국민을 위한 헌신, 헌정 질서와 민주주의 수호, 합리적인 안보관을 부정한다. 그들의 맹목적인 주장은 사회의 건강한 성장을 가로막고, 갈등과 분열을 조장하며, 결국 민주주의의 근간을 좀먹는다. 이성적이고 합법적인 대응이 어렵다는 점에서 그 어떤 세력보다 위험하다. 내가 극우 세력을 우리 사회의 독버섯과 같은 존재라고 여기는 이유다.

"민주주의에 대한 최고의 농담은 항상 이런 것이다. 그것은 바로 민주주의가 자신을 파괴하는 수단을 그 불구대천의 원수들에게 주었다는 것이다."

나치 선전부장 요제프 괴벨스의 말이다. 괴벨스의 발언은 민주주의의 역설적인 취약성을 날카롭게 지적한다. 대의 민주주의 체제

하에서 보장되는 표현의 자유가 민주주의 자체를 부정하고 파괴하려는 극단적인 세력의 도구로 쓰일 수 있다고 꼬집은 것이다. 위 발언은 극우와 맞서야 하는 우리에게 질문을 던진다. 규정을 무시하고, 반칙을 일삼는 상대를 어떻게 이길 수 있을까. 민주주의를 파괴한 적을 어떻게 민주주의로 물리칠 수 있을까.

손자가 강조한 '지피지기 백전불태(知彼知己 百戰不殆)'를 다시 한번 되새긴다. 우리가 맞서야 할 극우 세력은 그저 소수의 극단적인 사람들이 아니다. 민주주의를 파괴하는 새로운 세력으로 분명히 인식하고, 국가적인 차원에서 적극적으로 대응해 나가야 한다. 극우 세력의 특징을 꼼꼼히 분석하고, 그들의 전략에 어떻게 효과적으로 맞설 수 있을지 심각하게 고민할 필요가 있다. 앞서 이야기한 '병무상세 수무상형(兵無常勢 水無常形)'이라는 말처럼 극우 세력의 변화에 따라 유연하게 대응해야 한다. 극우 세력은 체계적이거나 논리적인 것을 중요하게 여기지 않고 필요와 상황에 따라 다양한 전략을 구사하며, 끊임없이 말과 행동을 바꿔 상대를 공격한다. 그에 맞서려면 우리도 고정된 전략에 얽매이지 않고, 유연하게 대처할 필요가 있다.

이때 필요한 것이 '기정상생(奇正相生)'이다. 기(奇)는 예측하기 어렵고 변화무쌍한 비정규적인 전술, 기습, 모략 등을 의미하며, 정(正)은 정공법, 정면 대결, 안정적이고 예측 가능한 전술을 뜻한다. 두 가지 상반되는 전술이 상호 보완적으로 작용하여 승리를 이끌어낼 수 있다. 즉, 예측 불가능한 기습과 안정적인 정공을 적절히 조합해서 극우 세력을 혼란에 빠뜨리는 전략이 필요하다.

특히 가짜뉴스와 선동에는 신속하고 정확한 정보로 대응하고, 법과 제도를 통해 극우 세력의 불법적인 활동을 차단해야 한다. 극우 세력은 민주주의의 적이다. 그들의 위협에 맞서 민주주의를 수호하기 위해서는 무엇보다 국민의 단결과 지혜가 필요하다. 국민 각자가 민주주의의 파수꾼이 되어, 극우 세력의 위협에 맞서 싸워야 한다. 우리는 단결된 힘과 지혜로 민주주의를 수호하고, 미래 세대에게 더욱 성숙한 민주주의 사회를 물려줘야 한다. 대통령 윤석열의 계엄으로 발호한 극우 세력과의 진짜 싸움은 이제부터다.

> # 13장 방비 없는 곳을 치는 전략의 부재
> ### 공수처의 대통령 체포 실패
>
> ---
>
> **攻其無備 出其不意** 공기무비 출기불의
>
> 상대가 방비하지 않은 곳을 공격하고,
> 상대가 예상하지 못한 때에 출격하라

칼을 쥔 자 누구인가: 수사기관 선정의 딜레마

다 이긴 게임이라고 생각했다. 비상계엄 해제 이후 탄핵소추안 가결까지 숨 가쁘게 이뤄냈고, 헌법재판소 탄핵 심판의 8:0 승리가 눈앞에 보였다. 그런데 상황은 우리가 바라는 대로 흘러가지 않았다. '윤석열 탄핵'이 헌법재판소 판결 앞에서 석 달 가까이 좌초된 것이다. 막강한 권력으로 무장한 대통령, 견고한 사법 카르텔 그리고 극우 세력의 끈질긴 저항을 너무 안일하게 여겼던 걸까. 계엄 전쟁의 판은 점차 장기전에 접어들었다. 마치 이런 상황을 우려한 것처럼 보이는 손자병법의 구절이 있다.

兵貴勝 不貴久 병귀승 불귀구
전쟁은 승리를 귀하게 여기고,

知兵之將 民之司命 國家安危之主也 지병지장 민지사명 국가안위지주야
오래 끄는 것을 귀하게 여기지 않는다.

손자병법 〈작전(作戰)〉편에 나오는 말로, 손자는 전쟁에 이기는 것이 무엇보다 중요하지만 이기기 위해서 오래 끌지 말아야 한다고 강조했다. 국가와 국민을 위한 전쟁을 해야지, 장수의 욕심으로 전쟁을 장기전으로 끌고 간다면, 백성들이 곤궁에 빠질 수밖에 없다는 것이다. 이 구절을 되새기며, 장기화하는 계엄 전쟁 속에서 우리가 간과한 점이나 실수는 없었는지 자문하게 되었다.

12·3 비상계엄 사태가 발생한 지 43일 만인 1월 15일, 대통령 윤석열이 전격 체포됐다. 현직 대통령을 수사기관에서 체포한 것은 헌정사상 초유의 일이었기에, 체포 과정도 험난했다. 사실 첫 발걸음을 떼는 것부터 쉽지 않았다. 국가 최고 권력인 대통령을 수사하고 체포해야 하는 막중한 임무를 과연 어느 기관에 맡겨야 할지 결정하기가 쉽지 않았기 때문이다.

우리에게는 경찰과 검찰 그리고 고위공직자범죄수사처(이하 공수처) 등의 선택지가 있었다. 그런데 경찰과 검찰 조직은 이미 계엄에 깊숙이 연관된 것으로 보였기 때문에 적절치 않아 보였다. 군 수사기관인 군검찰과 군사경찰로 구성된 조사본부도 어느 정도 계엄에 가담했는지 정확히 알려지지 않은 상태였기 때문에 신

뢰하기 어려웠다. 그나마 공수처가 계엄에 개입되지 않은 조직으로서 어느 정도 공정한 수사를 할 수 있을 것으로 판단됐다.

공수처는 고위공직자의 부패 범죄를 수사하기 위해 2021년 1월 설립된 독립적인 수사기관이다. 대통령과 같은 고위공직자의 범죄 혐의에 대해 공수처가 직접 수사하는 것이 본래 목적에 맞았다. 결국 공수처가 대통령 윤석열의 내란 혐의 수사를 담당하게 되었지만, 이렇게 결정이 난 후에도 논란이 많았다. 공수처에 대통령 수사권이 있는 것은 분명하지만, 내란죄의 경우 공수처 수사 범위에 포함되지 않는다는 반대의 목소리가 있었기 때문이다. 우리는 공수처법 2조 4항 라 항목을 기준으로 삼아 다른 해석의 가능성을 열었다.

고위공직자범죄수사처 설치 및 운영에 관한 법률 제2조(정의) 4항

4. "관련 범죄"란 다음 각 목의 어느 하나에 해당하는 죄를 말한다.

가. 제3조 제1항 각 호의 고위공직자가 다음 각 세목의 어느 하나에 해당하는 죄를 범한 경우의 그 죄

「형법」 제129조부터 제132조까지의 죄(수뢰, 사전수뢰, 제삼자뇌물제공, 알선수뢰)

「특정범죄 가중처벌 등에 관한 법률」 제2조의 죄(수뢰액이 1억 원 이상인 경우)

나. 제3조 제1항 각 호의 고위공직자가 직무와 관련하여 「형법」 제123조(직권남용), 제133조(증뢰), 제355조(횡령), 제356조(배임), 제357조(배임수재 등) 및 제359조(업무상 횡령과 배임)의 죄

를 범한 경우의 그 죄

다. 가목 또는 나목의 죄와 관련된 「형법」 제30조부터 제34조까지의 죄(공범, 교사범, 방조범)

라. 가목부터 다목까지의 죄에 해당하는 범죄행위로 인한 「범죄수익 은닉의 규제 및 처벌 등에 관한 법률」 제2조 제4호의 범죄수익 등과 관련된 같은 법 제3조(범죄수익 등의 은닉 및 가장) 및 제4조(범죄수익 등의 수수)의 죄

마. 제3조 제1항 제1호부터 제3호까지의 고위공직자가 「형법」 제119조(직무유기) 및 제120조(직권남용)의 죄를 범한 경우의 그 죄

이처럼 공수처법 제2조 4항은 공수처의 수사 대상이 되는 '관련 범죄'를 구체적으로 정의하고 있다. 특정 고위공직자의 뇌물죄, 직권남용죄, 횡령·배임죄 등과 그 공범, 그리고 이러한 범죄로 얻은 범죄수익 은닉 및 수수 행위를 포함한다. 또한 대통령, 국회의장 및 국회의원, 대법원장 및 대법관의 직무 유기 및 직권남용죄도 포함된다. 여기에 내란죄가 정확히 명시되어 있진 않지만, 윤석열 대통령에게 직권남용죄 혐의가 있고, 그 직권남용 행위가 내란죄의 수단이나 결과와 관련되어 범죄수익이 발생하여 은닉 또는 수수되었다면, 라 항목의 내용에 따라 공수처가 수사할 수 있는 것으로 해석이 가능하다. 이에 공수처는 검찰 특별수사본부와 함께 윤 대통령의 직권남용죄와 관련된 범죄로 내란죄 수사를 진행하게 되었다. 그렇게 검찰 특수본에서 우선적으로 진행하던 윤석열 내란 혐의 수사는 2024년 12월 18일, 공수처로 이첩됐다.

공수처, 무능한 칼날과 예고된 실패

공수처와 윤석열 측의 체포 전쟁이 본격화되었다. 12월 29일, 윤석열 대통령이 공수처의 3차 출석 요구에 불응하자, 공수처는 바로 다음날(30일 0시) 서울서부지법에 대통령 윤석열에 대한 체포영장을 청구했다. 영장은 31일 오전에 발부되었다. 뉴스에 체포영장 발부 소식이 뜨자 온 국민이 안도했다. 나 역시 윤석열 파면까지 가는 긴 여정에 또 하나의 어려운 관문을 넘었다는 안도감이 들었다. 그리고 당장이라도 내란수괴 윤석열이 체포되는 것을 두 눈으로 지켜보고 싶었다.

그런데 웬일인지 공수처는 영장을 발부받고도 즉각 움직이지 않았다. 그 이유는 크게 세 가지였다. 첫째, 대통령 경호처의 강경한 저항이 예상되는 상황에서 무리한 영장 집행으로 인한 물리적 충돌과 불필요한 논란을 피하고 싶다는 것. 둘째, 대통령 관저는 경호 구역이기 때문에 영장 집행 과정에서 발생할 수 있는 법적 문제들을 면밀히 검토하고, 위법 소지를 최대한 차단하기 위해 시간이 필요하다는 것. 셋째, 영장 집행의 효과를 극대화하고, 불필요한 혼란을 최소화하기 위해 최적의 시점을 신중하게 검토하겠다는 것이었다.

실제로 공수처는 대통령 조사에 필요한 질문지 작성, 조사실 및 휴게 장소 마련 등 제반 준비를 진행하며, 영장 집행과 동시에 원활한 수사가 이루어질 수 있도록 만반의 준비를 했다. 대통령 경호처, 비서실 등 관련 기관에 협조 공문도 발송하고 그들의 답변을 기다렸다. 하지만 윤석열 측이 공수처가 원하는 대로 호락호락 움직여줄 리 만무했다. 결국 공수처는 체포영장이 발부된 지 나흘째 되던 1월 3일, 1차 체포영장 집행에 들어갔다. 하지만 그 결과는 참담했다.

새벽 6시 14분쯤, 공수처 검사들과 수사관들은 윤석열 체포영장을 집행하기 위해, 과천 청사에서 출발해 서울 용산구 한남동 대통령 관저로 향했다. 7시 21분쯤 한남동 대통령 관저에 도착한 공수처 수사팀은 체포영장 집행 절차를 시작했다. 하지만 관저 초입부터 대통령 경호처의 강력한 저항에 부딪혔다. 대통령의 신변 보호와 국가안보를 이유로 공수처의 관저 진입을 허용할 수 없다는 것이 경호처의 입장이었다. 공수처와 경찰은 80여 명의 인력을 동원해 저지선을 돌파하려 했지만, 경호처가 끝까지 물리력으로 저항했다. 결국 공수처는 오후 1시 30분까지 경호처와 대치하다가, 약 6시간 만에 철수를 결정했다. 물리적 충돌로 인한 안전사고를 피하기 위함이었다. 반나절 이상 가슴 졸이며 공수처의 영장 집행 상황을 지켜보던 국민은 큰 허탈함에 빠졌다. 신중에 신중을 기하던 공수처가 체포영장 집행에 나섰다가 빈손으로 돌아올 것이라고는 아무도 예상치 못했기 때문이다. 나 역시 해당 장면을 지켜보면서 답답함에 가슴을 쳤다. 만약 손자가 이 상황을 마주했다면 〈모공(謀攻)〉편의 이 말을 앞세워 당장 이렇게 훈수를 두었을 터였다.

故 用兵之法 十則圍之 五則攻之 倍則分之 고 용병지법 십즉위지 오즉공지
배즉분지

용병의 법칙은, 아군의 병력이 적의 열 배가 되면 포위하고, 다섯 배가 되면 공격하며, 두 배가 되면 적을 분산시켜라.

敵則能戰之 少則能逃之 不若則能避之 적즉능전지 소즉능도지 불약즉능피지
적의 세력이 강하면 싸울 수 있고, 적의 세력이 약하면 도망갈 수 있으며, 적의 세력이 아군보다 못하면 피할 수 있다.

故 小敵之堅 大敵之擒也 고 소적지견 대적지금야
그러므로 작은 적이 굳세게 버티는 것은, 결국 큰 적에게 사로잡히는 원인이 된다.

손자가 보기에 전쟁은 '머릿수' 싸움이다. 전쟁에서는 전력 우위에 서는 것이 중요하며, 압도적인 병력으로 포위하거나 충분한 병력으로 공격해야 승산이 있다. 또한 병력이 비슷하거나 약간 우세할 때는 적을 분산시켜 각개 격파하는 전략을 활용해야 한다. 무조건적인 싸움보다는 적의 힘을 정확히 파악하여 싸우거나 피하거나 도망가는 유연한 대처가 필요한 것이다.

안타깝게도 이 간단하지만 중요한 전략은 공수처 체포영장 집행 당시에 적용되지 않았다. 체포영장 집행 당시 경호처 직원과 군인 200여 명이 겹겹이 벽을 쌓아 공수처의 진입을 막은 것으로 알려졌다. 그런데 공수처는 1차 체포영장 집행 당시 공수처 인력 20여 명과 경찰 인력 80여 명, 도합 100여 명의 집행 인력으로 진입을 시도했다. 애초에 머릿수 싸움부터 지고 들어가는 게임이었다.

만약 공수처가 대통령 윤석열을 체포하려는 의지가 있었다면, 적어도 경호처 200여 명의 두 배가 되는 400여 명의 체포조를 투입했어야 한다. 특히 체포 집행 경험이 부족한 공수처로서는 머릿수에서 압도적인 우위를 확보할 필요가 있었다.

공수처가 놓친 것은 이것만이 아니다. 〈허실(虛實)〉편에 나오는 다음 구절을 보라.

攻其無備 出其不意 공기무비 출기불의
예상치 못한 곳에서 나타나고, 방비가 없는 곳을 공격하라.

그런데 공수처는 어떠했는가. 누구나 예상할 수 있는 시간에, 누구나 예상할 수 있는 방식으로 체포영장 집행에 나섰다. 경호처의 저항이 충분히 예상되는 상황에서, 이를 돌파할 대응책이나 결단 없이 집행에 나선 것이다. 보통 이런 경우 수사기관은 방해하는 사람들을 현행범으로 체포한 다음에 영장 집행을 계속하는 방안을 검토하기 마련이다. 실제로 경찰은 경호처와의 대치 중에 박종준 경호처장을 공무집행 방해 혐의로 체포하려 했다. 하지만 이를 막아선 것은 공수처였다. 개인화기를 휴대한 경호처 직원들을 체포하는 과정에서 불상사가 벌어질까 봐 현행범 체포를 시도하지 않았다는 것이다.

대통령 경호처는 이와 대조적이었다. 대통령의 신변 보호를 최우선으로 하는 조직답게, 체포 시도에 대해 그 어떤 물리적 저항도 불사하겠다는 입장을 고수했다. 경호처의 강경한 태도는 공수처의 영장 집행을 원천 봉쇄하는 결과를 낳았다. 이날 공수처는 윤석열을 체포할 능력도 없었고, 준비도 안 됐으며, 의지마저 없어 보였다.

상처뿐인 승리, 늑장 대응이 키운 '내란 불면증'

2차 체포 집행 당시에도 상황은 다르지 않았다. 1차 체포 시도 실패 후 다시 체포 집행에 나서기까지 보름 정도의 시간이 소요됐음에도, 체포 작전은 일사불란하게 이뤄지지 않았다. 경찰병력을 늘리고 수사 지휘 차량과 장비를 동원했지만, 번번이 장애물에 막혔다. 특히 대통령 관저 앞에 탄핵을 지지하거나 반대하는 극우 세력들이 '인간 띠'를 이루며 혼란이 가중됐다. 공수처가 체포 집행을 미루는 사이 윤석열의 지지자들이 결집하기 시작했고, 그 세가 무섭게 불어난 것이다. 준비가 조금 미흡하더라도 졸속으로 밀어붙여 빠르게 윤석열을 체포했어야 했는데, 공수처의 무능이 화를 불러왔다.

결과적으로 2차 체포 집행은 성공으로 마무리됐지만, 상처뿐인 승리였다. 대통령 체포라는 막중한 임무를 수행하기에는 공수처의 역량이 부족했다는 것이 여실히 드러난 것이다. 실제로 공수처는 기관 출범 이후 구속영장을 5번 청구했으나 매번 기각되는 등 전패를 기록한 바 있다.

돌이켜보면 공수처 수사권 논란이 불거졌을 때, '검찰이나 경찰에 체포 집행을 전담시켰으면 어땠을까'하는 아쉬움이 남는다.

당시에는 검찰과 경찰 모두 12·3 내란에 직접적으로 동조했다고 판단했기 때문에 체포권을 맡길 수 없었다. 특히 검찰은 대통령 윤석열의 친정이 아닌가. 대통령 윤석열과 영부인 김건희의 온갖 불법적인 행태를 비호해온 한통속이었기에 사실상 내란의 주범이라고 판단했다. 경찰도 마찬가지였다. 계엄 당일 국회를 가장 먼저 에워싸고 시민들과 대치한 것은 다름 아닌 경찰이었다. 명령에 따른 임무 수행이었다고 해도 엄연히 내란에 가담한 것이라 판단되었기에 체포 담당 기관으로서는 미덥지 않았다. 결국 우리에게 남은 선택지는 공수처였다.

공수처는 검찰로부터 독립된 기관으로 정치적 외압으로부터 비교적 자유롭게 수사를 진행할 수 있다. 바로 그 점을 믿어보고자 했던 것이 결정적 실책이 되었다. 그로 인해 대통령 윤석열에 대한 체포영장이 발부된 후 체포까지 한 달이라는 긴 시간이 걸렸고, 그 사이 국민은 매일 밤 '내란 불면증'에 시달려야 했다. 오매불망 대통령 윤석열의 체포 소식을 기다리며 뜬눈으로 밤을 지새우는 것이 일상이 되었다.

공수처의 수사 역량 부족이 명백히 드러났을 때, 민주당 차원에서 보다 신속하고 단호하게 대응하지 못한 것이 뼈아픈 후회로 남는다. 당시 우리는 공수처가 가진 법적 권한과 독립성을 존중한다는 명분 아래 안일하게 상황을 낙관하고만 있었다.

나와 민주당은 이 사건을 통해 뼈저린 교훈을 얻었다. 앞으로는 국가 기관의 독립성을 존중하는 것 못지않게, 그 기관의 역량과 한계를 냉철하게 평가해야 한다는 것을. 그리고 믿음이나 바람이 아닌 현실을 직시해야 했다는 사실 말이다.

공수처의 빈손 귀환은 단순한 작전 실패가 아닌, 정의 구현을 향한 국민적 염원의 좌절을 의미했다. 대통령 체포 실패라는 씁쓸한 기록은, '방비 없는 곳을 치고, 예상치 못한 때에 출격하라'는 손자의 준엄한 가르침을 간과한 대가였다. 이제 우리는 뼈아픈 실패를 거울삼아, 더욱 예리한 전략과 압도적인 힘으로 무장해 내란 종식의 그날까지 싸워야 한다. 계엄 전쟁은 여전히 현재진행형이다.

14장 자만과 방심, 스스로 부른 위기
'탄핵 지연'과 '국정 공백'의 위기 탈출 전략

率然有機 吳越同舟 以克危機 솔연유기 오월동주 이극위기

솔연처럼 유기적으로 움직이고,

오월동주처럼 협력하여 위기를 극복한다

손자의 지정학적 사유에서 빌린 위기 탈출 방법

孫子曰 用兵之法 有散地 有輕地 有爭地 손자왈 용병지법 유산지 유경지 유쟁지

손자가 말하길, 용병의 방법에는 산지가 있고, 경지가 있고, 쟁지가 있다.

有交地 有衢地 有重地 有圮地 有圍地 有死地 유교지 유구지 유중지 유비지 유위지 유사지

교지가 있고, 구지가 있고, 중지가 있고, 비지가 있고, 위지가 있고, 사지가 있다.

諸侯 自戰其地者 爲散之 제후 자전기지자 위산지

제후가 자기 땅에서 싸우는 곳을 산지(散地)라고 한다.

我得亦利 彼得亦利者 爲輕地 아득역리 피득역리자 위경지

우리가 얻어도 이롭고 저들이 얻어도 이로운 곳을 경지(輕地)라고 한다.

入人之地 而不深者 爲爭地 입인지지 이불심자 위쟁지

남의 땅에 들어갔으나 깊이 들어가지 않은 곳을 쟁지(爭地)라고 한다.

我可以往 彼可以來者 爲交地 아가이왕 피가이래자 위교지

우리가 갈 수도 있고 저들이 올 수도 있는 곳을 교지(交地)라고 한다.

諸侯之地三屬 先至而得天下之衆者 爲衢也 제후지지삼속 선지이득천하지중자 위구야

제후의 땅이 세 방향으로 통하여 먼저 도착하여 천하의 무리를 얻는 곳을 구지(衢地)라고 한다.

入人之地深 背城邑多者 爲重地 입인지지심 배성읍다자 위중지

남의 땅에 깊이 들어가 뒤에 의지할 성읍이 많은 곳을 중지(重地)라고 한다.

山林 險阻 沮澤 凡 難行之道者 爲圮地 산림 험조 저택 범 난행지도자 위비지

산림, 험한 길, 질퍽한 땅 등 무릇 다니기 어려운 길을 비지(圮地)라고 한다.

所由入者 隘 所從歸者 迂 彼寡 可以擊吾之衆者 爲圍地 소유입자 애 소종귀자 우 피과 가이격오지중자 위위지

들어가는 길은 좁고 돌아나가는 길은 멀어, 저들의 적은 병력으로도 우리의 많은 병력을 공격할 수 있는 곳을 위지(圍地)라고 한다.

疾戰則存 不疾戰則亡者 爲死地 질전즉존 부질전즉망자 위사지

빨리 싸우면 살고 빨리 싸우지 않으면 죽는 곳을 사지(死地)라고 한다.

윤석열의 구속 취소로 위기감이 깊어졌을 때, 나는 〈구지(九地)〉편을 거듭 읽으며 지혜를 구했다. 우리가 유리하게 이끌어가던 계엄 정국이 윤석열 지지자들의 조직적인 반발과 보수 언론의 '탄핵 피로감' 조성, 그리고 일부 중립적인 사람들의 미온적인 반응으로 인해 빠르게 불리해지고 있었다. 이처럼 전쟁의 우열이 급격히 요동치는 때 손자는 어떻게 대처했을까.

〈구지(九地)〉편은 손자병법의 열한 번째 편으로 여기서 손자는 전쟁이 벌어지는 땅의 유형을 9가지(산지, 경지, 쟁지, 교지, 구지, 중지, 비지, 위지, 사지)로 분류하고, 각각의 지정학적인 여건에 따라서 어떤 전략을 써야 하는지 꽤 구체적으로 설명하고 있다. 우리가

싸우고 있는 것이 이중 어디에 해당하는지를 살피는 것에서 새로운 전략과 전술이 가능하다.

자만과 방심으로 사지(死地)에 들다

是故 散地則無戰 輕地則無止 爭地則無攻 시고 산지즉무전 경지즉무지 쟁지즉무공

흩어진 땅에서는 싸우지 말고, 가볍게 지나쳐야 할 땅에서는 머무르지 말고, 반드시 쟁탈해야 할 땅이라 하더라도 함부로 공격하지 말라.

交地則無絶 衢地則合交 重地則掠 교지즉무절 구지즉합교 중지즉략

사방으로 통하는 땅에서는 퇴로를 막지 말고 적이 쉽게 빠져나갈 수 있도록 열어두며, 여러 나라와 통하는 요충지에서는 주변 세력과 연합하여 우위를 확보하고, 중요한 전략적 요충지에서는 적의 자원을 약탈하여 아군을 유리하게 하라.

圮地則行 圍地則謀 死地則戰 비지즉행 위지즉모 사지즉전

험준하고 무너지기 쉬운 땅에서는 오래 머물지 말고 신속히 이동하며, 적에게 포위된 땅에서는 살아남기 위한 계책을 신중하게 모색하고, 퇴로가 없는 절체절명의 죽을 땅에서는 필사적으로 싸워라.

손자는 병사와 국민들의 마음이 흩어지기 쉬운 만큼 제후(지도자)가 자기 땅에서 싸움을 벌이는 것을 제일 경계하였으며, 또한 국경

선 경계가 가까운 '경지'에서는 병사들의 마음이 요동치기 쉬우니 머물지 말라 했다. 전략적 요충지인 '쟁지'에서는 오히려 신중하게 싸워 반드시 이겨야 하며, '교지'에서는 부대의 통행이 끊기지 않도록 하고 방어 태세를 강화하라고 했다. '구지'에서는 외교 친선에 힘쓰고, '중지'에서는 현지 조달에 힘쓰고, '비지'에서는 신속히 통과하고, '위지'에서는 계책으로 적을 따돌리며, '사지'에서는 지체하지 않고 싸워야 하는 것이다.

윤석열의 구속 취소 등으로 위기감이 깊어지던 국면에서 지금 우리가 서있는 땅은 어디일까 짚어보니 산지(散地)에서 사지(死地)로 떨어진 것은 아닐까 싶은 생각이 들었다. 계엄 초기 대통령 윤석열 체포라는 명분 아래 국민적 지지를 얻었으나, 시간이 갈수록 내부 결속력이 약화되면서 새로운 동력을 찾지 못한 상황이 마치 산지(散地)와 같았다. 또한 '윤석열 석방'이라는 예상치 못한 변수로 인해 단호하게 속전속결 하지 않으면 모든 것을 잃을 수도 있는 상황이 사지(死地)로 여겨졌다. 내란이라는 중대 범죄를 일으킨 윤석열을 체포하고 나서 일사천리로 탄핵을 이뤄낼 수 있을 거라 생각했는데, 그렇게 안심하는 순간 비상계엄 발동 당시 하나로 단단하게 뭉쳤던 마음이 흩어지기 시작했다. 우리도 모르는 사이에 자만과 방심이 피어난 것이다.

방심은 패배로 이어지기 쉽다. 탄핵은 시간문제라고 생각하며 안도하는 사이에 계엄 정국의 판세가 뒤집혔다. 윤석열은 법의 빈틈을 찾아 구속 취소를 받아냈고, 즉시 석방되었다. 그 모습을 지켜본 국민이 당혹감에 휩싸여 있는 사이, 윤석열의 지지자들과 극우 세력들의 기세는 하늘 높이 치솟았다. 스스로를 애국 시민이라 부르는 그들은 내란 수괴인 윤석열을 나라를 구할 영웅으로 둔갑시키며 적극적으로 옹호했다. 윤석열의 구속 취소가 '부활의 신호탄'이라도 되는 양 날이 갈수록 세를 불려 가며 탄핵 반대를 외쳤다.

극우들과 선 긋기를 하며 몸을 사리던 국민의힘은 어떠했나. 감사원장과 서울중앙지검장 등에 대한 헌재의 탄핵 기각으로 나날이 의기양양해졌다. 급기야 국민의힘 의원들은 거리로 나가 대통령 탄핵 각하 또는 기각을 부르짖었다. 판세의 흐름이 자신들에게 유리한 쪽으로 바뀌기 시작하자, 극우들과 한배를 타고 더 극성을 부리기 시작한 것이다. 민주당에 대한 공격의 수위도 높이기 시작했다. 보수 세력의 총반격은 그동안 우리가 예상했던 수위보다 깊고 넓게 형성돼 있었다. 눈 깜짝할 사이에 계엄 정국의 공수가 바뀌어버렸다.

싸움은 기세다!

故 善戰人之勢 如轉圓石於千仞之山者 勢也 고 선전인지세 여전원석어천인지산자 세야

고로 싸움을 잘하는 사람의 기세는 마치 둥근 돌을 천 길이나 되는 높은 산에서 굴리는 것과 같다. 이것이 기세이다.

〈병세(兵勢)〉편에 나오는 유명한 구절이다. 손자는 싸움에서 기세

가 얼마나 중요한지 늘 강조했다. 둥근 돌이 높은 곳에서 굴러 내려오면 그 힘을 막을 수 없듯이, 적군이 유리한 기세를 타기 시작하면 속수무책으로 당할 수밖에 없다고 했다. 윤석열 지지세력이 기세를 타기 시작했다는 것은 분명한 위험 신호였다. 돌아가는 상황을 보니 후회스러운 것이 많았다.

계엄 초기, 나는 내란에 동조했던 국무위원들을 한꺼번에 탄핵하고 거국 내각(擧國內閣)을 구성해야 한다고 주장했었다. 거국 내각은 특정 정당이나 정파에 한정되지 않고, 여당과 야당을 포함한 여러 정당 또는 정치 세력이 함께 참여하여 구성하는 내각을 말한다. 전쟁, 내전, 심각한 경제 위기, 대규모 재난 등 국가 전체가 어려움에 직면했을 때, 특단의 조치로 구성할 수 있다. 정치적 이념이나 당파를 초월하여 국가적 역량을 총집결하기 위함이다.

국가적 비상 상황이었던 계엄 초기에는 국무위원을 모두 탄핵하더라도 '거국 내각'이라는 대안을 통해 위기를 극복해 나갈 기회가 분명히 있었다. 하지만 당시 민주당 내 강경파와 온건파의 의견 충돌, 그리고 '대통령 흔들기'라는 프레임을 우려한 일부 중진 의원들의 반대, 더욱이 국민의힘의 극렬한 반발 등 여러 가지 정치적 상황 때문에 거국 내각은 결국 불발되었다. 그 결과, 내란에 직간접적으로 동조한 국무위원들이 그대로 자리를 지켰고, 이것이 결국 계엄 정국의 암초가 되었다. 그들은 끝까지 계엄에 동조한 것을 반성하지 않았다. 이런 그들에 '탄핵'으로 맞섰더니 '줄탄핵' 프레임으로 오히려 역공을 당할 위기에 놓이고 말았다. 우리의 단호하지 못했던 초기 대응이 상대를 강하게 만들었고, 급기야 반격의 빌미를 만들어준 것이다.

솔연과 오월동주, 위기 속 단결의 힘

상대측의 세력이 더 커지기 전에 다시 주도권을 가져와야 했다. 그런데 과연 어떻게 상황을 뒤집을 것인가.

兵士甚陷則不懼 無所往則固 병사심함즉불구 무소왕즉고
병사들이 깊이 빠지면 두려워하지 않고, 갈 곳이 없으면 굳게 뭉친다.

入深則拘 不得已則鬪 입심즉구 부득이즉투
깊이 들어가면 얽매여 벗어나기 어렵게 되고, 부득이하게 되면 필사적으로 싸운다.

是故 其兵 不修而戒 시고 기병 불수이계
이러므로 그 병사들은 평소에 훈련하지 않아도 경계하며,

不求而得 不約而親 不令而信 불구이득 불약이친 불령이신
요구하지 않아도 얻으려 하고, 약속하지 않아도 서로 친하며, 명령하지 않아도 믿고 따른다.

禁祥去疑 至死 無所之 금상거의 지사 무소지
상서로움을 금하고 의심을 버리면, 죽음을 두려워하지 않고 명령

에 복종한다.

吾士 無餘財 非惡貨也 無餘命 非惡壽也 오사 무여재 비오화야 무여명 비오수야
우리 병사들에게 남은 재물이 없는 것은 재물을 싫어해서가 아니며, 남은 목숨이 없는 것은 오래 사는 것을 싫어해서가 아니다.

令發之日 士卒坐者 涕霑襟 偃臥者 涕交頤 영발지일 사졸좌자 체점금 언와자 체교이
명령이 내려지는 날, 앉아 있는 병사는 눈물이 옷깃을 적시고, 누워 있는 병사는 눈물이 뺨에 흐른다.

投之無所往 則諸劌之勇也 투지무소왕 즉제궤지용야
그들을 갈 곳 없는 곳에 던져 넣으면 평소와 다르게 용맹해진다.

故 善用兵者 譬如率然 고 선용병자 비여솔연
그러므로 용병을 잘하는 자는 솔연(率然)과 같다.

率然者 常山之蛇也 솔연자 상산지사야
솔연이란 상산(常山)의 뱀과 같은 것이다.

擊其首則尾至 擊其尾則首至 擊其中則首尾俱至 격기수즉미지 격기미즉수지 격기중즉수미구지
그 머리를 치면 꼬리가 달려오고, 그 꼬리를 치면 머리가 달려오

며, 그 가운데를 치면 머리와 꼬리가 모두 달려온다.

敢問 兵可使如率然乎 감문 병가사여솔연호
감히 묻습니다. 군대를 솔연과 같이 만들 수 있습니까?

曰 可 왈 가
가능합니다.

이 구절들에서의 핵심은 '병사들이 위기에 몰리면 죽기 살기로 단결해서 싸울 의지를 갖게 된다'는 것이다. 이런 장병들을 마치 솔연처럼 일사불란하고 유기적으로 움직일 수 있는 장군이 있다면, 결국 승리할 수 있다고 했다. 솔연은 중국 전설 속에 등장하는 뱀이다. 머리를 치면 꼬리가 달려들고, 꼬리를 치면 머리가 달려들며, 몸통을 치면 머리와 꼬리가 동시에 공격하는 특성을 가졌다고 했다. 위기에 처했을 때 신속하고 유기적으로 대응하는 모습을 가리키는 것이다.

夫 吳人與越人 相惡也 부 오인여월인 상오야
대저 오나라 사람과 월나라 사람은 서로 싫어하지만,

當其同舟而濟 遇風 其相救也 如左右手 당기동주이제 우풍 기상구야 여좌우수
그들이 같은 배를 타고 건너다가 바람을 만나면, 서로 구원하기를 마치 좌우의 손과 같이 한다.

손자는 또 오월동주(吳越同舟)를 말했다. 오나라와 월나라 사람처럼 평소에는 서로 원수지간이라 하더라도 위기 앞에선 서로 한마음 한뜻으로 움직이게 되는 법이다. 그것처럼 죽을 위기 앞에선 장병들이 스스로 손발을 맞춰 잘 싸울 수 있다고 했다.

손자의 눈으로 계엄 정국을 다시 보니 위기가 곧 기회로 여겨졌다. 12월 3일 느닷없이 비상계엄이 발동되었을 때, 국민과 국회의원 그리고 계엄 명령에 소극적으로 움직였던 군이 하나로 뭉쳤던 것처럼, 윤석열의 구속 취소를 또 한 번 오월동주의 계기로 만들 수 있을 것 같았다. '윤석열 대통령의 구속 취소'를 땔감 삼아서 그동안 느슨해졌던 전투 의지에 다시 불을 붙이면 될 일이었다. 그러기 위해선 구속이 된 이후에도 헌법 위에서 군림하려 드는 대통령 윤석열의 패악스러움과 그와 동조하며 비겁하게 살길을 찾는 내란 동조자들의 행태를 더 적극적으로 알려야 했다. 국민에게 이대로 가만히 있다간 탄핵이 실패할지도 모른다는 위기감을 각성시킬 필요가 있었다. 우리는 빠르게 행동으로 옮기기 시작했다.

국민과 함께하는 비상 행동: 민주당의 총력전

마치 '솔연'과 같이 국민과 함께 힘차게 싸워나가기 위해서, 민주당은 즉각 비상 행동에 돌입했다. 당 차원에서 모든 역량을 집중하여 윤석열의 부당한 석방을 규탄하고, 국민의 분노와 민주주의에 대한 열망을 하나로 모으기 위한 총력전에 나섰다. 가장 먼저 의원들을 비롯한 당직자들은 헌법재판소의 탄핵 심판 선고일까지 국회 경내에서 출퇴근 없이 24시간 비상 대기에 나섰다. 내란 우두머리의 석방이라는 예상치 못한 사태를 민주주의에 대한 심각한 위협으로 인식하고, 돌발 상황에 신속하게 대응하기 위한 준비 태세를 갖춘 것이다. 동시에 대통령 윤석열의 석방을 결코 용납할 수 없다는 민주당의 강력한 의지를 대내외에 분명하게 보여주기 위한 것이기도 했다. 국회의원들이 밤낮없이 국회에 머무르며 비상 대기하는 모습이 지지층에게는 굳건한 연대감을 심어주고, 일반 국민에게는 사태의 심각성을 환기시킬 수 있을 거라 판단했다.

두 번째로 우리는 여의도 국회에서 출발해 광화문까지 매일 8.7km의 도보 행진을 이어갔다. 이 행진은 여의도 국회에서 시작된 탄핵의 불길이 종로 헌법재판소까지 이어져 '윤석열 파면'이라는 결론으로 끝맺기 바라는 염원을 담은 것이었다. 시민들이 많이 다니는 여의도와 마포 일대를 거쳐서 매일 걷다보니, 함께 걷고 손 흔들며 응원해주는 시민들이 점점 늘어났다. 함께 하는 시민들이 많아질수록, 정부와 여당은 심리적 압박과 정치적인 부담감이 가중되었을 것이다.

또한 광화문에 천막 당사를 설치해 비상행동의 새로운 거점으로 삼았다. 헌법재판소의 탄핵 심판 결정이 임박한 상황에서 예상치 못한 변수에 즉각적으로 대처하기 위한 물리적인 공간이 필요했다. 이곳에서 우리는 최고위원회의와 같은 주요 당 회의를 개최하고, 매일 같이 당 차원의 집회와 농성을 진행했다. 시민사회단체, 종교계 등 각계 인사들과 연대하여 공동 행동을 모색하고, 탄핵 촉구의 목소리를 높였다. 광화문 일대에서 탄핵 시위를 하는 시민들과 동고동락하며, 함께 호흡하면서 '탄핵'이 시대정신임을 다시 확인할 수 있는 좋은 기회였다.

특히 나는 민주당 최고위원으로서 세 가지 핵심 전략을 세워 비상 행동에 앞장섰다.

① 대통령 윤석열의 신속한 파면을 촉구하며 내란 동조 세력을 규탄한다.
② 내란 세력들이 계엄 당시 얼마나 극악무도한 계획을 세웠었는지, 그 진상을 소상하게 밝혀내고 신속하게 알린다.
③ 계엄으로 인해 위기로 치닫고 있는 우리 국방 안보 현안 해결에 집중한다.

이 세 가지 전략을 중심으로 매일 최고위원회의에 참석해 주도적으로 목소리를 냈다. 특히, 국방 전문가로서 계엄 발동으로 인해 발생할 수 있는 군 내부 동요 가능성을 차단하고, 주변국의 도발 가능성에 대비하기 위한 긴급 점검 및 대책 마련을 정부에 강력히 촉구했다.

이에 따라 나는 헌법재판소의 탄핵 심판 선고가 늦어질 당시, 마은혁 헌법재판관 후보자 임명을 대놓고 반대하는 국민의힘 의원들을 먼저 공개적으로 비판했다. 또한 헌법재판소의 결정을 대놓고 무시하는 최상목 권한대행 등 내란 동조 세력들의 탄핵 추진에 앞장섰다. 당시 '탄핵 광기'를 운운하며 적반하장격으로 공격해오는 정부 인사와 국민의힘 의원들을 향해 거침없이 쓴소리를 남겼다.

2025년 3월 20일, 김병주 민주당 최고위원 발언 중에서
국민의힘 모 의원이 마은혁 헌법재판관 후보자 임명을 거부할 수 있다고 주장했습니다. 그러면서 어제(19일) 이재명 민주당 대표의 발언(최상목 직무유기)을 걸고넘어졌습니다.

이는 법치주의 최후의 보루인 헌법재판소의 결정을 대놓고 무시하겠다는 언사입니다. 헌법재판소의 결정을 무시하고 마은혁 헌법재판관 후보자의 임명을 지연시키는 것은 명백한 '직무유기'입니다.

법치주의 국가에서 정상적인 사고방식을 갖고 있는 분이라면 동의할 수밖에 없습니다. 그런데도 최상목을 비호하는 것은 정치적 이익을 위해 헌법을 왜곡하려는 의도로밖에 보이지 않습니다. 혹시 윤석열식 '위헌·위법 바이러스'가 모 의원에게도 전염된 겁니까?

민주주의와 법치를 무시하는 모 의원의 발언에 대해 깊은 유감을 표합니다. 특히 모 의원은 마은혁 후보자를 '종북좌파'로 몰아세웠습니다. 근거가 무엇입니까? 그 말을 책임질 수 있습니까? 국민의힘과 모 의원은 더 이상 무책임한 발언을 삼가고, 헌법재판소의 결정을 존중하기 바랍니다.

끝으로 최상목 권한대행에게 한마디 하겠습니다. 법치국가에서 헌법재판소의 결정은 존중하는 게 아닙니다. 따르는 것입니다. 명심하십시오!

2025년 3월 22일, 김병주 민주당 최고위원 발언 중에서

윤석열 정부에서 국토교통부 장관을 지낸 A가 최상목 권한대행에 대한 탄핵소추안 발의를 놓고 '대한민국 경제를 무너뜨리겠다는 탄핵 광기'라고 비난했습니다. 파렴치하고 황당한 주장입니다. 12·3 내란으로 대한민국 경제를 추락, 추락, 추락시킨 게 누굽니까! 이 정도면 적반하장, 후안무치의 끝판왕 아닙니까!

'탄핵 광기'라는 비난도 황당하긴 마찬가지입니다. 윤석열 정권이 극우 독재 국가를 만들려고 내란을 저지르지 않았다면 최상목에 대한 탄핵도 없었습니다. 12·3 내란으로 나라를 절단낸 것은 바로 '국민의힘'이 배출한 윤석열 내란 정권입니다.

윤석열을 탄핵하고 내란 세력을 처단해야 한다는 국민의 목소리가 높습니다. 한 줌도 안 되는 내란 세력, 극우 세력과 당장 절연하십시오. 그렇지 않으면 A의 꼬리표에 있는 내란 동조 세력이란 각인은 영원히 지워지지 않을 겁니다.

최상목 권한대행을 비롯한 내란 정권의 고위 인사들과 국민의힘에 경고합니다. 정치생명을 연장하고 싶다면 내란 수괴 윤석열과 극우 폭도가 아니라 상식이 통하는 대다수 국민의 목소리에 귀를 기울이십시오!

속속 드러나는 내란의 진실, 계엄은 그저 경고가 아니었다

뒤집힌, 혹은 적어도 백중세인 계엄 정국을 돌파하기 위해 내란 동조 세력에 대한 경고만큼이나 헌법재판소를 향해 간절한 바람을 전하기도 했다. 탄핵 심판 선고가 끝도 없이 지연되어 3월을 넘기게 되었을 때, 헌법재판소를 향해 "너무 늦은 정의는 정의가 아니다"라는 내용으로 메시지를 밝혔다. 아무리 바른 뜻이라고 해도 제때 실현되지 않으면 정의가 아닐 수 있다는 것을 상기시켜 빠른 결정과 선고를 촉구한 것이다. 이는 헌법재판소가 정치적 상황에 매몰되어 결정을 늦추는 것이 아니라, 헌법과 법률에 따라 신속하고 올바른 판단을 내려야 한다는 점을 강조한 것이다. 또한 탄핵 정국이 장기화될 경우 사회적 혼란과 불신이 더욱 커질 수 있다는 우려를 전달하기 위함이었다.

2025년 3월 21일, 김병주 민주당 최고위원 발언 중에서
"너무 늦은 정의는 정의가 아니다." 윌리엄 유어트 글래드스턴 전 영국 총리가 종종 썼던 말입니다. 17세기 영국의 한 법학자가 '지연된 재판은 정의가 아니다'라고 말한 게 그 기원인 것으로 알고 있습니다. 아무리 '바른 뜻이라도 제때 실현되지 않으면, 정의가 아닐 수 있다'라는 의미겠지요.

윤석열에 대한 탄핵 심판 선고일이 여전히 오리무중입니다. 헌법재판관들의 깊은 고민을 이해하지 못하는 바는 아닙니다. 그러나 국론 분열이 확산되고, 극단 세력의 행동이 거칠어지는 상황에서 이를 방관하는 것은 범죄를 일으키는 것이나 다름없습니다. 결국 그 피해는 고스란히 우리 국민이 감당해야 할 몫입니다. 국민의 생명과 안전을 최우선 가치로 하는 우리 헌법을 되새겨주시기 바랍니다.

실제 어제(20일) 오전 헌법재판소 앞에서 테러가 발생했습니다. 극우 극단 세력이 민주당 의원들을 향해 달걀과 물병, 과일을 던졌습니다. 오후에는 헌재를 향하던 이재정 의원을 한 남성이 발로 찼습니다. 경찰이 지켜보는 상황에서도 아무렇지도 않게 폭력을 행사했습니다.

'1인 시위'라고 우기며 헌재 앞까지 몰려온 이들 극단 세력에 대해 경찰은 뒤늦게 강제 해산 조치에 들어갔습니다. 지난 1월 19일 서부지법 사태를 겪고도 경찰은 여전히 안일한 태도를 보이고 있습니다. 심히 우려스럽습니다.

윤석열식 '위헌·위법 바이러스'는 이미 극우 극단 세력에 전염된 상태입니다. 그들에게 '법치'는 온데간데없이 사라졌습니다. 정치 폭력이 본격적으로 시작됐다는 우려마저 나오고 있습니다. 다시는 이런 불상사가 발생하지 않아야 합니다. 철저히 대비해주실 것을 경찰에 간곡히 부탁합니다.

한편, 계엄의 진상을 밝히기 위해 전력투구하는 가운데 사실로 드러난 충격적인 제보 내용을 언론에 집중적으로 알리는 것에도 힘썼다. 대표적인 예로, 계엄군이 한 언론사 기자를 상대로 무력을 사용하려 했던 모습이 CCTV에 고스란히 촬영된 사건이 있었다. 전말을 알아보니, 계엄 당일 당직 근무를 하던 뉴스토마토 기자가 계엄군을 발견하고 스마트폰을 꺼내 영상 촬영을 시작했다. 그 모습을 발견한 여러 명의 계엄군이 바로 기자에게 달려들어 스마트폰을 빼앗고 케이블 타이로 묶으려 했다. 기자가 거세게 반발한 탓에 포박을 하진 못했지만, 스마트폰을 뺏어 촬영된 영상을 곧바로 삭제했다. 해당 기자는 계엄군이 달려들었을 때 생명의 위협을 느졌다고 했다. 윤석열은 계엄 당일 단 한 명의 시민도 피해를 입은 사실이 없다며 스스로 변호했지만 결국 사실이 아니었던 것이다. 만약 그날 계엄이 성공했다면, 뉴스토마토 기자뿐만 아니라 더 많은 시민이 계엄군에 의해 강제로 포박됐을 것이다.

또 하나의 사건은 더욱 끔찍하게 다가왔다. 2024년 8월, 2군단 사령부 소속 군무원이 민간 종이관을 만드는 업체에 '종이관 1,000개'의 구매 여부 및 가격을 문의했다는 사실이 밝혀진 것이다. 나도 39년간 군 복무를 했지만, 군에서 시신 처리를 위해 민간 업체의 관을 구매한 것은 전례를 찾아보기 힘든 일이었다. 또한 군에서 발생하는 연간 사망자 수는 평균 100명도 되지 않는데, 왜 1,000개씩이나 필요했던 걸까. 끔찍한 상상을 불러일으키는 내용이었다.

그뿐 아니다. 2024년 12월, 육군에서 시신을 임시 보관하는 영현백을 3,000개 이상 구매한 사실도 드러났다. 이것은 평소 보유량의 2배가 넘는 개수다. 이는 12·3 비상계엄 발동 직후 발생할 수 있는 대규모 인명 피해 상황을 미리 대비하려 했던 명백한 증거라고밖에 설명할 길이 없었다.

이처럼 두 가지 사건 모두 대통령 윤석열이 단순 '경고성 계엄'이라고 주장한 것과 정면으로 위배되는 것이었기에, 국민에게 적극적으로 알릴 필요가 있었다. 만약 계엄이 성공적으로 진행되었다면 언론 자유가 짓밟히고 무고한 시민들이 목숨을 잃을 수도 있었던 끔찍한 상황이었다는 것, 눈에 보이는 피해가 없다고 해서 '아무것도 아닌 일'이 되는 것이 아님을 계속해서 인지시키는 것이 중요했다. 내란 세력에 대한 국민의 분노와 탄핵에 대한 열망을 다시 끌어올려야 했다. 그래야만 더욱 압도적인 힘으로 탄핵을 촉구해 나갈 수 있었기 때문이다.

전문성을 살린 위기 극복, 안보 공백 메우기 위한 외침

탄핵 정국이라고 해서 평소 수행해야 할 과제들이 면제되는 건 아니다. 계엄의 실체를 밝히고, 윤석열 파면을 위해 노력하는 것과 동시에 국방 전문가로서 시급하게 해야 할 일도 많았다. 탄핵 정국에 접어들면서 무정부 상태나 다름없는 상황이다 보니, 외교와 안보 측면에서 해결해야 할 현안들이 산적해 있었다. 특히 나의 전문 분야라 할 수 있는 한미동맹에 균열이 생기지 않도록 대응해 나가는 것이 무엇보다 중요했다. 미국의 대표적인 보수파 한반도 전문가인 빅터 차 CSIS(전략국제문제연구소) 한국 석좌가 "윤석열 대통령의 탄핵이 이뤄지지 않으면 한국 내 정치적 위기가 해결되지 않을 것"이라면서 "현재 한미동맹에 조용한 위기가 찾아왔다"고 진단하는 등 이상 징후가 보이기 시작했다. 나는 이 중대한 사실을 최고위원회의 때 언급하며, 윤석열 탄핵만이 우리 안보를 지키는 길이라고 거듭 강조했다. 또한 한미연합사 부사령관 시절 인연을 맺었던 미군 내 네트워크를 활용하여, 미국 측을 안심시키고 한미동맹의 굳건함을 재확인하는 노력도 병행했다.

중국과의 외교 문제에서도 목소리를 냈다. 지난 3월 중국이 우리나라 서해 잠정조치수역에 대형 철골 구조물을 무단으로 설치하는 일이 발생했다. 단순히 구조물만 설치한 것이 아니라 우리 해양조사선을 위협하는 등 해양 주권을 심각하게 침범했다. 당시 나는 정부의 강력 대응을 촉구했다. 해당 사건은 33년 동안 한중 양국이 쌓아온 신뢰를 훼손할 수 있는 사안으로, 향후 심각한 안보 문제로 확대될 수 있는 사안이라고 판단했다. 훗날 자국의 영해처럼 만들려는 의도, 중국이 주장하는 영해선(동경 124도선)을 관철하려는 의도로 읽혔기 때문이다. 이에 그 어느 때보다 초기 대응이 중요한 사안임에도 '식물 정부'가 아무 대응을 하지 못하고 있으니 너무나 답답하고 안타까웠다.

2025년 3월 25일, 김병주 민주당 최고위원 발언 중에서
중국의 서해 구조물 설치… "동북아 안보 문제로 다뤄야"

중국이 서해 잠정조치수역에 대형 철골 구조물을 무단으로 설치했다. 게다가 이를 점검하려던 우리 해양조사선을 위협했다고 한다. 이는 우리의 해양 주권을 위협하는 행위이다. 서해 잠정조치수역은 한·중 배타적 경제수역이 겹치는 해역으로, 양국이 충돌을 방지하고 수산자원을 보호하기 위해 설정한 구역이다.

이런 곳에 무단으로 철골 구조물을 설치하는 건 향후 심각한 안보 문제로 확대될 수 있다. 훗날 자국의 영해처럼 만들려는 의도, 중국이 주장하는 영해선(동경 124도선)을 관철하려는 의도로 읽히기 때문이다. 실제 중국은 그동안 분쟁 수역에 인공 구조물을 설치한 뒤, 무력으로 상대국의 접근을 막았다. 필리핀·베트남과 영유권 분쟁이 있는 남중국해에는 인공섬 3곳을 군사 요새처럼 만들어놓았다.

정부는 이번 사안에 대해 안일한 태도를 보이면 안 된다. 즉각적인 외교적 대응은 물론, 국제 사회와의 협력 강화 등 다양한 대응책을 시급히 마련해야 한다.

오는 28일은 '서해 수호의 날'이다. 나라를 지키다 희생된 영웅들의 뜻을 기리기 위해서라도 저 김병주와 민주당은 이번 사안에 대해 좌시하지 않을 것이다. 국회 차원에서도 시급히 진상을 파악하고 필요하다면 현장 점검을 추진하겠다.

이처럼 시급한 안보 외교 현안들이 동시다발적으로 발생하고 있는 상황에서도, 대통령이라는 사람은 스스로 초래한 일조차 인정하지 않고 책임을 회피하고 있었다. 무능하고 무책임한 대통령으로 인해 국가안보가 풍전등화 신세로 전락한 만큼, 나부터라도 국가안보를 위한 모든 방안을 강구하며 안보 공백을 메우기 위해 발로 뛰어야 했다.

나를 비롯한 민주당 의원들은 윤석열 파면을 촉구하며, 각자의 전문성을 살려 정부 부재로 인한 공백을 메우는 데 총력을 기울였다. 마치 머리를 치면 꼬리가, 꼬리를 치면 머리가, 양쪽을 치면 몸통이 함께 맞서는 솔연처럼, 국민과 함께 일당백의 역할을 해낸 시간이었다. 위기 속에서 더욱 단단해진 우리는 오월동주의 정신으로 윤석열 파면이라는 목표를 향해 전력을 다했다.

15장 여론을 어떻게 움직일 것인가
바람부터 우레까지! 여론전의 여섯 가지 지략

疾如風徐如林 侵掠如火不動山 難知如陰動如雷 질여풍서여림
침략여화부동산 난지여음동여뢰

빠르기는 바람처럼, 느리기는 숲처럼, 침략은 불처럼, 움직이지 않기는 산처럼, 알기 어렵기는 그늘처럼, 움직임은 우레처럼 하라

총성보다 강력한 여론의 힘

"백 번의 총성보다 한 번의 연설이 더 위험하다." 19세기 프로이센의 정치가, 오토 폰 비스마르크의 말이다. 독일 문제를 철과 피로써 해결하겠다는 연설로 '철혈재상'이라는 별칭을 얻었던 비스마르크는 이 말에서 언론과 선전, 그리고 대중 연설이 얼마나 강력한 영향력을 행사하는지를 피력했다. 비스마르크의 통찰은 지금도 유효하다. 여론이 가진 힘은 여전히 막강하고, 특히 정치 분야에서는 매일 같이 여론을 통한 전쟁이 펼쳐지고 있다. 정치에서 여론전은 승패를 가르는 핵심 요소라 해도 과언이 아니다.

12·3 내란 사태와 같이 이례적인 국가적 위기 상황에서 여론전은 더욱 치열하게 벌어졌다. 윤석열과 내란 세력들은 가짜뉴스로 무장하고 호시탐탐 역공을 펼쳤다. 그들이 퍼뜨리는 가짜뉴스는 특정 연령대, 특정 사상을 가진 이들을 중심으로 독버섯처럼 빠르게 퍼져나갔고, 급기야 민주주의를 위협하는 여론으로까지 확산되었다. 그 결과 '내란'이라는 중대 범죄의 본질적 문제는 가려지고, '탄핵'이라는 이슈를 중심으로 진영 간 갈등이 깊어졌다. 12·3 내란 사태에서 무력 충돌 민주주의를 지켜낸 우리 국민이 특정 세력이 만들어낸 '가짜 여론'에 발목이 잡혀버린 것이다.

가짜뉴스라는 정신적 흉기

계엄 전쟁의 선봉에 섰던 나 역시 큰 이슈가 터질 때마다 가짜뉴스의 먹잇감이 되었다. 윤석열 정부의 계엄 징후를 민주당 의원 중 가장 먼저 감지하고 경고했을 때, 사람들은 나를 '가짜뉴스'를 유포하는 '망상가'나 '음모론자'로 치부했다. 2차 비상계엄을 막기 위해 계엄 핵심 부대인 특전사를 찾아가 사령관으로부터 '계엄 명령 불복 선언'을 받아냈을 때도 '탄핵 회유 공작'으로 몰아갔다. 여론전의 희생양으로 삼은 것이다.

2025년 1월 13일, 김병주 민주당 최고위원 발언 중에서
가짜뉴스가 우리 대한민국을 멍들게 하고 있습니다. 개인에게 정신적 고통도 너무나 심하게 주고 있습니다. 제가 메시지 1,600개를 아직

안 열어봤습니다. 문자 폭탄이 온 것입니다. 그중에 보면 어제도 '더불어 미친당과 이재명은 공산당 조직이며, 내란 주동자다. 공수처와 법조계, 군에 숨어있는 일부 좌파 새끼들 또한 내란 공범이다. 한밤중에 이런 문자 받으니 기분 나쁘지? 기분 나쁘면 나도 잡아가' 등등 말도 안 되는 이런 것들을 문자 폭탄으로 보내고 있습니다.

어제 페이스북에 올라왔는데, 이재명 대표와 관계된 내용을 한 개인이 스무 개 가까이 폭탄을 보내고 있습니다. SNS가 마비될 정도입니다. 제가 보수 카톡에 많이 들어가 있는데, 그 단체 방에 여기서 발표하기 어려울 정도의 욕설과 가짜뉴스가 횡행하고 있습니다. 마음을 멍들게 하고 있습니다.

우리 대한민국이 건강하려면 이런 가짜뉴스를 퇴치해야 합니다. 그동안은 고발 조치를 안 했는데, 이번에 고발할 수 있는 사이트로 '민주당 파출소'가 생겼기 때문에 저한테 하는 것도 파출소에 신고하고 고발 조치를 해서 저도 정신적인 고통에서 좀 벗어나야겠습니다. 너무나 가짜뉴스에 멍들고 있습니다. 이것이 어찌 저 혼자만의 문제겠습니까.

그 단체 카톡방에 들어가 있는 분들, 정치적인 색깔도 다 다르고 생각이 다 다른데 그분들도 다 병들고 있는 것이죠. 이것이 아주 중요한 사안이라고 봅니다. 사실 카톡 단체 방에 그런 것들이 있으면 이제는 가만히 좌시하지 말고, 그 안에 있는 분들이 신고를 해서 발본색원해야 합니다. 제가 들어있던 보수 카톡방 중 누군가 가짜뉴스를 하도 올리니까 한 분이 이렇게 올렸더라고요. '이거 가짜뉴스인데, 올리지 마라. 법적 조치하면 너희 연금 안 나온다' 그 한마디 올렸더니 그다음부터는 하나도 안 올리더라고요. 용기 있는 분이 '연금 안 나올 수 있다,

고발을 할 사람 있을 수도있다, 조심해라…'
　제가 21대 국회의원부터 지금까지 고통을 당해오는 분야가 그 분야인데, 지금까지는 참고 참아왔지만 어떨 때는 진짜 경기할 정도로 스트레스를 많이 받고 있습니다. 가짜뉴스 퇴치해야 합니다.

페이스북에 호소했던 것처럼 극우들의 가짜뉴스와 비난 댓글의 표적이 되었을 때, 나는 그 어느 때보다 극심한 정신적 고통에 시달렸다. 밤낮없이 날아오는 익명의 비난 문자가 1,600통씩 쌓여 있는 상황은 아무리 멘털이 강한 사람이라도 버텨내기 힘들다. 나는 4성 장군 출신으로 민주당에 입당했을 때부터, 보수 진영의 수많은 비난을 받아왔기에 어느 정도 단련되었다고 생각했다. 하지만 이는 오만한 착각이었다. 때로는 싸울 의지마저 꺾일 정도로 무력감에 휩싸였다. 이처럼 여론전을 위한 '가짜뉴스 횡포'와 '비난 댓글 및 악플'은 사회적 혼란을 야기할 뿐 아니라, 개인의 정신 건강을 망가뜨리는 파괴적인 무기가 된다. 단순히 잘못된 정보를 퍼뜨리는 것을 넘어, 개인의 영혼까지 심각하게 파괴할 수 있는 정신적 흉기인 셈이다.

여론 전쟁에서 승리하는 손자의 여섯 가지 지혜

그렇다면 이러한 가짜뉴스와 같은 정신적 흉기에 맞서 싸우고, 여론전에서 승리하기 위해선 어떤 전략을 준비해야 할까? 〈군쟁(軍爭)〉편을 차분히 읽으며 그 답을 찾았다. 군쟁(軍爭)은 군대를 운용하여 승리를 쟁취하는 전략을 의미한다. 손자는 여기에서 전장에서 적과 마주했을 때, 전투력 운용을 어떻게 해야 할지를 구체적으로 기술해두었다.

其疾如風 其徐如林 기질여풍 기서여림
움직일 때는 바람처럼 빠르게 하고, 멈출 때는 숲처럼 고요하게 하며,

侵掠如火 不動如山 침략여화 부동여산
공격할 때는 불길처럼 맹렬하게 하고, 지킬 때는 산처럼 굳건하게 하라.

難知如陰 動如雷震 난지여음 동여뇌정
적에게는 그림자처럼 종적을 알 수 없게 하고, 움직일 때는 천둥처럼 갑작스럽고 강력하게 하라.

손자는 적과의 싸움에서 이기기 위해선, 바람처럼 빠르게 움직여 적의 허를 찌르고, 숲처럼 은밀하게 숨어 기다려야 한다고 했다. 또한 불길처럼 거세게 공격하고, 산처럼 우직하게 진지를 지킬 줄도 알아야 한다. 유연하고 다이내믹한 전략을 구사할 줄 알아야 한다는 것이다. 또한 적에게는 그림자처럼 예측할 수 없게 행동해야 하고, 움직일 때는 천둥처럼 강력한 힘을 보여주어 상대를 제압하는 것이 중요하다고 강조했다.

그 핵심 내용을 세 가지로 요약해봤다.

① '기다림과 빈틈 공략'을 통해 적의 허점을 노린다.
② '속도와 변화'로 예측 불가능하게 움직인다.
③ '혼란 조성'으로 적의 판단을 흐려 불리한 상황을 유리하게 전환한다.

이러한 속성은 사자의 사냥 기술에 비유할 수 있다. 사자들은 산처럼 우직하게 매복해서 사냥감을 기다린다. 그리곤 사냥감이 눈앞에 나타나면 숲처럼 아주 조용히 은밀하게 숨어서 움직인다. 마침내 사냥감이 사정거리 안에 들어오면 바람같이 재빨리 달려 나가, 불길처럼 맹렬하게 제압한다. 이때 사냥감이 절대 사자의 움직임을 예측할 수 없도록 그림자같이 움직이면서, 천둥처럼 강력한 힘으로 상대를 압도적으로 제압하는 것이 중요하다.

바람처럼 빠르게:
신속한 대응으로 여론의 주도권을 잡아라

어찌 보면 현대의 여론전도 이와 같은 속성을 가지고 있다.

其疾如風 기질여풍
빠르기가 바람과 같다.

먼저, 여론의 빠르기는 바람과 같다. 긍정적인 여론이든, 부정적인 여론이든 온라인과 소셜 미디어를 통해 바람처럼 빠르게 확산되는 법이다. 이재명 대표의 계엄 당일 유튜브 라이브는 "기질여풍(其疾如風)"의 속성을 극명히 보여주었다. 계엄이라는 긴박한 상황 속에서 그의 메시지는 유튜브의 높은 전파력을 타고 바람처럼 빠르게 번져나갔다. "국회로 모여달라"는 구체적인 행동 지침은 국민의 집결을 신속하게 이끌어냈다. 위기 상황에서 신속하고 직접적인 정보 전달을 통해 여론의 주도권을 확보하고, 혹시 모를 언론 통제 가능성을 피해 지지층을 결집시키는 효과를 얻을 수 있었던 것이다.

이렇게 바람처럼 번지는 여론의 속성을 잘 활용하려면 어떻게 해야 할까. 먼저, 우리를 둘러싼 상황과 여론의 흐름을 민감하게 감지해야 한다. 그리고 최대한 빠르게 대응해야 한다. 특히 부정적인 여론의 경우, 바람처럼 빠르게 번지기 시작할 때 곧바로 진압하지 않으면 사태는 걷잡을 수 없이 번져나가기 마련이다.

내란 사태로 여론전이 격화되던 당시, 나는 유튜브 〈주블리 김병주〉 채널을 통해 매일 저녁 8시부터 9시까지 한 시간 동안 라이브 방송을 진행했다. 이는 극우 세력의 가짜뉴스 확산을 조기에 차단하고, 정확한 정보를 신속하게 전달하기 위해서였다. 이때 이재명 대표의 유튜브 채널과 협력한 것 또한 중요한 전략이었다. 우리 방송의 도(道)는 최대한 많은 사람에게 정확한 정보를 전달하는 것이었다. 더 많은 구독자와 시청자에게 정보를 전달하기 위해 '연합 채널 작전'을 쓴 것이다. 유튜브 〈주블리 김병주〉 채널과 〈이재명 TV〉, 그리고 방송 출연 게스트의 채널 구독자까지 합하면, 세 채널에서 동시에 송출하는 효과를 얻을 수 있었다. 실제로 〈주블리 김병주〉 채널과 〈이재명 TV〉만 합쳐도 170만 명에 가까운 구독자를 확보하는 것과 마찬가지였으니, 이는 여론전의 주도권을 잡는 데 큰 도움이 되었다. 이와같이 바람 같은 여론을 다스리는 핵심은 신속하고 능동적인 위기관리 능력에 달려 있다고 할 수 있다.

숲처럼 신중하게:
장기적인 관점에서 묵직하게 기다려라

其徐如林 기서여림

느릴 때는 숲과 같다.

여론은 때로 숲과 같은 속성을 지니기도 한다. 사자가 사냥감을 섣불리 쫓지 않고 숲의 그늘 아래 조용히 그러나 끈기 있게 기다리듯, 때로는 숲처럼 우직하게 여론의 흐름을 기다려야 할 순간이 있다. 성급한 개입이나 조작은 오히려 역효과를 낳고, 자연스럽게 무르익어가는 여론의 힘을 놓칠 수 있기 때문이다.

과거 권위주의 정권 시절, 민주화를 요구하는 목소리는 발화하는 순간 거센 바람처럼 들끓기보다, 숲의 뿌리처럼 깊고 조용하게 시민들의 마음속에 스며들었다. 언론 통제와 억압 속에서도 학생운동을 비롯해 재야, 시민단체, 종교계, 또 노동자들의 연대에 이르기까지 마치 숲의 나무들처럼 다양한 형태로 묵묵히 저항의 목소리가 자라났다. 눈앞의 변화는 미미해 보였지만, 오랜 시간 동안 큰 숲을 이루듯 끈질기게 이어져 결국 거대한 민주화의 물결을 만들어냈다. 이처럼 장기적인 사회 변화를 이끄는 여론은 당장의 뜨거운 반응보다는 숲처럼 묵묵히 그 힘을 축적하며 결정적인 순간에 거대한 영향력을 발휘하곤 한다.

이처럼 여론은 때로는 "기질여풍"처럼 빠르게 움직이지만, 때로는 "기서여림(其徐如林)"처럼 숲과 같이 묵묵히 그 힘을 키워나간다. 상황에 따라 바람처럼 빠르게 대응해야 할 때도 있지만, 사자가 숲에서 기다리듯 장기적인 관점에서 끈기 있게 여론의 흐름을 지켜보고 기다려야 할 때도 있다. 중요한 것은 상황의 속성을 정확히 파악하고 적절한 전략으로 대응하는 지혜이다. 이것은 군에서 배운 전략적 사고와 일맥상통한다.

불처럼 맹렬하게:
동시다발적으로 메시지를 확산하라

侵掠如火 침략여화
침략할 때는 불과 같다.

여론을 통해 공격할 때는 불과 같이 맹렬하고 빠르게 확산될 수 있도록 동시다발적으로 움직이는 것도 중요하다. 마치 들불이 순식간에 주변으로 번져나가듯 온라인과 오프라인 등 다양한 채널을 유기적으로 연결하여 여론의 파급력을 극대화하는 것이다. 즉, 원소스 멀티 유즈(One Source Multi Use) 전략을 잘 활용해야 한다. 핵심 메시지를 중심으로 모든 접점을 활용하여 불과 같은 여론의 흐름을 주도해야 승리할 수 있다.

　나는 계엄 정국에서 특정 이슈가 발생했을 때 '원 소스 멀티 유즈' 전략과 유사한 방식으로 여론을 조성해 나갔다. 온라인 플랫폼을 통해 신속하게 메시지를 확산시키는 동시에, 필요하다면 오프라인에서의 직접적인 지지 행동을 유도하여 여론의 불길을 더욱 거세게 만들었던 것이다. 이는 현대 경영학의 관점에서 보면 통합 마케팅 커뮤니케이션(IMC: Integrated Marketing Communication) 전략과 같다.

　통합 마케팅 커뮤니케이션의 대표적인 사례로 에너지 드링크 기업 '레드불(Red Bull)'을 들 수 있다. 레드불은 '날개를 달아준다(Gives You Wings)'라는 핵심 메시지를 중심으로, 다양한 플랫폼과 콘텐츠 형식을 활용해 불과 같은 마케팅 전략을 펼쳐왔다. 실제로 레드불은 F1 레이싱팀 운영, 익스트림 스포츠 후원, 다큐멘터리 제작, 음악 페스티벌 개최 등 다양한 분야의 콘텐츠를 제작하고 있으며, TV 광고, 유튜브 채널, 인스타그램, X(구 트위터), 틱톡, 블로그, 팟캐스트 등 다양한 플랫폼을 통해 자신들의 메시지를 동시다발적으로 확산시켰다. 각 플랫폼의 특성에 맞춰 콘텐츠를 최적화하여 최대한 많은 대중에게 빠르고 강력하게 도달하도록 설계하는 것이다. 이를 통해 브랜드에 대한 긍정적이고 열광적인 여론을 불처럼 빠르게 확산시키는 효과를 거두고 있다.

　여론전에서 승리하기 위해서는 이처럼 핵심 메시지를 중심으로 모든 가용한 채널을 활용하여 공격적으로 그리고 동시에 확산시키는 전략이 필수적이다.

산처럼 굳건하게:
흔들리지 않는 신뢰를 구축하라

不動如山 부동여산

움직이지 않을 때는 산과 같다.

산은 오랜 시간 동안 그 자리를 묵묵히 지키며 어떤 외부의 힘에도 쉽게 흔들리지 않는 견고함을 상징한다. 이는 정부나 특정 주체가 일관된 원칙과 메시지를 견지하며 신뢰를 구축해 나가는 과정의 중요성을 보여준다. 오랜 시간 동안 쌓아 올린 산의 웅장함처럼, 정부가 일관된 행동과 약속 이행을 해나간다면, 정부에 대한 국민의 신뢰는 산처럼 굳건하여 쉽게 흔들리지 않는다.

하지만 윤석열 정부는 출범 이후 잦은 정책 변경과 말 바꾸기, 그리고 국민과의 소통 부족으로 "부동여산(不動如山)"과는 거리가 먼 행보를 보여왔다. 애초에 윤석열 정부에 대한 신뢰가 높지 않았음에도 불구하고, 12·3 내란 사태는 국민에게 큰 충격과 실망을 안겼다. 헌법 위에 군림해 독재 정권을 꿈꾸는 대통령이 우리 역사에 다시 등장할 줄은 아무도 예상하지 못했기 때문이다. "부동여산"의 교훈을 망각한 정부는 결국 국민의 거대한 저항에 직면하게 된다는 것을 12·3 내란 사태가 분명하게 보여주었다.

그림자처럼 예측할 수 없게:
적을 혼란에 빠뜨리고 기회를 포착하라

難知如陰 난지여음
알기 어려울 때는 그늘과 같다.

여론은 때때로 어둠 속처럼 그 방향과 깊이를 예측하기 어렵다. 이런 여론의 "난지여음(難知如陰)" 속성은 혼란스러운 계엄 상황 속에서 두드러지게 나타났다. 악의적인 선전과 날조된 정보, 혐오 조장과 진실 은폐를 시도하는 음모론 등이 어둠 속을 떠돌듯 확산되어 진실을 가리고 불신을 증폭시켰다. 정보가 제대로 공개되지 않는 혼란한 틈을 타, 그들은 의도적으로 다양한 날조된 해석과 억측을 퍼뜨려 민심의 향방을 예측 불가능한 혼돈 속으로 몰아넣었다.

심지어 최초에 극우 집단에 의해 유포된 가짜뉴스는 끊임없이 변형되고 재확산되며 사회적 불안과 갈등을 심화시켰다. 이처럼 12·3 내란 사태는 정보의 부재와 극우 세력의 선동적인 가짜뉴스 유포 속에서 여론이 마치 어둠 속 그림자처럼 그 방향과 깊이를 종잡을 수 없이 흘러갔음을 여실히 보여주며, 그것이 민주주의 질서를 심각하게 훼손할 수 있음을 경고했다.

우레처럼 강력하게:
결정적 순간에 강력한 메시지를 쏟아내라

動如雷霆 동여뇌정
움직일 때는 우레와 같다.

여론전을 펼칠 때는 갑작스레 하늘을 가르며 엄청난 소리와 강력한 충격을 동반하는 우레처럼, 정확하고 강력한 메시지가 필요하다. 마치 번개가 급소를 찌르듯 핵심을 파고드는 메시지야말로 잠재된 민심을 폭발시켜 거대한 여론의 흐름을 만들 수 있다. 따라서 결정적인 순간에 여론을 움직이려면, 오직 진실만을 담은 날카로운 메시지를 지체없이 전달해야 한다.

윤석열 구속 취소로 탄핵 국면이 좌초됐을 때, 우리에게 절실했던 것은 바로 "동여뇌정(動如雷霆)"과 같은 강력한 여론을 다시금 일으켜 세우는 것이었다. 흩어진 민심을 모아 압도적인 탄핵 촉구 움직임을 만들어야 했다. 이에 유튜브 〈주블리 김병주〉 채널의 라이브 방송을 재개하고, 민주당 차원에서 〈델리민주 TV〉를 통해 탄핵과 관련된 긴급 현안을 집중적으로 다뤘다. 한준호 최고위원의 진행으로 탄핵 이슈를 날카롭게 파고들며 다시 한번 탄핵 여론에 불을 지폈다.

헌법재판소의 심판 지연으로 극우 세력의 기세가 거세지고 국민의 사기가 저하됐을 때도 역시 우리는 국민의 분노를 다시 일으켜야 했다. 나는 막판 여론전 승부수로 '계엄군의 언론사 기자

포박 시도 CCTV 영상'과 '영현백 및 종이관 대량 구매 정황' 등 충격적인 진실을 담은 메시지를 연이어 공개했다. 이는 국민의 분노와 관심을 폭발적으로 증폭시키고, 윤석열 탄핵의 당위성을 절실히 느끼게 하여 헌법재판소에 조속한 심판을 촉구하는 강력한 압력으로 작용했다.

결국, "동여뇌정"과 같은 정확하고 강력한 메시지를 담은 여론전은 탄핵 국면에 마침표를 찍고 국민의 뜻을 관철하는 데 결정적인 역할을 했다. 핵심을 꿰뚫는 번개처럼 진실된 메시지야말로 잠자던 여론을 깨워 세상을 뒤흔드는 힘을 가지는 것이다.

이처럼 손자가 제시한 여섯 가지 병법의 지혜는 시대를 초월하여 현대 여론전의 핵심을 꿰뚫는 통찰을 제시한다. 바람처럼 빠르게, 숲처럼 신중하게, 불처럼 맹렬하게, 산처럼 굳건하게, 그림자처럼 예측 불가능하게, 그리고 우레처럼 강력하게 움직이는 여론의 속성을 정확히 이해하고, 각 상황에 맞는 전략으로 능동적으로 대처하는 장수만이 비로소 총성 없는 여론 전쟁에서 승리할 수 있을 것이다.

16장　민주주의에 이로운 길을 찾아야 한다
윤석열 대통령 파면 이후 내란 잔불 소탕은 왜 중요한가

合利而動 不合利而止 합동이동 불합리이지
이로움에 합치되면 움직이고, 이로움에 합치되지 않으면 멈춘다

꺼진 불이야말로 다시 보아야 한다

한 번 타오른 불씨는 다 꺼진 듯 보이는 재 속에서도 다시 살아날 수 있다. 대통령 윤석열은 파면되었지만, 권력 카르텔은 꺼지지 않은 불씨처럼 여전히 살아남아 민주주의의 발목을 잡고 있다. 곳곳에서 윤석열 정부의 잔재와 영향력이 감지되고 있으며, 심지어 노골적인 저항 움직임까지 보인다. 윤석열 파면을 통해 내란의 주불은 꺼졌지만, 우리 사회 곳곳에 남은 '잔불'은 여전히 살아있는 셈이다.

손자병법〈시계(始計)〉편에 이런 구절이 있다.

合利而動 不合利而止 합동이동 불합리이지

> 이로움에 합치되면 움직이고, 이로움에 합치되지 않으면 멈춘다.

어떤 일을 했을 때 자신에게 이익이 되거나 유리하다고 판단되면 적극적으로 행동하고, 어떤 일을 계속하는 것이 자신에게 손해를 끼치거나 불리하다고 판단되면 즉시 멈춰야 한다는 의미다. 내란 세력은 민주주의를 망치고 정의를 짓밟는 해로운 존재다. 그러니 그 잔당을 깨끗이 없애는 것이 민주주의를 지키는 가장 이로운 길이다. 우리는 주저 없이 내란 세력을 뿌리째 뽑아야 한다. 그런데 이 내란의 잔당들은 도대체 어디까지 퍼져 있는 걸까.

수상한 물, 숨겨진 기록, 내란 흔적 지우기

먼저 내란 관련 수사가 지지부진한 것부터가 심상치 않았다. 윤석열과 김건희 부부가 대통령실에서 퇴거한 후에도 대통령실 압수수색은 제대로 이루어지지 않았다. 대통령실 비서실장과 경호처장이 극심하게 방해한 탓에 흐지부지 끝나버렸다는 후문이다. 대통령실 인원들은 공공연히 휴대전화를 교체하고, 심지어 전자레인지에 넣어 파손시켰다는 이야기까지 들려왔다. 내란 잔당 세력들의 증거 인멸 시도가 계속해서 이뤄졌던 것이다. 국민의 염원이었던 진실 규명은 시작조차 되지 못하고, 어둠 속으로 은폐될 위기에 처해 있다.

도저히 상식적으로 이해할 수 없는 일까지 벌어졌다. 윤석열 파면 선고가 있던 날부터 퇴거 하루 전까지 일주일간 대통령 관저에서 쓴 수돗물의 양이 무려 229톤에 달했다는 것이다. 이것은 일반적인 2인 가구 한 달 평균 수도 사용량인 13~14톤의 16배 수준이다. 대체 이렇게 많은 물을 그 짧은 사이에 어디에 사용한 것일까. 갖가지 추측이 나오고 있지만, 어떤 것이 사실인지 당장 확인할 수 있는 방법은 없다. 내란의 증거를 없애려는 시도가 아닌지 심히 우려될 뿐이다.

한편에서는 12·3 비상계엄 관련 자료들이 비공개 기록물로 지정될 것이라는 주장까지 나오고 있다. 우리나라 민주주의 근간을 뒤흔들고, 역사를 왜곡하는 행위를 막기 위해서 절대 있어선 안 되는 일이다.

권한대행의 월권, 내란 잔불 호위인가

내란 잔불의 또 다른 핵심은 파면된 대통령 윤석열을 호위했던 한덕수 대통령 권한대행이었다. 그는 선출된 대통령이 아님에도 불구하고, 헌법이 규정한 권한대행의 범위를 넘어서 위험한 행보를 보였다. 헌법재판소는 이미 '대통령 권한대행의 역할은 대통령 승계가 아닌 대행이며, 적극적인 권한 행사보다는 현상 유지와 소극적인 권한 행사만 가능하다'는 점을 분명히 한 바 있다.

하지만 한덕수 권한대행은 이러한 헌법 정신을 정면으로 위배했다. 가장 황당했던 것은 '마은혁 헌법재판소 재판관'과 함께 윤석열의 46년 지기인 이완규 법제처장, 함상훈 서울고법 부장판사를 신임 헌법재판관 후보자로 기습 지명한 것이다. 윤석열 탄핵

심판 전에는 '마은혁 헌법재판소 재판관'을 임명하는 것이 자신의 권한 밖의 일이라며 끝까지 버티더니, 뒤늦게 말을 바꿨다. 새로운 대통령이 취임한 후에 헌법재판관을 임명하는 것이 당연한 절차와 수순이었음에도, 이를 무시하고 이완규 법제처장을 헌법재판관 후보로 밀어붙인 것이다. 이완규 법제처장은 내란 동조 의혹으로 경찰 조사까지 받았던 인물이 아닌가. 내란 공모 혐의가 짙은 사람을 헌법 수호의 상징이라 할 수 있는 헌법재판소 재판관으로 임명하려 하다니, 그야말로 정신 나간 일이 아닐 수 없다. 그것도 새로운 대통령 취임을 불과 두 달 앞둔 시점에 일어난 일이라 그 저의가 심히 의심스럽다. 정의는 실종되고, 권력의 사유화가 계속되었다.

한덕수 권한대행의 무모한 행보는 이뿐만이 아니었다. 그는 매년 4월에 행해지는 군 장성 인사까지 직접 하겠다며 나섰었다. 탄핵 심판 이후 군에서 가장 시급한 일은 누가, 어떻게 계엄에 관여했는지 명확하게 밝혀내고, 다시는 이런 일이 없도록 군 시스템을 정비하는 것이었다. 특히 계엄 당시 군은 3개의 지구 계엄사령부와 20여 개의 지역 계엄사령부를 설치하다가 계엄 종료와 함께 중단한 것으로 알려져 있다. 계엄이 6시간 만에 해제되었으니 망정이지, 그렇지 못했다면 지구 계엄사령부와 지역 계엄사령부가 설치되고, 전국 행정부 사법부를 군이 관장하는 군부독재가 시작되었을 것이다. 이런 끔찍한 일이 벌어질 뻔했는데도, 지금까지 관련 조사가 전혀 이루어지지 않고 있다. 이렇게 시급한 일은 뒷전으로 하고, 장군 인사부터 서둘러 단행하려는 이유가 무엇이겠는가.

내란 세력을 군 핵심에 남겨두고, 언제든 계엄의 불씨를 되살리겠다는 의지로밖에 보이지 않는다.

헌법 정신에 따라 최소한의 권한 행사만 해야 할 권한대행이 보수 우위의 헌법재판관을 임명하고, 내란 조사가 끝나지도 않은 상황에서 군 장성 인사를 강행하려던 것은 명백한 월권행위이다. 내가 아는 한에서 한덕수 권한대행은 이런 독단적이고 무모한 행동을 보일 만한 인물이 못 된다. 한덕수 권한대행이 마지막 순간까지 파면된 대통령 윤석열의 영향력 아래 움직였으리라 추측하는 이유다. 더구나 이런 상황에서 대권 후보로 출마했던 뻔뻔함을 보라. 대통령 출마 직전에는 대미 관세 협상 카드를 만지작거리며 자신의 정치에 이용하려고까지 했다. 2주 만에 졸속으로 협상을 맺고 자신의 공적으로 내세우려는 꼼수를 훤히 드러냈던 것이다. 내란 우두머리 윤석열과 공범이라는 사실을 또 한 번 자백한 행태였다.

내란 동조 세력 '국민의힘'은 왜 반성하지 않는가

내란 잔불 세력의 또 다른 핵심축은 국민의힘이다. 비상계엄 선포 이후 국민의힘은 책임 있는 공당으로서 여당이 아닌, 범죄자 윤석열 개인에 대한 지지와 충성으로 갈팡질팡하며 착실히 '내란동조당'의 길을 걸었다. 국민의힘은 계엄 해제 결의안 투표에 대부분 불참했고, 대통령 윤석열 탄핵을 당론으로 반대했다. 내란 혐의자의 체포를 막겠다며 대통령 관저 앞에서 '인간 방패'를 쳤고, 108명 중 82명이 윤석열 탄핵을 막아달라는 탄원서를 헌재에 냈다. 심지어 일부 의원들은 "계엄령이라는 단어를 알려줘서 고맙다", "대통령의 계엄은 나라를 구하기 위한 외침이다", "지금은 체제 전쟁 중이다"와 같은 헌법 파괴 발언을 서슴지 않았다. 헌법을 지키겠다고 국민 앞에 약속한 국회의원들이 오히려 헌법을 무시했다. 그럼에도 국민의힘 지도부는 극렬 지지층 눈치만 보며 아무런 조치도 취하지 않았다.

그뿐이 아니다. 대통령 윤석열이 파면된 날, 국민의힘 비상대책위원장은 책임감을 느낀다고 말하면서도 "야당의 정치적 폭거를 막지 못해 반성한다"며 엉뚱한 소리를 해댔다. 원내대표는 내란 우두머리 윤석열의 행태에 사과 한마디 없이 "이재명 세력에게 나라를 맡길 수 없다"는 말만 강조했다. 적어도 헌법을 부수고 민주주의를 뒤엎으려 한 '내란 우두머리'를 대통령으로 만든 정당이 할 말은 아니었다.

이들의 뻔뻔함은 상식 수준을 넘어섰다. 최소한의 양심이 있다면 대선에 후보를 내지 않는 것이 마땅했지만, 그들은 끝까지 포기하지 않았다. 내란수괴가 임명한 국무총리와 장관들까지 대선에 출마했다. 당장 윤석열을 당에서 내쫓으라는 국민의 요구는 외면한 채 말이다. 도대체 그들은 무엇을 위해, 누구를 위해 정치를 하고 있는 것일까. 그 행태를 지켜보고 있노라면 화가 치밀어 오를 때가 한두 번이 아니다. 결국 나는 4월 14일에 있었던 대정부질의에서 국민의힘을 향해 또 한 번 쓴소리를 했다.

2025년 4월 14일, 국회 본회의 대정부질문 중에서

내란 수괴 윤석열은 파면됐지만 내란은 계속되고 있습니다. 우리 더불어민주당은 내란 수습과 4기 민주 정부 출범을 위해 민주주의를 회복하고 헌정 질서를 회복하고 민생을 회복하는 데 최선을 다하겠습니다. 국민의힘은 내란 동조 정당으로서 해산해야 한다고 봅니다. 정식으로 사과하고 석고대죄하십시오!

마이크가 꺼진 상태에서도 내가 소신 발언을 이어가자 국민의힘 의원들이 자리를 박차고 일어나 항의하기 시작했다. 한 의원은 민주당 의원석까지 달려들며 도발했다. 내란 동조 정당이라는 말에 발끈한 걸 보면, 도둑이 제 발 저리긴 한 모양이었다. 헌재가 윤석열 대통령의 위법 행위를 명백히 판단했으니, 그를 옹호한 국민의힘 역시 국민을 배신한 '위헌 정당'임이 분명하지 않은가.

게다가 '부정선거' 의혹을 퍼뜨리며 선거관리위원회에 대한 신뢰를 떨어뜨리더니, 대선이 다가오자 누구보다 먼저 선거 준비에 나서는 모습을 보였다. 이것은 국민에게 총을 겨눈 내란 우두머리를 안고 대선에 뛰어드는 행태이자, 국민을 권력 잡는 도구로만 여긴다는 증거다.

다시 한번 묻고 싶다. 국민의 혈세인 정부 보조금을 받는 당이 이런 정치를 해도 되는 것인가. 또 '국민의힘'이라는 그 이름을 그렇게 더럽힐 수 있는 것인가. 대한민국 민주주의를 지키기 위해서라도 어떻게든 국민의힘은 해산시켜야 하지 않겠는가. 우리는 절대로 이러한 반헌법적 세력에게 미래를 맡길 수 없다.

되풀이되는 역사, 과거의 관용이 키운 불씨

사실 우리 사회 깊숙이 박혀 있는 내란 세력의 뿌리는 상상 이상으로 넓고 깊다. 대통령의 영향력이 미치는 모든 국가기관을 비롯해 언론, 사법부, 심지어 군 내부의 일부 세력까지 그 끝을 가늠하기 어렵다. 애초엔 정치할 생각이 없던 것으로 알려진 검찰총장 출신 윤석열이 대통령이 되어, 의회 정치와 국가의 공적 시스템, 국민을 무시하고 권력을 제멋대로 휘두를 수 있었다는 사실, 더 나아가 국정을 사유화하며 야당과 불화하다 정치적 반대 세력을 단번에 제거하려고 계엄령까지 발동할 수 있었다는 것, 이 모든 것이 우리 사회 곳곳이 얼마나 심각하게 병들어 있는지 보여주는 명백한 증거이다. 내란의 불씨를 완전히 끄는 것은 결코 쉬운 일이 아니며, 윤석열 파면은 그야말로 독버섯 중 하나를 제거한 것에 지나지 않는다. 그렇다면 우리는 과연 어디서부터 이 썩은 뿌리를 잘라내야 할까. 우리의 민주주의는 지금, 중대한 시험대에 서 있다.

어쩌면 이번 12·3 계엄 시도는 과거 제대로 청산하지 못했던 내란의 불씨가 되살아난 결과일지도 모른다. 역사는 반복된다고 했다. 돌이켜보면 이제껏 우리나라에서 쿠데타를 일으킨 자들은 제대로 처벌받은 적이 없다. 5·16 쿠데타를 통해 권력을 잡은 박정희 전 대통령은 무려 18년 동안이나 장기 집권했다. 그 과정에서 쿠데타는 혁명으로 미화되었고, 그 누구도 처벌받지 않았다. 전두환과 노태우의 12·12 쿠데타 역시 마찬가지였다. 그들의 반란은 성공했고, 두 사람이 차례로 12년 동안 집권하는 동안 제대로 된

단죄는 이루어지지 않았다.

이후 문민정부가 들어서고 김영삼 대통령이 과거사 바로 세우기에 적극적으로 나섰다. 그 일환으로 5·18 민주화운동 등에 관한 특별법을 제정했다. 이 법의 핵심은 과거의 잘못을 저지른 사람들을 처벌할 수 있도록 하는 데 있었다. 이 법을 통해 12·12 쿠데타와 5·18 '광주 학살' 등은 명백한 군사 반란이자 내란으로 규정되었고, 마침내 전두환과 노태우는 구속되어 법정에서 사형 선고까지 받았다. 이때야 비로소 성공한 쿠데타라 할지라도 결국 처벌받게 된다는 교훈을 남겼다.

하지만 처벌은 상징적 수준에서 그쳤다. 김대중 대통령은 대통령 당선 후 정치적 복수 대신 국민 통합을 추구했다. 집권하자마자 전두환과 노태우를 특별 사면한 결과, 두 사람은 고작 2년 남짓한 기간만 감옥에 있었을 뿐, 다시 자유의 몸으로 풀려나 편안한 여생을 누렸다. 쿠데타에 성공하면 정권을 장악하는 것이고, 만약 실패를 하더라도 크게 처벌받지 않는다는 선례를 남긴 꼴이 되었다.

어쩌면 12·3 내란 세력들은 전두환과 노태우를 보며 오랫동안 쿠데타를 꿈꿔왔을지도 모른다. 그들이 무소불위의 권력을 휘두르는 모습을 보고, 그릇된 욕망을 키웠을 것이다. 자신들의 쿠데타가 설령 실패하더라도 결국에는 사면될 것이라는 잘못된 믿음을 가졌을 것이다. 결국 그것이 12·3 내란의 원동력이 된 것이 아닐까? 역사의 그림자는 길고 어둡다. 과거의 잘못된 관용이 오늘날의 비극을 불러왔는지도 모른다.

프랑스의 선택, 철저한 숙청만이 답이었다

"공화국은 관용으로 건설되지 않는다. 오늘의 죄를 벌하지 않는다면 내일의 범죄에 용기를 주는 것이다." 프랑스의 작가 알베르 카뮈의 말이다. 실제로 프랑스는 2차 세계대전 이후 나치 부역자들을 엄격히 처벌했다. 해방 직후에는 '야만적 숙청'과 같은 무시무시한 일이 벌어졌다. 정식 재판도 없이 레지스탕스나 시민들이 들고일어나 즉결 처형, 머리 깎기, 폭행 같은 일들이 전국적으로 벌어졌다.

이후 정부가 나서서 '법적 숙청'이라는 공식적인 재판 절차를 진행했다. 부역 혐의로 조사를 받은 사람이 무려 200만 명에 달했고, 그중 유죄 판결을 받아 사형 선고를 받은 사람도 상당수다. 많은 사람이 감옥에 가거나 강제 노동 처벌을 받았고, 시민으로서의 권리도 박탈당했다. 언론이나 경제계도 숙청을 피할 수 없었다. 나치에 협력한 언론사는 문을 닫거나 국가 소유가 되었고, 부역 언론인들은 시민 권리를 잃었다. 부역 혐의를 받은 회사들은 벌금을 물거나 국유화되기도 했다. 군대나 공무원 사회에서도 대대적인 숙청이 있었다. 군 장교, 경찰, 판사, 외교관, 교사들까지 모두 조사 대상이었다.

하지만 숙청 작업이 너무 오래 걸리면서 사람들도 서서히 지쳐갔고, 이제 그만 용서하고 사회 통합을 해야 한다는 목소리가 나오기 시작했다. 결과적으로 나치 부역자들을 완전히 척결하진 못했지만, 이런 엄격한 대처는 프랑스 사회가 과거와 단절하고 새로운 미래로 나아가는 발판이 되었다.

우리 역시 프랑스처럼 엄격한 단죄의 시간을 반드시 거쳐야 한다. 탄핵 심판이 마무리되고 형사 재판 결과가 나온다면, 윤석열 일당에게는 최소 무기징역형이 선고될 것이다. 형법상 '내란 수괴'는 사형 아니면 무기징역이라는 중형에 처해지기 때문이다. 앞으로 내란의 싹이 뿌리내리지 않도록 이번에는 절대로 사면 없이 그들에게 선고된 형기를 모두 채우도록 해야만 한다. 내란 세력과 그 추종 세력에 대해서는 그 어떤 관용도 베풀지 않는다는 무관용의 원칙을 확고하게 지켜야만, 다시는 이와 같은 비극적인 일이 되풀이되지 않을 것이다.

도산 안창호 선생은 일찍이 "역사에 다소 관용하는 것은 관용이 아니요 무책임이니, 관용하는 자가 잘못하는 자보다 더 죄다"라고 말씀하셨다. 지금 우리에게 필요한 것은 관용 대신 엄격한 단죄다. 이것이야말로 우리 사회에 남은 내란의 잔불을 완전히 제거하고, 내란의 잔불은 물론 잠재된 씨앗까지 완전히 말려버리는 첫 걸음이 될 것이다.

더 나아가, 우리는 이번 내란 사태를 통해 뼈아픈 교훈을 되새겨야 한다. 민주주의를 훼손하려는 어떠한 시도도 용납할 수 없다는 강력한 의지를 확인하고, 헌법 정신을 수호하는 시스템을 더욱 공고히 해야 한다. 이를 위해 권력 분립과 견제 원칙을 강화하고, 언론의 자유와 독립성을 보장하며, 시민들의 정치 참여를 확대하는 노력을 기울여야 할 것이다. 과거의 어두운 역사를 잊지 않고, 미래 세대에게 올바른 역사관과 민주시민으로서의 책임감을 심어주는 것 또한 우리의 중요한 과제다. 12·3 내란의 잔불을 완전히 제거하고, 다시는 이러한 비극이 되풀이되지 않는 성숙한 민주사회를 만드는 것, 이것이 바로 우리가 나아가야 할 미래다.

17장 걱정과 불안을 이기는 기회로 삼는다
민주주의 교과서가 된 123일의 마침표

以患爲利이환위리

근심을 이로움으로 삼는다

멈추지 않는 탄핵 시계, '빛의 혁명'의 마지막 관문

윤석열이 석방되던 날, 나는 박노해 시인의 '그가 다시 돌아오면'을 읽으며 깊은 슬픔에 잠겼다. 한 구절 한 구절이 가슴 아파 몇 번이고 멈췄다가 다시 읽어야 했다. 우리 코앞에 닥쳤던 계엄의 참혹함이 고스란히 느껴졌기 때문이다. 민주주의를 잃는다는 것은 우리 모두의 삶이 지옥에 빠지는 것과 마찬가지라는 사실을 다시 한번 깨달았다. 그렇다. 그는 절대로 다시 돌아와서는 안 될 사람이었다.

우리 모두의 경각심이 높아지고, 내란 종식에 대한 뜨거운 열망이 다시 타올랐지만, 현실은 녹록지 않았다. 빛의 혁명의 마지막 관문인 헌법재판소의 탄핵 심판 선고가 남은 상황에서, 안타깝게도 그 선고는 계속 지연되고 있었다.

그가 다시 돌아오면
계엄의 밤이 도래하겠지
번뜩이는 총구가 우리를 겨누고
의인들과 시위대가 '수거'되겠지
광장과 거리엔 피의 강이 흐르고
사라진 가족과 친구를 찾는
언 비명이 하늘을 뒤덮겠지

그가 다시 돌아오면
살림은 얼어붙고 경제는 파탄 나겠지
우린 갈수록 후진국으로 추락하겠지
오가는 사람도 드문 스산한 밤거리엔
총소리 군홧발 소리 사이렌 소리가 울리고
계엄군이 내 가방을 뒤지고 신상을 털겠지

그가 다시 돌아오면
남북이 충돌하고 전쟁이 돌아오겠지
자위대가 상륙하고 미군이 연합하고
긴 내전과 숙청의 날들이 이어지겠지
숨어있던 친일파들이 나라를 팔아먹고
광복 80년 만에 이 땅은 다시 빛을 잃겠지

그가 다시 돌아오면

모든 방송과 언론과 유튜브에선
검열된 이슈와 재미와 조작으로
눈과 귀를 가리며 관심을 돌리겠지
김건희의 국빈 행사와 일상을 띄워대며
패션과 미담의 화제거리로 도배되겠지

그가 다시 돌아오면
자유도 민주도 선거도 의회도 삭제되겠지
빛을 들고 나선 이들이 샅샅이 색출되고
단 몇 줄 올린 글로 검은 제복이 찾아오겠지
너 좌빨이지, 불순분자지, 완장을 찬 극우대의
광기 어린 폭력에 숨도 못 쉬겠지

아아 그가 다시 돌아오면,
저들이 살아 돌아오면,

버젓이 권좌에 도사린 채
내란을 지속하고 내전을 불지르는 자들

지금, 빛으로 끌어내 처단하지 않는다면
지금, 뿌리째 뽑아내 청산하지 않는다면

― 박노해, 〈그가 다시 돌아오면〉

헌법재판소는 이미 2월 25일 11번째 변론 기일을 끝으로 내란 우두머리, 윤석열에 대한 마지막 심리를 마친 상황이었다. 과거 노무현 전 대통령 탄핵 때는 최후 변론 후 14일, 박근혜 전 대통령 탄핵 때는 최후 변론 후 11일 만에 선고가 내려진 점을 고려할 때, 3월 중순에는 당연히 선고 기일이 잡혀야 했다.

그러나 대통령 윤석열에 대한 탄핵 선고는 한 달여가 지나도록 감감무소식이었다. 더욱이 황당했던 것은 3월 24일, 대통령 윤석열보다 나중에 탄핵소추안이 가결되었던 한덕수 총리에 대해서 먼저 기각 선고가 내려졌다는 사실이었다. 그 결과 또한 석연치 않았다. 인용 1명, 기각 5명, 각하 2명으로 나뉜 기각 결정에 불길한 예감이 스쳤다.

혹시나 대통령 윤석열 선고에 대해서도, 헌법재판관들의 정치 성향에 따라 결과가 달라지는 것은 아닌가 하는 우려가 강하게 일었다. 처음에는 윤 대통령 탄핵 심판이 길어지는 이유가 결정문 문구를 다듬고 있기 때문이라는 이야기가 많았지만, 시간이 흐를수록 재판관들의 의견 조율이 쉽지 않다는 관측이 지배적이었다. 8대 0 만장일치 판결을 굳게 믿었던 사람들은 혼란에 빠지기 시작했고, 나 역시 마찬가지였다.

초기에는 정형식 재판관이 다른 탄핵안들보다 대통령 탄핵안을 최우선적으로 선고하겠다고 분명한 입장을 밝혔었다. 그때부터 8대 0 만장일치 탄핵을 확신했었지만, 3월 중순을 지나 4월이 다가오면서 불안감이 스멀스멀 피어오르기 시작했다. 설상가상으로 4월 18일이 지나면 문형배, 이미선 두 헌법재판관이 임기를 마치고 퇴임하기 때문에 헌법재판소가 완전히 무력화될 수도 있는 상황이었다. 어쩌면 윤석열의 석방보다 더욱 끔찍한 위기가 우리 눈앞에 다가오고 있었는지도 몰랐다.

이환위리(以患爲利), 위기를 기회로 바꾸는 지혜

이처럼 사면초가에 놓인 듯한 위기감이 고조될 때마다, 나는 마음속으로 손자병법의 한 구절을 되뇌었다.

軍爭之難者 以迂爲直 군쟁지난자 이우위직
군쟁(軍爭)의 어려움은 우회하는 것으로써 곧바로 나아가는 것과 같이 하는 데 있다.

以患爲利 故 迂其途而誘之以利 後人發先人至 이환위리 고 우기도이유지 이리 후인발선인지
근심을 이로움으로 삼기 때문에 그 길을 우회하여 이로움으로 적을 유인하면, 뒤에 출발한 자가 먼저 도착한다.

此知迂直之計者也 차지우직지계자야
이것이 바로 우회하는 것으로써 곧바로 나아가는 계책을 아는 것이다.

〈군쟁(軍爭)〉 편의 이 구절에서 핵심적인 부분은 바로 '이환위리(以患爲利)' 즉, '근심거리를 이로움으로 삼는다'는 지혜였다. 당장

의 불리함이나 어려움을 회피하는 것이 아니라, 오히려 이를 역전의 발판으로 삼아 유리한 결과를 만들어낼 수 있다는 통찰이다. 결국, 우리에게 절실했던 것은 눈앞의 위기를 기회로 바꾸는 전략이었다.

당시 민주당 내에서는 헌법재판소를 향한 동시다발적인 압박이 거세지고 있었다. 한덕수와 최상목의 쌍탄핵을 경고하며, 그동안 미뤄왔던 마은혁 후보자를 서둘러 헌법재판관으로 임명하라고 강력하게 촉구한 것이다. 이미 민주당 초선의원들은 국무위원들을 줄탄핵할 수 있다며 공세의 수위를 높여가는 상황이었다. 동시에 헌법재판관 임기 연장을 위한 다양한 법안들이 발의되기 시작했다. 대통령 권한대행이 대통령 몫의 재판관을 임명할 수 없도록 하거나, 고의로 임명을 지연시키면 징역형에 처하는 강력한 내용의 법안까지 등장했다. 법사위에서는 헌법재판소를 직접적으로 압박하기 위해 헌재 사무처장을 두 번이나 불러 현안 질의를 진행하기도 했다.

나는 계엄 당시 군인들이 언론사 기자를 케이블타이로 포박했던 충격적인 사실 등 명백하게 확인된 행태들을 언론에 적극적으로 공개하며 마지막 여론전에 모든 힘을 쏟았다. 이는 국민의 분노와 탄핵에 대한 간절한 열망을 더욱 고조시켜 헌법재판소를 향해 더욱 강력한 압박을 가하기 위함이었다. 또한 앞에서 이미 이야기한 것처럼, 윌리엄 유어트 글래드스턴 전 영국 총리의 "너무 늦은 정의는 정의가 아니다"라는 말을 인용하며 헌법재판소의 신속한 결정을 간절히 촉구했다.

극우 세력의 광란: 헌법재판소에 가해지는 압력

윤석열에 대한 탄핵 심판 선고일은 여전히 안갯속이었다. 헌법재판관들의 깊은 고뇌를 이해 못 하는 바는 아니었다. 당시 헌법재판소는 12·3 내란과 관련하여 탄핵 심판을 진행하면서 극우 세력들의 거센 압박에 시달리고 있었다. 2025년 1월 19일에 서울서부지법에서 발생한 한밤의 폭동은 특히 사법부에 큰 충격이었을 것이다. 그 후에도 윤석열 지지자들을 중심으로 극우 단체들은 헌법재판소 앞에서 연일 격렬한 시위를 벌였다. 집회 현장에서는 차마 입에 담기 힘든 폭언과 욕설이 난무했고, 일부 극우 인사들은 헌법재판관들의 실명과 사진을 공개하며 개인적인 공격을 서슴지 않았다. 심지어 헌법재판관들의 자택 앞에서 시위를 벌이거나 가족들에게까지 위협을 가하는 사례도 있었다. 헌법재판소 홈페이지는 극우 세력들의 악성 댓글과 협박 글로 마비되다시피 했다.

 이러한 극우 세력의 압박은 헌법재판관들에게 상당한 심리적 부담감을 안겨주었을 것이다. 공정한 심판을 내려야 하는 헌법재판관들이 외부의 위협과 압력 속에서 얼마나 큰 고통을 느꼈을지 상상하기조차 어렵다. 법치주의의 근간을 흔드는 이러한 행태는 결코 이해도, 용납도 될 수 없는 일이었다.

 민주당에서는 헌법재판관들이 심리적 압박을 받지 않도록 일부러 헌재 앞에서 집회 등을 자제해온 터였다. 법치주의에 따라 상식과 원칙을 지키려고 했던 행동이었지만, 결과적으로 이것이 오히려 극우 세력들이 더욱 활개를 칠 수 있는 빌미를 제공한 셈이

되었다. 극우 세력들의 거센 기세에 경찰들조차 한발 물러나 제대로 된 조치를 취하지 못하고 있던 것이다. 이러한 심각한 상황을 뒤늦게라도 수습하기 위해 민주당 내 의원들이 헌법재판소 앞에 모여 시위를 시작했다. 그 가운데 백혜련 의원은 극우 세력들로부터 날달걀 테러를 당하기도 했다. 물리적 충돌이 발생하고 나서야 비로소 경찰들이 움직였고, 헌법재판소 앞에 진을 치고 있던 극우 세력들을 쫓아내기 시작했다. 헌법재판소 측으로부터 민주당 의원들에게 고맙다는 후문까지 들려왔다. 조금 더 빨리 상황을 수습하지 못해 재판관들의 고통을 덜어주지 못한 것이 여전히 아쉬움으로 남는다. 중요한 것은 우리에게 더 이상 지체할 시간이 없었다는 점이다. 어떻게든 4월 전에 탄핵 선고 기일을 받아내 혼란스러운 탄핵 정국을 하루라도 빨리 끝내야 했기 때문이다.

우직지계(迂直之計)의 승리, 돌아가는 지혜가 정의를 앞당기다

이러한 절박한 이유로 민주당 내에서도 헌법재판소에 직접적으로 압박을 가해야 한다는 강경한 의견이 나오기 시작했다. 그 방법 중 하나로 법사위 현안 질의에 헌법재판소 사무처장을 다시 소환하는 방안이 논의되었다. 하지만 탄핵 선고를 노골적으로 압박하는 모양새는 아무래도 부담스러웠다. 자칫하면 헌법재판소의 독립성을 침해한다는 거센 역풍을 맞을 수도 있었기 때문이다.

그때 정청래 법사위원장을 중심으로 우직지계(迂直之計), 즉 '돌아가는 듯하지만 결국 목적지에 이르는 계책'이 활용되었다. 마침 법사위에는 헌법재판관 임기 연장 법안이 발의되어 있었다. 그것은 헌법재판관의 임기가 만료되었을 때, 후임이 결정되지 않으면 기존 재판관의 임기를 일정 기간 연장할 수 있도록 하는 법안이었다. 독일이나 스페인, 슬로베니아 등에서도 이미 적용되고 있는 합리적인 법안이었다. 법사위에서는 해당 법안 논의를 명분으로 헌법재판소 사무처장을 법사위에 출석해달라고 요청했다. 겉으로는 헌법재판소의 안정적인 운영을 위한 법안 논의였지만, 속으로는 더딘 탄핵 심판 진행 상황에 대한 불만을 간접적으로 드러내고 헌재를 압박하려는 숨은 의도가 있었다.

우여곡절 끝에 사무처장이 법사위에 출석했고, 마침내 현안 질의가 진행되었다. 우리 당 의원들은 헌법재판소의 더딘 탄핵 심판 진행 상황에 대해 강하게 질타했다. 직접적으로 '왜 탄핵 선고를 늦추느냐'고 묻지는 않았지만, 헌법재판소의 역할과 책임에 대한 날카로운 질문들이 쏟아졌다. 심지어 헌법재판소 재판관 탄핵 가능성까지 거론하며 사태의 심각성을 강조하는 의원도 있었다. 이는 헌법재판소에 상당한 압박감으로 작용했을 것이다.

헌법재판소 사무처장은 질의 내내 곤혹스러운 표정으로 제대로 답변조차 하지 못하는 모습이었다. 나는 그 자리에서 헌법재판소 관계자들이 생중계를 지켜보고 있을 것이라고 확신했다. 법사위에서의 강도 높은 질의와 재판관 탄핵 가능성 언급은 헌법재판소에 더 이상 탄핵 심판을 미룰 수 없다는 강력한 메시지로 전달되었을 것이다.

놀랍게도 법사위 현안 질의 직후, 헌법재판소는 탄핵 선고 기일을 4월 4일로 확정 발표했다. 우회적인 압박이었지만, 결국 헌법재판소의 결정을 앞당기는 결정적인 역할을 했다고 생각한다. 우리 민주당의 우직지계가 마침내 통했던 감격적인 순간이었다.

8대 0 전원일치 파면, 헌정사의 빛나는 기록

2025년 4월 4일, 헌법재판소가 대통령 윤석열에게 파면을 선고했다. 12·3 계엄 이후 123일간의 길고도 험난했던 싸움이 마침내 종지부를 찍는 순간이었다. "주문. 피청구인 대통령 윤석열을 파면한다." 헌재의 이 엄숙한 선고를 우리는 얼마나 간절히 기다려왔던가. 그야말로 대한민국 민주주의가 다시 살아 숨쉬기 시작했다.

탄핵 선고가 예상보다 오래 지연되고 한덕수 권한대행의 탄핵이 기각되는 등 불안한 상황이 이어졌지만, 헌재는 결국 8대 0 전원일치라는 압도적인 결과로 대통령 윤석열을 파면했다. 김이수 전 헌법재판관의 설명처럼, 법리적 논쟁과 정치적 고려가 복잡하게 얽혀 있었지만, 헌재는 결국 완벽에 가까운 판결문을 통해 민주주의의 가치를 수호했다.

판결문이 공개된 후 온라인에서는 '필사 챌린지'가 유행할 정도로 국민의 뜨거운 반응이 이어졌다. 시나 소설의 명문을 베껴 쓰듯, 헌재 결정문에서 마음에 드는 문장을 골라 쓰거나 통째로 필사하는 사람들이 많았던 것이다. 이는 헌재가 단순한 법리적 판단을 넘어, 국민의 마음을 움직이는 감동적인 메시지를 전달했음을 보여준다. 실제로 판결문은 간결하고 명확했고 이해하기 쉬웠다. 보편적인 민주주의의 가치를 보통 사람들의 언어로 풀어냈기에 더욱 가슴에 와닿았다.

외신들도 헌재의 결정에 찬사를 아끼지 않았다. "한국 민주주의의 성숙함을 보여주는 역사적 판결"이라는 평가와 함께, "권력자를 헌법의 틀 안으로 끌어들인 한국 시민들의 위대한 승리"라는 찬사가 쏟아졌다.

세계 언론들의 탄핵 판결 보도 중에서

국민의 저항과 국회의 표결에 이어 사법부도 윤 대통령이 행한 민주화 이후 최초의 계엄 시도를 거부한다는 의사를 표명했다.
— 미국 〈워싱턴포스트〉

한국의 최고 재판소가 만장일치로 윤 대통령을 파면하기로 했다. 미국의 핵심 동맹국이 새로운 지도자를 선출할 길이 열렸다.
— 미국 〈뉴욕타임스〉

이번 판결은 정치적 감정이 아니라 헌법의 언어로 내려진 역사적 판결이다.
— 프랑스 〈르 몽드〉

한국 시민들은 민주주의를 소유한 것이 아니라 실천했다.
— 독일 〈디 차이트〉

민주주의의 교과서, 다시 읽는 판결문

나는 손자병법의 구절들을 다시 꺼내 읽듯 이후에도 몇 번이고 판결문을 읽고 되새겼다. 한 구절 한 구절이 명문이었다. 과연 민주주의 교과서라는 찬사를 받을 만했다. 그 이유는 너무나 분명하다.

① 헌법 위반에 대한 명확한 판단: 헌법 제1조 1항 "대한민국은 민주공화국이다."

헌재는 윤석열 대통령이 국민의 기본권을 침해하고 권력을 남용하여 헌법 질서를 훼손했다는 점을 명확히 지적했다. 특히 12·3 비상계엄은 실체적 요건을 위반했으며, 위기관리 상황에서 대통령으로서 책임을 방기하고 법적 절차를 무시했다는 점을 분명히 했다. 이는 헌법 제1조 1항, "대한민국은 민주공화국이다"를 정면으로 위반하는 행위이며, 민주공화국의 주권자인 국민의 신임을 중대하게 배반한 것이다. 헌재는 이러한 판단을 통해 대통령이라는 권력자도 헌법 위에 있을 수 없으며, 헌법 수호의 책무를 저버린 행위에 대해서는 엄중한 책임을 물어야 한다는 점을 분명히 했다.

② 빛의 혁명의 수호자 명시: 헌법 전문 "대한국민"

"나라를 위하여 봉사해온 군인들이 또다시 일반 시민과 대치하는 상황이 발생하게 됐다", "시민들의 저항과 군경의 소극적인 임무 수행 덕분"이라는 문장은 이번 빛의 혁명을 이뤄낸 것이 바로 '대한국민'이라는 것을 분명히 했다. 우리나라의 민주주의를 지킨 것이 시민들의 노력임을 헌재 재판관들이 인정한 것이다. 동시에 군인과 시민의 참담한 마음을 어루만지며 깊은 공감을 불러일으켰다. 헌재는 헌법 전문에 나오는 '대한국민'이라는 용어를 사용하여, 국민 주권의 원칙을 재확인하고, 국민의 저항이 정당한 권리임을 명시했다. 이는 헌재가 국민의 참여와 저항을 민주주의의 핵심 요소로 인식하고 있음을 보여준다.

③ 민주주의 원칙의 명확한 제시: 헌법 제46조 "국회의원의 의무"

헌재는 결정문 곳곳에 헌법과 민주주의의 근본 원리를 담아냈다. 특히 국회를 배제의 대상으로 삼은 것은 민주 정치의 정수를 허무는 것이라는 점을 강조하며, 권력과 헌법, 민주주의 간의 관계를 깊이 성찰하게 했다. 이는 헌법 제46조에 명시된 국회의원의 의무를 대통령이 무시한 것이며, 민주적 절차와 방법에 따라 문제를 해결해야 한다는 원칙을 재확인한 것이다. 헌재는 대통령의 권력 남용을 견제하고, 민주적 절차의 중요성을 강조했다.

④ 쉬운 말과 간결한 문장: 국민과의 소통 중시

판결문은 법률적 지식이 부족한 일반 국민도 쉽게 이해할 수 있도록 간결하고 명료하게 작성되었다. 이는 헌재가 국민과의 소통을 중요하게 생각했음을 보여준다. 어려운 법률 용어 대신 쉬운 말과 간결한 문장을 사용하여, 국민이 헌법과 민주주의의 가치를 쉽게 이해하고 공감할 수 있도록 했다. 이는 헌재가 국민의 알 권리를 존중하고, 국민과의 소통을 통해 민주주의의 가치를 확산하고자 하는 의지를 보여준다.

⑤ 사회 통합을 위한 메시지: 8대 0 전원일치 판결

8대 0 전원일치 판결은 윤석열과 극우 세력에게 불복할 여지를 없애고, 사회 통합을 위한 강력한 메시지를 전달했다. 이는 헌재가 분열된 사회를 통합하고, 민주주의의 가치를 회복하고자 하는 의지를 보여준다. 헌재는 전원일치 판결을 통해, 국민 모두가 헌법과 민주주의의 가치를 존중하고, 사회 통합을 위해 노력해야 한다는 점을 강조했다.

이처럼 이번 헌재의 결정문은 대다수 국민의 행동으로 이뤄낸 '빛의 혁명'의 의미를 다시 한번 되새기게 하고, 앞으로 나아가야 할 민주주의의 방향을 제시했다. 또한 민주공화국에서 권력이 어떻게 통제되어야 하는지를 보여주는 살아있는 헌법 교과서이다. 헌법은 권력을 제한하기 위해 존재한다는 민주주의 원칙이 문장마다 스며 있는 이 판결문은 앞으로도 오랫동안 우리 사회의 중요한 자산으로 남을 것이라 확신한다.

위기를 기회로! K-민주주의의 빛나는 회복력

세계적인 정치학자 볼프강 메르켈과 안나 뤼르만은 '민주주의 회복력'을 민주적 특성을 잃지 않고 도전에 대응하는 능력이라고 정의했다. 이번 12·3 내란 사건을 통해 우리 국민은 대한민국의 민주주의 회복력이 얼마나 강인한지 다시 한번 전 세계에 명확히 보여주었다.

　우리는 민주주의의 적을 민주주의의 힘으로 물리쳤다. 계엄과 내란으로 민주주의를 훼손하려 했던 윤석열 대통령에 대해 민주적인 절차를 통해 파면을 이끌어낸 것이다. 한국 시민사회 운동의 엄청난 활력과 헌신적인 참여 역량, 그리고 민주당으로 대표되는 야당과 국회의 능동적이고 위험을 무릅쓴 기민한 대응력, 이 두 축의 강력한 시너지가 만들어낸 결과였다. 제도적 의회 정치와 비제도적 광장 시민 정치가 긴장과 협조를 유지하는 한국 정치의 독특한 특성인 '투 트랙 민주주의 회복력'이 미국의 '선진 민주주의'를 넘어선 것이다. 세계적으로 극우 세력이 득세하는 오늘날, 민주주의 회복력에서만큼은 한국이 오랫동안 미국을 따라잡는 '추격 국가'에서 마침내 미국을 앞서는 '추월 국가'로 당당히 올라섰다.

　이는 실로 경이로운 세계적인 사건이다. 피 한 방울 흘리지 않고, 오로지 시민의 힘으로 최고 권력을 끌어내렸다. 자랑스러운 K-민주주의의 빛나는 저력이다. 헌법재판소의 판결문은 바로 우리 대한민국 '대한국민'의 수준을 여실히 보여주었다. 세계가 부러워하는 위대한 시민의 민주주의, 그 꺼지지 않던 등불을 다시 밝힌 것은 바로 국민의 간절한 뜻을 헌재가 정확히 읽어낸 덕분이다.

　우리는 민주주의에 닥친 절체절명의 위기를 기회로 바꾸는 이환위리(以患爲利)의 가르침을 충실히 따랐다. 이번 위기를 통해 민주주의 체제를 더욱 공고히 하고, 독재 정치의 씨앗을 완전히 제거하고, 국민을 위한 국민에 의한 국민의 나라로 거듭나는 민주 정부를 만들어 선진국으로 나아가는 확고한 발판이 마련될 것으로 기대한다. 나 또한 손자병법의 정신을 가슴 깊이 새기며, 이로운 방향으로 나아가기 위해 주저 없이 온 힘을 다할 것이다.

군인 출신으로서, 그리고 정치인으로서, 나는 이번 위기를 통해 얻은 값진 교훈을 잊지 않을 것이다. 전략과 전술을 통해 적을 알고 나를 알면 백번 싸워도 위태롭지 않다는 손자병법의 가르침처럼, 나는 앞으로 다가올 어떤 위협에도 흔들리지 않고 민주주의를 수호하는 최전선에 설 것이다. 국민의 안전과 자유를 지키는 것은 나의 숙명이며, 나는 그 숙명을 숭고한 책임감으로 완수해 나갈 것이다.

국민의 목소리에 귀 기울이고, 국민의 신뢰와 지지를 바탕으로 민주주의의 가치를 더욱 확고히 하는 것. 정의롭고 평등한 사회를 건설하는 것. 국민과 함께, 대한민국을 세계 속에 빛나는 민주주의 강국으로 만드는 데 나의 모든 역할을 다하고 싶다. 그리고 나는 진심을 다해 말하고 싶다. "K-민주주의를 지켜낸 대한국민을 존경합니다. 역사의 빛나는 순간을 함께 만들어낸 자랑스러운 대한국민과 끝까지 동행하겠습니다."

에필로그

두 번의 탄핵, 두 개의 시선: 언론과 정치의 중심에서
안태훈

"재판관 전원의 일치된 의견으로 주문을 선고한다."
"주문, 피청구인 대통령 박근혜를 파면한다."

2017년 3월 10일, 이정미 헌법재판소장 권한대행의 목소리가 생생하다. 물방울 하나하나가 모여 강물이 되듯, 한 주 한 주 모여든 촛불 시민과 그 열기가 대통령을 권좌에서 끌어내렸다. 시민주권의 승리였다. 피 한 방울 흘리지 않고 헌정 질서를 바로잡은 역사적인 사건이었다. 그리고 그 중심엔 언론이 있었다. 박근혜-최순실 게이트, 이른바 국정농단 사건은 언론의 의혹 제기로 촉발됐고, JTBC의 태블릿PC 관련 보도가 '스모킹건(결정적 증거)'이 되어 국회의 탄핵소추안 가결을 이끌어냈다.

당시 나는 JTBC 보도국 기자였다. 훗날 태블릿PC 관련 보도로 최순실 측으로부터 고소장을 받기도 했다. 그때의 기억을 잊을 수 없는 이유이기도 하다. 한편으로 아쉬움도 컸다. 대한민국의 운명을 바꾼 역사적인 사건에 과연 내가 할 수 있는 모든 걸 쏟아부은 것인지, 스스로에게 의문이 들었다. 그때 다짐했다. 또다시 이런 상황을 맞이한다면 최선을 다하겠노라고 말이다.

그로부터 약 7년이 지난 2024년 7월 1일, 나는 국회 김병주 의원실로 자리를 옮겼다. 그 후 김병주 의원은 민주당 최고위원으로 선출됐다. 덕분에(!) 일요일과 화요일, 목요일엔 늘 야근을 했다. 다음날인 월·수·금 아침마다 민주당 최고위원회의를 준비해야 했기 때문이다. 2024년 12월 3일 화요일 밤에도 그랬다. 여느 때와 같은 평범한 일상이었다. 그날은 밤 9시 50분쯤 국회를 나섰다. 통상 그렇듯 차량 내 DBM TV나 라디오의 뉴스·시사 프로그램을 틀어놓고 집으로 향했다.

그런데 밤 10시 20분쯤, 평범하고 평온한 일상에 금이 갔다. 뭔가 심상치 않은 분위기가 감지된 것이다. 마침 집 앞에 도착해 차량 내 화면을 응시했다. 서둘러 의자에 앉는 대통령 윤석열의 모습이 카메라에 잡혔다. 윤석열은 "피를 토하는 심정으로 국민 여러분께 호소드린다"며 긴급 담화를 이어갔다. 늘 그렇듯 윤석열은 국회를 향한 비난의 메시지만 퍼부었다. 그러던 중 밤 10시 28분쯤, 귀를 의심케 하는 단어가 귀에 들어왔다. '비상계엄 선포'였다. 혼란스러웠다. 가짜뉴스가 아닌지 의심이 들 정도였다. 이후 속보 알람이 잇따라 울리며 휴대전화를 흔들었다. 사실이었다. 순간 하루이틀 만에 끝날 일이 아니라는 걸 직감했다. 잠시 집에 들러 따뜻한 옷으로 갈아입고 속옷과 양말 등을 챙겼다. 그렇게 다시 국회로 향했다.

밤 11시 20분쯤, 이미 국회 주변은 많은 차량과 사람들로 혼잡했다. 국회 출입문도 막혀 차 안에서 20분 정도 꼼짝달싹하지 못했다. 간신히 한강 둔치에 차를 세우고 국회를 향해 뛰었다. 그러나 경찰이 막아서면서 출입증을 제시해도 국회 경내로 들어갈 수 없었다. 문을 개방하라는 국회의원의 요구도 묵살 당했다. 담이라도 넘어야겠다고 생각했다. 무사히 계엄 해제 결의안이 국회를 통과할 수 있도록 도와야 했기 때문이다. 그것이 당장 내가 할 수 있는 사명이라고 여겼다. 결국 적당한 곳을 찾아 국회 담장을 넘었고, 국회 본회의장이 있는 본관으로 향했다.

그러나 본관 후문은 이미 계엄군에 의해 봉쇄돼 들어갈 수 없는 상황이었다. 하는 수 없이 본관 정문으로 방향을 틀었다. 그 순간 특전사 부대원 10여 명이 내 앞을 지나가고 있었다. 완전군장을 한 모습이었다. 기록을 남겨야겠다는 생각에 휴대전화를 꺼내 촬영했다. 혹시나 휴대전화를 빼앗기는 등 제지당할 수 있다고 생각했지만, 다행히 아무 일도 일어나지 않았다. 훗날 한 언론인이 케이블타이에 묶일 뻔했다는 소식을 접했을 때 문득 생각했다. 당시 특전사 부대원 중 1명이라도 내 행동에 적대적인 태도를 취했다면, 나 역시 그들에 의해 포박당할 수 있는 아찔한 순간이었다고 말이다. 그렇게 후문을 지나 본회의장 앞 로텐더홀과 이어지는 정문에 도착하자, 2024년 12월 4일 모든 조간 신문을 장식했던 그 모습이 시야에 들어왔다.

국회 본관 정문 앞은 수많은 보좌진과 언론인, 계엄군 등이 얽혀 말 그대로 아수라장이었다. 다행히 그사이를 간신히 비집고 들어가 로텐더홀에 들어갈 수 있었다. 상당수 민주당 보좌진과 당직자 등은 3중, 4중으로 촘촘하게 스크럼을 짜 본회의장 출입문을 막았다. 또 다른 보좌진들은 계엄군이 로텐더홀에 진입할 수 없도록 사방에 있는 모든 출입문을 걸어 잠그고 테이블과 의자 등으로 봉쇄했다. 계엄군이 진입을 시도하자 일부 보좌진은 소화기를 쏘기도 했다. 그러던 중 MBC 시선집중팀으로부터 전화가 걸려왔다. 시선집중 유튜브 라이브를 긴급 편성해 곧 방송을 시작하는데, 로텐더홀 상황을 전해달라는 제안이었다. 준비가 안 된 상태였지만 보다 많은 국민께 실상을 알려야겠다는 생각에 기꺼이 수용했다.

그렇게 전쟁터와 같은 국회에서 '12·3 내란의 밤'을 지새우고 나니, 또다시 대한민국 역사의 중심에 서있는 나를 발견했다. 두 번째 맞이한 '현직 대통령 탄핵 국면'이었다. 그사이 내 직업은 언론인이 아닌 국회 보좌진이자 민주당 정당인으로 바뀌었다. 해당 사안을 바라보는 시선 또한 나도 모르게 달라졌을 것이다. 에필로그의 제목을 〈두 번의 탄핵, 두 개의 시선: 언론과 정치의 중심에서〉라고 붙인 이유이다.

하지만 진실에 최대한 다가가고자 하는 나의 사명은 달라지지 않았다. 도리어 더욱 강해졌을지 모른다. 대통령 박근혜 탄핵 국면 이후 스스로에게 다짐했던 '또다시 이런 상황을 맞이한다면 내가 할 수 있는 모든 걸 쏟아붓겠다'라는 말을 강력하게 기억하고 되뇌며 지내고 있었기 때문이다. 실제 이런 마음가짐은 내란 국면에서 김태효 국가안보실 1차장의 HID 부대 방문과 HID 출신 군인의 안보실 배치, 노상원 전 정보사령관의 무속 관련성, 북파 무인기와 관련 창고 화재, 방첩사의 대대적인 계엄 대비 훈련 등 여러 의혹 제기로 이어졌다. 상하동욕자승(上下同欲者勝), '윗사람(국민)과 아랫사람(공무원/국회 보좌진)이 바라는 게 같은 군대는 결국 승리(대통령 윤석열 파면)한다'는 2,500년 전 손자의 가르침이 조용히 내 마음속에 스며들어 열정의 파도를 일으켰는지 모르겠다.

민주주의를 지키는 강력한 무기
최보윤

2019년 9월, SBS BIZ의 프로그램 〈김병주 대장의 지금은 손자병법〉 제작에 구성작가로 참여하였습니다. 20년 가까이 시사, 교양, 휴먼 다큐멘터리 등 다양한 프로그램을 경험했지만, 방송 시작이 두려웠던 적은 그때가 처음이었습니다. 동양을 대표하는 고전 중 하나인 〈손자병법〉을 TV 프로그램으로 어떻게 담아낼지 막막했던 것도 있지만, 단독 MC로 출연하실 분의 명성이 워낙 높았습니다. 그 무렵 막 전역한 4성 장군 출신 김병주 대장님이었는데, 아무리 군 경험이 없고 군 지휘 체계를 잘 모른다 해도 '포스타'의 무게감은 큰 산처럼 다가왔습니다. 방송 제작을 하면서 이보다 더 무거운 책임감이 따를 때가 또 있을까 싶었지만, 기대감도 컸습니다. 그저 제가 잘 해내면 된다고 생각했습니다.

얼마 후 연희동 한 카페에서 출연자와의 사전 미팅이 진행됐습니다. 담당 PD님과 함께 약속 시간 10분 전에 도착했는데, 곧이어 검은 배낭을 둘러멘 캐주얼한 차림의 김병주 대장님이 카페 문을 열고 들어오셨습니다. 따님과 함께 지하철을 타고 오셨다면서 환하게 웃으며 악수를 청하는데, 그 모습이 왜 그렇게 생경하게 느껴졌을까요. 아마도 그 순간, 미팅 전 미리 찾아본 유튜브 영상 속에서 트럼프 대통령과 동등하게 악수하시던 대장님의 모습이 겹쳐 보였기 때문인지도 모르겠습니다. 저의 예상과 달리 세상에서 가장 소탈한 모습으로 다가와주신 의원님 덕분에 긴장감은 눈 녹듯 사라졌고, 편안한 분위기에서 미팅을 이어갈 수 있었습니다.

소문대로 김병주 대장님은 완전히 손자병법 덕후였습니다. 첫 미팅 자리에서부터 '기정전략', '모공', '졸속' 등 손자병법의 핵심 사상과 구절은 물론 다양한 경험담을 들려주셨습니다. 앉은 자리에서 자기계발서 한 권을 읽는 듯한 기분이 들 정도였습니다. 미팅이 끝나갈 때쯤 담당 작가로서 가졌던 고민과 걱정들이 모두 희미해졌습니다. 대장님의 이야기를 들으면서 지금 이 시대를 살아가는 우리가 손자병법에 왜 주목해야 하는지 충분히 공감할 수 있었고, 시청자들에게도 의미 있는 화두를 던질 수 있을 거란 확신이 들었습니다. 실제로 김병주 대장님의 시각으로 재해석한 손자병법의 지혜를 공부하고 대본화하는 작업은 더없이 유익했고 즐거웠습니다. 방송 후 반응도 그 어느 때보다 좋았던 것으로 기억합니다.

손자병법의 진가를 다시 한번 제대로 느낄 수 있었던 것은 대장님이 국회의원에 당선되신 후였습니다. 당시 저는 연설 비서의 임무를 맡아 의원님을 보좌했었는데, 정치 현장에서도 의원님은 손자병법을 늘 손에서 놓지 않으셨습니다. 각종 현안에 부딪힐 때마다 손자병법의 지혜로 풀어나가시는 모습이 인상적이었습니다. 그중에서도 특별히 잊을 수 없는 일화가 있습니다.

초선의원으로 막 활동을 시작하셨던 때, 의원님께서는 여러 루트를 통해 비난을 많이 받고 계셨습니다. 군 장성 출신으로 어떻게 '파란당'에 갈 수 있느냐는 이유에서였습니다. 인신공격성 비난도 많았던 탓에 마음고생이 이만저만이 아니셨죠. 안타까운 마음에 조심스레 여쭤봤습니다. "굳이 쉬운 길을 놔두고, 파란당을 택해서 어려운 길을 가시는 이유가 무엇이냐"고요. 의원님께서는 1초의 망설임도 없이 이렇게 답하셨습니다. "손자병법을 통해서 가장 크게 배운 것 중 하나는 인생의 도(道)를 바로 세우고, 그 도를 지키는 것이다. 내 인생의 도는 한반도의 평화 통일이며, 바로 그 도가 문재인 정부와 더불어민주당의 안보 정책과 일치하기 때문에 당연히 이 길을 선택했다." 저는 아직도 그 말씀을 하시던 의원님의 눈빛을 잊지 못합니다. 순도 100%의 사명감으로 꽉 채워져 있던 그 눈빛 속에, 당장의 비난이나 고난이 있다 하더라도 본인이 품은 대의, 즉 도(道)를 위해 묵묵히 걸어가겠다는 다짐이 서려 있었습니다.

세월이 흘러 저는 국회 생활을 마무리하고 다시 방송일로 돌아왔습니다. 그사이 정권이 바뀌었고, 김병주 의원님은 재선에 성공하셨으며, 점점 더 바빠지셨습니다. 강한 안보, 튼튼한 안보를 위해 평생을 바쳐온 분이 벼랑 끝으로 내몰리는 '대한민국 안보'를 보며 얼마나 노심초사 뛰어다니셨을지 알 수 있었습니다. 실제로 각종 언론과 유튜브, SNS를 통해 접하는 의원님의 목소리는 날이 갈수록 크고, 단단하고, 거칠어졌습니다. 안보 최전방에서 분투하면서 그야말로 투사가 되어 갔습니다.

그러던 사이 12월 3일 비상계엄 사태가 터졌습니다. 1980년에 태어난 저는 비상계엄과 5·18 광주 민주화운동을 책으로만 배웠습니다. 직접 경험해보지 못했던 '아픈 역사'가 설마 현실이 될 것이라고는 단 한 번도 상상하지 못했습니다. 공기와 같이 당연하게 여겨졌던 '민주주의'가 한순간 물거품처럼 사라질 수 있다는 공포를 비로소 체감했습니다. 임신한 몸으로 노무현 전 대통령의 서거 뉴스를 접해야 했던 그때만큼, 아니 그때보다 더 큰 충격이 밀려왔습니다. 이 나라에서 살아가야 할 중학생 딸아이의 미래가 걱정됐습니다.

그렇게 내란이 계속되는 동안 국민의 한 사람으로서 불면의 밤을 지새우며, 애끓는 날들을 보냈습니다. 계엄 사태가 완전히 끝나기 전까지 두 눈 부릅뜨고 지켜보며 관심을 놓지 않는 것, 우리를 대신해 내란 세력과 맞서 싸우는 이들에게 전폭적인 지지를 아끼지 않는 것이 최소한의 도리라 생각했습니다. 하지만 마음 한구석에는 부채감이 자리하고 있었습니다. 계엄의 밤, 열 일 제치고 국회 앞으로 달려갔던 민주 시민들, 또 혹독했던 그 겨울 차가운 얼음 바닥 위에서 담요 한 장으로 버티며 싸운 키세스 시위단까지, 우리의 민주주의를 지키기 위해 맨 앞에 나섰던 이들에 대한 미안함과 존경의 마음이었습니다.

다행히 저에게 이 부채감을 조금이나마 갚을 수 있는 기회가 주어졌습니다. 바로 이 책《민주주의 손자병법》집필에 참여하게 된 것입니다. 이 책은 12·3 비상계엄 사태 당시 그 중심에 있었던 김병주 의원님의 경험을 '손자병법'적 사고로 기술한 책입니다. '손자병법'이라는 고대의 고전이, 21세기 정치 현장의 첨예한 대립 속에서 지혜로운 해법이 되고, 급기야 비상계엄이라는 초유의 사태를 맞아 민주주의를 지키는 강력한 무기가 되는 과정을 의원님을 통해서 알 수 있었습니다. 이 책은 그 모든 과정의 기록이자, 좌절하지 않고 다시 일어서는 우리 민주주의의 살아있는 역사입니다. 그 가치 있는 역사를 기록으로 남기는 데 조금이나마 역할을 다할 수 있어 기쁩니다.

    이 책이 내란의 위기를 슬기롭게 이겨낸 여러분에게 작은 위로와 함께 깊은 통찰을 전할 수 있기를 바랍니다. 또한 책 속에 담긴 손자병법의 지혜를 통해서 우리 민주주의가 앞으로 마주할 모든 순간을 현명하게 준비하고, 평화롭게 헤쳐나갈 수 있기를 진심으로 응원합니다.

민주주의 손자병법
손자와 함께 읽는 현대 민주주의 생존전략

초판 1쇄 2025년 7월 22일 발행
초판 2쇄 2025년 7월 26일 발행

지은이 김병주 안태훈 최보윤
펴낸이 김현종
기획총괄 배소라 **출판본부장** 안형태
책임편집 진용주 **편집** 최세정 황정원 김수진
디자인 조주희 김연주 **마케팅** 김예리 김인영
미디어·경영지원본부 신혜선 백범선 박윤수 이주리 문상철 신잉걸

펴낸곳 (주)메디치미디어
출판등록 2008년 8월 20일 제300-2008-76호
주소 서울특별시 중구 중림로7길 4
전화 02-735-3308 **팩스** 02-735-3309
이메일 medici@medicimedia.co.kr **홈페이지** medicimedia.co.kr
페이스북 medicimedia **인스타그램** medicimedia
유튜브 medici_media

© 김병주 안태훈 최보윤, 2025
ISBN 979-11-5706-455-7 (03300)

이 책에 실린 글과 이미지의 무단 전재·복제를 금합니다.
이 책 내용의 전부 또는 일부를 재사용하려면 반드시 출판사의 동의를 받아야 합니다.
파본은 구입처에서 교환해 드립니다.